Rechtliche Probleme bei Rabattvereinbarungen zwischen dem pharmazeutischen Unternehmer und den Vertriebsstufen

Recht und Medizin

Herausgegeben von den Professoren
Dr. Erwin Deutsch (†), Dr. Bernd-Rüdiger Kern, Dr. Thorsten Kingreen,
Dr. Adolf Laufs (†), Dr. Hans Lilie, Dr. Hans-Ludwig Schreiber,
Dr. Andreas Spickhoff

Bd./Vol. 137

Zur Qualitätssicherung und Peer Review der vorliegenden Publikation

Die Qualität der in dieser Reihe erscheinenden Arbeiten wird vor der Publikation durch Herausgeber der Reihe geprüft.

Notes on the quality assurance and peer review of this publication

Prior to publication, the quality of the work published in this series is reviewed by editors of the series.

Semra Sevim

Rechtliche Probleme bei Rabattvereinbarungen zwischen dem pharmazeutischen Unternehmer und den Vertriebsstufen

PETER LANG

Bibliografische Information der Deutschen Nationalbibliothek
Die Deutsche Nationalbibliothek verzeichnet diese Publikation in der Deutschen Nationalbibliografie; detaillierte bibliografische Daten sind im Internet über http://dnb.d-nb.de abrufbar.
Zugl.: Leipzig, Univ., Diss., 2019

Gedruckt auf alterungsbeständigem,
säurefreiem Papier.
Druck und Bindung: CPI books GmbH, Leck

D 15
ISSN 0172-116X
ISBN 978-3-631-81018-7 (Print)
E-ISBN 978-3-631-81523-6 (E-PDF)
E-ISBN 978-3-631-81524-3 (EPUB)
E-ISBN 978-3-631-81525-0 (MOBI)
DOI 10.3726/b16665

Peter Lang – Berlin · Bern · Bruxelles · New York ·
Oxford · Warszawa · Wien

Diese Publikation wurde begutachtet.

www.peterlang.com

Vorwort

Ich danke hiermit meinem Doktorvater und dem Erstgutachter dieser Dissertation, Herrn Prof. Dr. Bernd-Rüdiger Kern, für seine Unterstützung. Ohne seine Hilfe und Geduld wäre diese Arbeit nicht fertiggestellt worden. Ferner bedanke ich mich für seine herzliche und offene Art, die er mir entgegengebracht hat.

Darüber hinaus möchte ich auch dem Zweitgutachter, Herrn Prof. Dr. Adrian Schmidt-Recla, danken, der sein Gutachten sehr zügig und wohlwollend abgefasst hat. Auch möchte ich mich für die Bestätigung und Förderung von seiner Seite bedanken.

Sehr gerne möchte ich mich bei Frau Lucia Walter und Frau Josefine Taubert bedanken, die mir beide Zuspruch und Hilfe nicht verwehrt haben. Auch Ihnen ist es zu verdanken, dass diese Arbeit letztendlich fertiggestellt und veröffentlicht werden konnte.

Meiner Familie widme ich dieses Werk, denn sie haben mich ständig begleitet und mir die Stärke und Kraft gegeben, um auch diese Herausforderung zu meistern. Sie waren es die mitgefiebert und mitgezittert haben. Dafür möchte ich mich herzlich bei ihnen bedanken.

Schließlich danke ich allen Menschen, die mich unterstützt und gefördert haben. Sie haben mein Leben bereichert, da sie während dieser Zeit mehr als nur einen Moment an mich gedacht haben.

Hamburg, im Dezember 2019

Meiner Familie

Gliederung

Abkürzungsverzeichnis 15

Erstes Kapitel: Einführung 21

A. Einleitung 21

B. Ausklammerung von Problemen 22

C. Gang der Untersuchung 23

Zweites Kapitel: Rabattverbot des § 7 Abs. 1 S. 1 Nr. 2 HWG 25

A. Heilmittelwerbegesetz Allgemein 25

I. Regelungszweck des Heilmittelwerbegesetzes 25

II. Einschlägigkeit des Heilmittelwerbegesetzes 34

1. Begriff der Werbung 34

2. Abgrenzung zwischen (unzulässiger) produktbezogener und (zulässiger) unternehmens- bzw. leistungsbezogener Wertreklame 35

B. § 7 Abs. 1 S. 1 Nr. 2 HWG allgemeine Erwägungen 36

I. Eingriff in den Schutzbereich des Art. 12 Abs. 1 GG 40

II. Rechtfertigung des Eingriffes in den Schutzbereich des Art. 12 GG 41

1. Legitimer Zweck 41

2. Geeignetheit 42

3. Erforderlichkeit 42

4. Angemessenheit 42

C. § 7 Abs. 1 S. 1 Nr. 2 HWG im engeren Sinn 43

I. Normadressaten des § 7 Abs. 1 S. 1 Nr. 2 HWG 47

II. Tatbestand des § 7 Abs. 1 S. 1 Nr. 2 HWG 49

1. Verbot 49

2. Zuwendungen oder sonstige Werbegaben 49

a) Zuwendung ... 50
b) Werbegabe ... 50
c) Klammerzusatz „Waren oder Leistungen“ ... 51
d) Werbezweck ... 52
3. Varianten ... 53
a) Anbieten ... 53
b) Ankündigen ... 53
c) Gewähren ... 54
d) Annehmen ... 54
III. Ausnahmen ... 55
1. Barrabatte, § 7 Abs. 1 S. 1 Nr. 2 lit. a) HWG ... 55
a) Einheitlicher Abgabepreis nach § 78 Abs. 3 AMG ... 61
aa) § 78 Abs. 3 AMG – eine Vorschrift, die aufgrund des Arzneimittelgesetzes ergangen ist ... 62
bb) Einheitlicher Abgabepreis ... 66
cc) Identität des einheitlichen Abgabepreises mit dem Herstellerabgabepreis des BGH ... 68
dd) „einheitlich“ ... 70
(1) Abgrenzung zu handelsüblichen Skonti ... 71
(a) Skonti ... 71
(b) Handelsüblich ... 72
(2) Zulässigkeit von Skonti ... 72
ee) Einbeziehung der Gewährung von Barrabatten an Großhändler in die Beschränkungen aus § 78 Abs. 3 S. 1 Hs. 1 AMG ... 75
ff) „Sicherstellung“ eines einheitlichen Abgabepreises des pharmazeutischen Unternehmers ... 78
b) Buchpreisbindung ... 79
c) Abgrenzungen ... 82
aa) Abgrenzung zu Leistungen eines Anbieters, denen eine adäquate Gegenleistung gegenübersteht ... 82
bb) Abgrenzung zu handelsüblichem Zubehör, handelsüblichen Nebenleistungen und unselbständigen Garantieversprechen ... 83
(1) Handelsübliches Zubehör ... 83

(a) Zubehör ... 83
(b) Handelsüblichkeit ... 83
(c) Beispiele ... 84
(2) Handelsübliche Nebenleistungen ... 84
(a) Nebenleistungen ... 84
(b) Handelsüblichkeit ... 85
(3) Unselbständige Garantieversprechen ... 85
cc) Valuta ... 85
2. Naturalrabatte, § 7 Abs. 1 S. 1 Nr. 2 lit. b) HWG ... 86
a) Rechtfertigung der Einbeziehung von OTC-Produkten ... 86
b) Andersbehandlung von Naturalrabatten und Barrabatten ... 87
aa) Gesetzesvorschlag ... 88
bb) Gesetzeserläuterungen ... 88
D. Endergebnis für das zweite Kapitel ... 91

Drittes Kapitel: Gemeinschaftsrecht ... 95
A. Verstoß gegen den Gemeinschaftskodex für Humanarzneimittel ... 95
B. Zwischenstaatlicher Handel ... 96
I. Grundsätze des internationalen öffentlichen Rechts ... 99
II. E-Commerce-Richtlinie ... 103
III. Vereinbarkeit mit der Warenverkehrsfreiheit, Art. 34 AEUV ... 106
1. Maßnahme gleicher Wirkung ... 106
2. Rechtfertigung gem. Art. 36 AEUV ... 109
a) Geeignetheit ... 112
b) Notwendigkeit ... 115
IV. Aktuelle Diskussion in Deutschland ... 116
C. Gesetzliche Normierungen in anderen EU-Mitgliedsstaaten ... 116
I. Vereinigtes Königreich ... 118
II. Österreich ... 119
III. Spanien ... 121
IV. Schlussfolgerungen für Deutschland ... 122
D. Endergebnis für das dritte Kapitel ... 123

Viertes Kapitel: Rechtsfolgen 125

A. Ordnungswidrigkeit, § 15 Abs. 1 Nr. 4 und Nr. 4a HWG 125

I. Ordnungswidrigkeiten im Allgemeinen 126

II. § 15 HWG 127

1. Inhalt 127

2. Blankettnormen 127

a) Echte und unechte Blankettstrafgesetze 129

b) Statische und dynamische Verweisungen 130

3. Blankettstrafgesetze und der Bestimmtheitsgrundsatz 130

a) Bestimmtheitsgrundsatz, Art. 103 Abs. 2 GG 131

b) Vereinbarkeit von Blankettstrafgesetzen mit dem Bestimmtheitsgrundsatz 133

aa) Bundesverfassungsgericht zur Bestimmtheit der Blankettstrafgesetze 133

(1) Bestimmtheit des Tatbestandes 133

(2) Gesetzesvorbehalt 134

(3) Nachvollziehbarkeit der Verweisung 135

bb) Bestimmtheitsgebot im Zusammenhang mit Blankettstrafgesetzen aus Sicht der Literatur 135

(1) Tatbestandsbestimmtheit und die Konkretisierungsversuche der Literatur 136

(a) Abwägungsverhältnis 136

(b) Bestimmtheit aufgrund von prozentualen Gegebenheiten 137

(c) Größtmögliche Bestimmtheit durch Drei-Stufen-Schema 137

(d) Erkennbarer Schutzzweck 138

(2) Gesetzesvorbehalt 140

(3) Nachvollziehbarkeit der Verweisung 141

(a) Phänotyp 141

(b) Verweisungsumfang 142

4. Konkretisierung der Einhaltung des Bestimmtheitsgrundsatzes bei § 15 Abs. 1 Nr. 4 und Nr. 4a HWG 143

5. Besonderheiten des § 15 HWG 144

6. Einziehung, § 16 HWG 144
7. Normen des Gesetzes gegen den unlauteren Wettbewerb, § 17 HWG 145

B. Normen des Gesetzes gegen den unlauteren Wettbewerb 145
I. Wettbewerbsverstoß, §§ 3 Abs. 1, 3a UWG i.V.m. § 7 HWG i.V.m. § 78 AMG i.V.m. der Arzneimittelpreisverordnung 146
1. Geschäftliche Handlung 147
2. Gesetzliche Vorschrift 147
3. Norminhalt 148
4. Keine subjektiven Voraussetzungen 149
5. Eignung zur spürbaren Beeinträchtigung der Interessen von Marktteilnehmern 149
a) Eignung 149
b) Spürbarkeit 150
aa) Beurteilungskriterien 150
bb) Spürbarkeit beim Rechtsbruchtatbestand 150
6. Rechtsfolgen 151
II. Mondpreis 152

C. Kartellrecht 154
I. Verstoß nach § 19 Abs. 2 Nr. 1 GWB 154
1. Marktbeherrschende Stellung, § 18 GWB 155
a) Marktabgrenzung 156
aa) Sachlich relevanter Markt 156
(1) Bedarfsmarktkonzept 156
(2) Beschaffungsmärkte 158
bb) Räumlich relevanter Markt 159
cc) Zeitlich relevanter Markt 160
b) Marktbeherrschung 160
aa) Monopol 161
bb) Fehlen wesentlichen Wettbewerbes 161
cc) Überragende Marktstellung 162
dd) Oligopol 163
ee) Vermutungen 163

2. Behinderungsmissbrauch, § 19 Abs. 2 Nr. 1 Alt. 1 GWB 164
3. Diskriminierungsverbot, § 19 Abs. 2 Nr. 1 Alt. 2 GWB 165
II. Rechtsfolgen 167

D. Standesregeln 168
I. Problem des Doppelbestrafungsverbotes 170
II. § 10 ApoG 171
III. § 20 ApBetrO – Information und Beratung 173

E. Kodizes 174
I. EFPIA 176
II. FSA-Kodex 176

F. Endergebnis für das vierte Kapitel 178

Fünftes Kapitel: Zusammenfassung und Bewertung der Untersuchungsergebnisse 181

A. Ergebnisse 181

B. Bewertung und Ausblick 185

Literaturverzeichnis 187

Abkürzungsverzeichnis

A&R	Arzneimittel & Recht: Zeitschrift für Arzneimittelrecht und Arzneimittelpolitik
a.A.	andere Ansicht
a.F.	alte Fassung
AcP	Archiv für die civilistische Praxis
AEUV	Vertrag über die Arbeitsweise der Europäischen Union
AG	Die Aktiengesellschaft
Alt.	Alternative
AMG	Gesetz über den Verkehr mit Arzneimitteln (Arzneimittelgesetz)
AMHandelsVO	Verordnung über den Großhandel und die Arzneimittelvermittlung – Arzneimittelhandelsverordnung
AMNOG	Arzneimittelmarktneuordnungsgesetz
AMPreisVO	Arzneimittelpreisverordnung
ApBetrO	Apothekenbetriebsordnung
ApoG	Apothekengesetz
APR	Apotheken-Recht
Art.	Artikel
AT	Allgemeiner Teil
Aufl.	Auflage
AVWG	Gesetz zur Verbesserung der Wirtschaftlichkeit in der Arzneimittelversorgung
Az.	Aktenzeichen
BAGE	Entscheidungssammlung des Bundesarbeitsgerichts
BAH	Bundesverband der Arzneimittelhersteller e.V.
BB	Betriebs-Berater
Bd.	Band
Beschl.	Beschluss
BGB	Bürgerliches Gesetzbuch
BGBl.	Bundesgesetzblatt
BGH	Bundesgerichtshof
BGHSt	Entscheidungssammlung des Bundesgerichtshofs in Strafsachen

BGHZ	Entscheidungssammlung des Bundesgerichtshofs in Zivilsachen
BKartA	Bundeskartellamt
BSG	Bundessozialgericht
bspw.	beispielsweise
BT-Drucks.	Drucksachen des Bundestages
BuchPrG	Buchpreisgesetz
BVerfG	Bundesverfassungsgericht
BVerfGE	Entscheidungssammlung des Bundesverfassungsgerichts
BVerwG	Bundesverwaltungsgericht
bzgl.	bezüglich
bzw.	beziehungsweise
d.h.	das heißt
DAZ	Deutsche Apotheker-Zeitung
Diss.	Dissertation
DVBl.	Deutsches Verwaltungsblatt
e.V.	eingetragener Verein
E-Commerce-Richtlinie	Richtlinie über bestimmte rechtliche Aspekte der Dienste der Informationsgesellschaft, insbesondere des elektronischen Geschäftsverkehrs, im Binnenmarkt
EDV	Elektronische Datenverarbeitung
EFPIA	European Federation of Pharmaceutical Industries and Associations
EG	Europäischer Gemeinschaftsvertrag
EGBGB	Einführungsgesetz zum Bürgerlichen Gesetzbuche
Einl.	Einleitung
etc.	et cetera
EU	Europäische Union
EuGH	Gerichtshof der Europäischen Gemeinschaft
EU-Mitgliedsstaat	Mitgliedsstaat der Europäischen Union
evtl.	eventuell
f.	folgende
ff.	(fort-) folgende
Frhr.	Freiherr
FS	Festschrift
FSA	Freiwillige Selbstkontrolle für die Arzneimittelindustrie e.V.

gem.	gemäß
Gemeinsamer Senat	Gemeinsamer Senat der obersten Gerichtshöfe des Bundes
Gemeinschaftskodex für Humanarzneimittel	Gemeinschaftskodex für Humanarzneimittel Richtlinie 2001/83/EG zur Schaffung eines Gemeinschaftskodexes für Humanarzneimittel
GG	Grundgesetz
GKV-WSG	Gesetz zur Stärkung des Wettbewerbs in der gesetzlichen Krankenversicherung (GKV-Wettbewerbsstärkungsgesetz – GKV-WSG)
GMG	Gesetz zur Modernisierung der gesetzlichen Krankenversicherung (GKV-Modernisierungsgesetz – GMG)
grds.	grundsätzlich
GRUR	Gewerblicher Rechtsschutz und Urheberrecht
GRUR Int.	Gewerblicher Rechtsschutz und Urheberrecht/Internationaler Teil
GRUR-RR	Gewerblicher Rechtsschutz und Urheberrecht/Rechtsprechungs-Report
GWB	Gesetz gegen Wettbewerbsbeschränkungen
HGB	Handelsgesetzbuch
HK-BGB	Handkommentar BGB
HOAI	Honorarordnung für Architekten und Ingenieure
Hrsg.	Herausgeber
Hs.	Halbsatz
HWG	Gesetz über die Werbung auf dem Gebiete des Heilwesens (Heilmittelwerbegesetz)
HWiStR	Handwörterbuch des Wirtschafts- und Steuerstrafrechts
i.d.F.	in der Fassung
i.d.R.	in der Regel
i.e.S.	im engeren Sinne
i.H.v.	in Höhe von
i.S.d.	im Sinne des/r
i.S.e.	im Sinne einer/s
i.S.v.	im Sinne von/m
i.V.m.	in Verbindung mit
IFA	Informationsstelle für Arzneispezialitäten

IPR	Internationales Privatrecht
IPRax	Praxis des Internationalen Privat- und Verfahrensrechts
Jura	Juristische Ausbildung
JuS	Juristische Schulung
KG	Kammergericht
Lfg.	Lieferung
LG	Landgericht
lit.	Litera
LK-StGB	Leipziger Kommentar zum Strafgesetzbuch
m.E.	meines Erachtens
MA	Markenartikel
max.	Maximal
MMR	Multimedia und Recht
MüKo	Münchener Kommentar
MüKo-StGB	Münchener Kommentar zum Strafgesetzbuch
NJW	Neue Juristische Wochenschrift
NJWE-WettbR	Neue Juristische Wochenschrift – Entscheidungsdienst Wettbewerbsrecht
NJW-RR	Neue Juristische Wochenschrift-Rechtsprechungs-Report Zivilrecht
Nr.	Nummer/n
NZBau	Neue Zeitschrift für Bau- und Vergaberecht
NZS	Neue Zeitschrift für Sozialrecht
o.g.	oben genannte/n/r/s
OLG	Oberlandesgericht
OTC-Arzneimittel	Over the counter-Arzneimittel
OTC-Geschäft	Over the counter-Geschäft
OTC-Präparat	Over the counter-Präparat
OTC-Produkt/e	Over the counter-Produkt/e
OVG	Oberverwaltungsgericht
OWiG	Ordnungswidrigkeitengesetz
öAMG	österreichisches Arzneimittelgesetz
PharmaR	Pharma Recht
PharmInd	Die Pharmazeutische Industrie
PPRS	Pharmaceutical Price Regulatory Scheme
PZ	Pharmazeutische Zeitung
PZN	Pharmazentralnummer/n
RabattG	Rabattgesetz

RabelsZ	Rabels Zeitschrift für ausländisches und internationales Privatrecht
RIW	Recht der Internationalen Wirtschaft
Rn	Randnummer/n
Rom I-Verordnung	Verordnung (EG) Nr. 593/2008 des Europäischen Parlaments und des Rates vom 17. Juni 2008 über das auf vertragliche Schuldverhältnisse anzuwendende Recht (Rom I)
Rom II-Verordnung	Verordnung (EG) Nr. 864/2007 des Europäischen Parlaments und des Rates vom 11. Juli 2007 über das auf außervertragliche Schuldverhältnisse anzuwendende Recht (Rom II)
Rs.	Rechtssache
Rx-Arzneimittel/n	Verschreibungspflichtige Arzneimittel/n
Rx-Produkt/s/en	Verschreibungspflichtige/s Produkt/s/en/e
S.	Seite/n bzw. Satz
SGB V	Sozialgesetzbuch Fünftes Buch – Gesetzliche Krankenversicherung
sog.	sogenannt/e/er/es/en
StGB	Strafgesetzbuch
StPO	Strafprozessordnung
TDG	Gesetz über die Nutzung von Telediensten
TKG	Telekommunikationsgesetz
TMG	Telemediengesetz
u.a.	unter anderem/n
u.U.	unter Umständen
Univ.	Universität
Urt.	Urteil
usw.	und so weiter
UWG	Gesetz gegen den unlauteren Wettbewerb
v.	von/m
VG	Verwaltungsgericht
vgl.	vergleiche
wistra	Zeitschrift für Wirtschaft • Steuer • Strafrecht
WRP	Wettbewerb in Recht und Praxis
WuW/E	Wirtschaft und Wettbewerb/Entscheidungssammlung zum Kartellrecht
www.	world wide web
z.B.	zum Beispiel

ZBB	Zeitschrift für Bankrecht und Bankwirtschaft
ZHR	Zeitschrift für das gesamte Handelsrecht und Wirtschaftsrecht
ZIP	Zeitschrift für Wirtschaftsrecht
zit.	zitiert
ZLR	Zeitschrift für das Lebensmittelrecht
ZPO	Zivilprozessordnung
ZugabeVO	Zugabeverordnung

Erstes Kapitel: Einführung

A. Einleitung

Die vorliegende Arbeit untersucht juristische Aspekte der Rabattierung von Arzneimitteln innerhalb der Vertriebsstufen. Der Gesetzgeber reformierte in den letzten Jahren mehrfach die einschlägigen Vorschriften, um den steigenden Kosten im Gesundheitssystem entgegenzuwirken. Die Arbeit beschäftigt sich mit juristischen Problemen, die im Verhältnis zwischen dem pharmazeutischen Unternehmer*, dem Großhändler und dem Apotheker entstehen.

Ziel der Änderungen des Gesetzgebers in diesem Bereich ist es, dem Erwirtschaften von wirtschaftlichen Vorteilen bspw. durch Apotheken entgegenzuwirken, da diese Vorteile nicht dem Versicherungssystem und damit nicht dem Verbraucher zu Gute kommen. Ein wirtschaftlicher Vorteil des Großhändlers, bzw. des Apothekers, bedeutet nicht, dass dieser weitergegeben wird. Bei der späteren Erstattung bspw. durch eine gesetzliche Krankenkasse findet ein Rabatt keine Berücksichtigung, sodass der allgemein gültige Preis als Erstattungsgrundlage dient. Mithin wird in den meisten Fällen – in dieser Konstellation – das GKV-System höher belastet, obwohl der Rabatt eine Kosteneinsparung zur Folge haben müsste. Daher soll ein „künstliches Aufblasen" des Preises verhindert werden, damit die Entlastung des Gesundheitssystems gewährleistet werden kann. Die Regelungen sollen insbesondere dafür Sorge tragen, dass die im öffentlichen Interesse gebotene flächendeckende und gleichmäßige Versorgung der Bevölkerung mit Arzneimitteln sichergestellt wird.[1] Daher versucht der Gesetzgeber durch eine strenge Regulierung und die Einbeziehung des pharmazeutischen Unternehmers in dieses Regelungsgeflecht eine abschließende Unterbindung von Rabatten zu statuieren, um der Kommerzialisierung des Gesundheitssektors entgegenzuwirken. Zwar ist richtig, dass der Handel mit Arzneimitteln dem Kommerz unterliegt, allerdings soll der Gedanke des wirtschaftlichen Vorteils bei den Apothekern, Großhändlern und pharmazeutischen Unternehmern eingegrenzt werden. Ratio dessen ist, dass auf dem Markt nicht nur die Arzneimittel erhältlich sein sollen, die den größten kommerziellen Erfolg versprechen.

---

* Der Einfachheit halber wird in dieser Arbeit die maskuline Form für beide Geschlechter verwendet.

1 BT-Drucks. 11/5373, S. 27; BGH Urt. v. 09.09.2010, Az.: I ZR 193/07; BSG Urt. v. 27.10.2009, Az.: B 1 KR 7/09.

Die Intention des Gesetzgebers ist es vielmehr einen ausgeglichenen Vertrieb von Arzneimitteln zu gewährleisten, auch wenn sie wirtschaftlich keinen allzu großen Vorteil versprechen. Dies lässt sich aus dem grundrechtlich verankerten Sozialstaatsprinzip herleiten, das in Art. 20 Abs. 1 und Art. 28 Abs. 1 S. 1 GG kodifiziert ist. Im Vordergrund steht dabei die Versorgung der Bevölkerung mit den notwendigen Arzneimitteln, auch wenn es sich bspw. um ein Produkt handelt, mit dem nur ein geringer Teil versorgt werden müsste, da es sich um ein Arzneimittel zur Behandlung einer seltenen Erkrankung handelt. Eingegrenzter wirtschaftlicher Vorteil hier, bedeutet auf der anderen Seite auch, dass das Gesundheitssystem gestärkt wird. Versorgungsengpässe werden vermieden und fiktive Preise, die davor in der Praxis gängig waren, werden reduziert. Fiktiv sind Preise, wenn sie nur angesetzt werden, um bspw. Apothekern Rabatte gewähren zu können, sie aber tatsächlich nicht oder nur in einem sehr begrenzten Umfang gefordert werden. Die fiktiven Preise können allerdings die Preise im Gesundheitssystem in die Höhe treiben, wie später zu zeigen sein wird.

Historisch ist anzuführen, dass am 01.04.2007 das Gesetz zur Stärkung des Wettbewerbs in der Gesetzlichen Krankenversicherung in Kraft getreten ist.[2] Dieses Gesetz sollte eigentlich Korrekturen schaffen, die im Rahmen des Gesetzes zur Verbesserung der Wirtschaftlichkeit in der Arzneimittelversorgung nicht erreicht werden konnten.[3] Dabei ging es darum, dem Gesundheitssystem Geld zukommen zu lassen, indem die Rabatte verboten wurden und damit für die Vertriebsstufen keine Rabattgewährung bzw. der Erhalt ermöglicht werden sollte. Der Preis sollte den stets geforderten darstellen und nicht künstlich erhöht angegeben werden. So sollten die Kosten der Arzneimittel gering gehalten werden, um durch den Preis Wettbewerb zu schaffen und nicht durch die Rabatte.

Aufgrund der Tatsache, dass der Gesetzgeber erkannt hat, dass dies nicht ausreichend war, hat er sich dazu entschlossen seine vorherige Regelungstechnik zu optimieren. Ob dies geschehen konnte, erscheint fraglich.

Unter anderem hat die Regelung des § 78 Abs. 3 AMG viele Fragen aufgeworfen, welche in dieser Arbeit dargestellt und untersucht werden sollen.

B. Ausklammerung von Problemen

An dieser Stelle sei darauf hingewiesen, dass die vorliegende Arbeit sich auf § 7 Abs. 1 S. 1 Nr. 2 HWG beschränkt. Die anderen, auch teilweise sehr umstrittenen

2 BGBl. I 2007, S. 378 ff..
3 BGBl. I 2006, S. 984 ff..

Regelungen des § 7 HWG werden gänzlich ausgeklammert.[4] Als Konsequenz hieraus ergibt sich, dass somit alle Verhältnisse zwischen dem Verbraucher, Ärzten, Krankenhäusern etc. und dem pharmazeutischen Unternehmer bzw. Großhändler nicht in dieser Arbeit diskutiert werden.

Ferner muss angemerkt werden, dass anderweitige Probleme im Bereich der Rabattvergabepraxis ausgelassen werden. Damit ist die Rabattpraxis zwischen dem pharmazeutischen Unternehmer und den Krankenkassen gemeint. Es wird nicht auf die kartellrechtliche Zulässigkeit oder im speziellen die Vergabebedingungen, die äußerst umstritten sind, eingegangen.[5]

Auch werden Barrabatte für in der gesetzlichen Krankenversicherung erstattungsfähige apothekenpflichtige Arzneimittel, deren Abgabe der Arzneimittelpreisverordnung in der am 13.12.2003 geltenden Fassung unterliegt, ausgenommen, da ihr Anwendungsbereich sehr begrenzt ist.

Es erfolgt vielmehr eine sachliche Eingrenzung auf den Bereich, der in der Praxis eine erhöhte Geltung erlangt, wenn man sich auf die Rabatte innerhalb der Vertriebsstufen fokussiert. Demnach ist festzuhalten, dass in dieser Arbeit die Probleme behandelt werden, die sich ergeben, wenn es um eine Rabattgewährung bei Arzneimitteln zwischen dem pharmazeutischen Unternehmer und dem Großhändler und/oder dem Apotheker geht. Ferner sind die Konstellationen ebenso erfasst, in denen seitens des Großhändlers eine Rabattgewährung an den Apotheker stattfindet.

C. Gang der Untersuchung

In dieser Arbeit soll untersucht werden, wie sich das Rabattverbot herleiten und rechtfertigen lässt.

Dazu soll zunächst auf das Heilmittelwerbegesetz im Allgemeinen, unter Klärung der einzelnen Werbebegriffe, Bezug genommen werden. Ferner bedarf es einer Klärung der Normadressaten und der Entstehung des Preises für ein Arzneimittel. In diesem Kontext werden die Tatbestandsmerkmale des § 7 Abs. 1 S. 1 Nr. 2 HWG begutachtet.

---

4 Siehe allerdings zu den anderen Problembereichen Seidl Collier.

5 Siehe hierzu eingehend: Natz, in: A&R 2007, 29 (29 ff.); Sträter/ Natz, in: PharmaR 2007, 7 (7 ff.); Byok/ Csaki, in: NZS 2008, 402 (402 ff.); Gabriel, in: NSZ 2008, 455 (455 ff.); Natz, in: PharmaR 2008, 197 (197 ff.); Lietz/ Natz, in: A&R 2009, 3 (3 ff.); Schweitzer/ Becker, in: WRP 2012, 382 (383 ff.); Schweitzer/ Becker, in: WRP 2012, 533 (535 ff.).

Es wird abzugrenzen sein, welche Konstellation überhaupt unter das Rabattverbot fällt.

Ferner wird auf die Problematik einzugehen sein, dass § 78 Abs. 3 AMG auch in den Kontext des § 7 HWG einbezogen werden muss, um die Rechtsfolgen der §§ 15, 16, 17 HWG auszulösen. Andernfalls wäre eine Nichteinhaltung der Vorgaben des § 78 Abs. 3 AMG für den pharmazeutischen Unternehmer sanktionslos.

Die Arbeit wird versuchen Parallelen zur Buchpreisbindung zu ziehen und die Frage klären, ob man hier von einer Übertragung der Grundsätze der Buchpreisbindung ausgehen kann.

Darüber hinaus wird auf einzelne Probleme im Rahmen des Naturalrabattverbotes, das dem Barrabatt gegenüber steht, einzugehen sein. Barrabatte und Naturalrabatte werden unterschiedlich behandelt. Die Arbeit soll die Frage klären, weshalb Barrabatte und Naturalrabatte unterschiedlich behandelt werden, sowie die Rechtfertigung hierfür untersuchen.

Im nächsten Kapitel wird auf das Gemeinschaftsrecht einzugehen sein. Dabei ist vor allem die wichtige Frage zu klären, ob bei einem grenzüberschreitenden Apothekenversandhandel die deutschen Preisvorschriften zur Anwendung kommen können. Zudem wird auf die Regelungen der anderen Mitgliedsstaaten der Europäischen Union einzugehen sein.

Ein weiteres Kapitel der Arbeit stellen die Rechtsfolgen dar. Dabei ist § 15 Abs. 1 Nr. 4 und Nr. 4a HWG mit seiner Ausgestaltung als Blankettnorm zu hinterfragen. Es soll neben den allgemeinen Problemen, die sich bei einer Blankettnorm ergeben auf die hier speziell vorhandene Konstellation des § 7 HWG mit dem Wort „aufgrund" eingegangen werden. Zum besseren Verständnis ist an dieser Stelle zu erläutern, dass die Vorschriften „aufgrund" des Arzneimittelgesetzes ergangen sein müssten, der Gesetzgeber allerdings im Arzneimittelgesetz selbst eine Vorschrift, namentlich § 78 Abs. 3 AMG, geschaffen hat.

Darüber hinaus ist auf die Rechtsfolgen, die sich aus dem Gesetz gegen den unlauteren Wettbewerb, dem Kartellrecht und den jeweiligen Standesregeln ergeben, einzugehen. Dabei werden auch die Kodizes der Arzneimittelwirtschaft diskutiert werden.

Abgeschlossen wird die Arbeit mit einem Endergebnis der aufgeworfenen Rechtsfragen und der hiesig aufgezeigten Lösungsmöglichkeiten sowie einer Bewertung mit Ausblick.

Zweites Kapitel: Rabattverbot des § 7 Abs. 1 S. 1 Nr. 2 HWG

A. Heilmittelwerbegesetz Allgemein

Um eine sinnvolle Darstellung der Probleme des § 7 Abs. 1 S. 1 Nr. 2 HWG wiedergeben zu können, soll zunächst auf die allgemeinen Grundsätze des Heilmittelwerbegesetzes eingegangen werden. Demzufolge soll der Regelungszweck und die Relevanz bzgl. der untersuchten Norm diskutiert werden.

I. Regelungszweck des Heilmittelwerbegesetzes

Das Gesetz über die Werbung auf dem Gebiete des Heilwesens ist eine Rechtsquelle, welche dem öffentlichen Recht zuzuweisen ist.[6] Das Heilmittelwerbegesetz stellt die nationale Umsetzung der in der Richtlinie 2001/83/EG aufgestellten Grundsätze dar.

Das Heilmittelwerbegesetz ist das Resultat einer zu Beginn des 20. Jahrhunderts einsetzenden und fortschreitenden technischen und wirtschaftlichen Entwicklung der pharmazeutischen Industrie und noch ein Relikt des deutschen Kaiserreiches.

Am 25.05.1903 erfolgte ein Beschluss des damaligen Bundesrates. Aufgrund dieses Beschlusses sind Verordnungen „über den Verkehr mit Geheimmitteln und ähnlichen Arzneimitteln" der Bundesstaaten erlassen worden. Diesen Verordnungen waren zwei Listen von Geheimmitteln beigefügt, die einem Werbeverbot unterlagen. Ein Geheimmittel war in diesem Zusammenhang ein Arzneimittel von angeblich fantastischer Wirkung mit einer vom Hersteller geheim gehaltenen Zusammensetzung. Allerdings konnte man auch, wenn die Zusammensetzung des Arzneimittels nicht geheim gehalten wurde, das jeweilige Arzneimittel als Reklamemittel in die Listen aufnehmen lassen.

Nach dem ersten Weltkrieg wurden diese Vorschriften ergänzt durch sogenannte Ministerialerlasse, die Polizeiverordnungen der Länder waren. Diese untersagten die Werbung nicht nur für Arzneimittel, sondern auch für Gegenstände, Vorrichtungen und Methoden, die eine irreführende und gesundheitsschädigende Wirkung gegenüber dem Publikum entwickeln konnten.

---

6 *Bülow*, in: Bülow/ Ring, HWG, Einf. Rn 1.

Das Gesetz zur Bekämpfung der Geschlechtskrankheiten vom 18.02.1927[7] war die erste reichseinheitliche Rechtsregelung für die Publikumswerbung in einem Teilgebiet der Heilmittelwerbung. Nach der Machtergreifung des Nationalsozialismus übte der Werberat der deutschen Wirtschaft aufgrund des Gesetzes über Wirtschaftswerbung vom 12.09.1933[8] die Reichsaufsicht über das ganze Werbewesen aus. Er wurde durch die Zweite Verordnung zur Durchführung des Gesetzes über Wirtschaftswerbung vom 27.10.1933[9] ermächtigt die Werbung durch Richtlinien, sogenannte „Bekanntmachungen", zu regeln. Ein Verstoß hiergegen hatte den Verlust der damals erforderlichen Genehmigung zur Wirtschaftswerbung zur Folge. Die Heilmittel-Bekanntmachung vom 05.05.1936 stellte die erste umfassende reichseinheitliche Rechtsregelung zur gesamten Heilmittelwerbung dar. Die damaligen Länder des Reiches machten diese als Polizeiverordnungen in den verschiedenen Gebieten rechtswirksam, indem sie den Wortlaut übernahmen.

Die Erstfassung des Heilmittelwerbegesetzes stellt eine Überführung **einer** Polizeiverordnung in ein formelles Gesetz dar. Die Polizeiverordnung, namentlich Verordnung über die Werbung auf dem Gebiete des Heilwesens, vom 29.09.1941[10]. Trotz des Umstandes, dass diese Verordnung über die Werbung auf dem Gebiete des Heilwesens von 1941, die den Wortlaut der Heilmittel-Bekanntmachung übernahm, und damit im Nationalsozialismus in Kraft trat, ist davon auszugehen, dass sie weitgehend dem Beschluss von 1903 Rechnung tragen sollte, und damit nicht nationalsozialistisch motiviert war. Die Vorschriften zu Werbeverboten dieser Verordnung sind heute noch teilweise Bestandteil des aktuellen Heilmittelwerbegesetzes. Daher sind auch heute noch Rechtsprechung und Literatur, die zur alten Verordnung ergangen sind, für aktuell geltende Vorschriften als Gesetzesmaterialien heranzuziehen. Die Geltungsdauer betrug, aufgrund von zwei Verlängerungen, insgesamt 25 Jahre.

Die erste Fassung des Heilmittelwerbegesetzes ist vom 11.07.1965.[11] Später haben die Richtlinie 92/27/EWG und die Richtlinie 92/28/EWG dazu geführt, dass das Heilmittelwerbegesetz an europäische Vorgaben angepasst werden musste. Letztlich haben die Aufhebung der Zugabeverordnung im Jahre 2001 und die Aufhebung des Rabattgesetzes im gleichen Jahr zu der Modifikation

7 RGBl. I 1927, S. 61.
8 RGBl. I 1933, S. 625.
9 RGBl. I 1933, S. 791.
10 RGBl. I 1941, S. 587.
11 BGBl. I 1965, S. 604.

des § 7 HWG geführt. Die Aufhebung des Zugaberechtes erfolgte infolge der europäischen Rechtsentwicklung im Bereich des elektronischen Handels.[12] Ratio dessen war, dass durch das Zugabeverbot eine Diskriminierung der in Deutschland ansässigen Unternehmen drohte.[13] Historisch wurden die Zugabeverordnung und das Rabattgesetz als Reaktion auf Übersteigerungen der sogenannten Wertreklame erlassen.[14] „Das grundsätzliche Verbot von Zugaben und Rabatten sollte ‚flüchtige und unkritische Verbraucher' vor einer Irreführung über Preis und Qualität der Angebote bewahren und einer ‚Verwilderung' der Wettbewerbssitten vorbeugen."[15] Dabei war zu beachten, dass das Rabattgesetz der Zugabeverordnung vorging, wobei beide Gesetze teilweise miteinander verzahnt waren.[16] Beide Rechtsquellen gehörten zu den wettbewerbsrechtlichen Sondervorschriften, die die allgemeinen Bestimmungen des Gesetzes gegen den unlauteren Wettbewerb ergänzten.[17] Dabei verhielt sich die Rechtslage so, dass sofern der Leistungswettbewerb durch unlautere oder irreführende Zugaben oder Rabatte beeinträchtigt wurde, die §§ 1, 3 UWG a.F. ergänzend Anwendung fanden.[18] Der Bundesrat sprach sich bei seiner Stellungnahme dafür aus, dass bei der Änderung von § 7 HWG die bis dato möglichen Ausnahmen zum Zugabeverbot nach Möglichkeit beibehalten werden sollten.[19] Ferner sollte nach Ansicht des Bundesrates die Tatsache, dass das Heilmittelwerbegesetz aus Gründen des Verbraucherschutzes für die Werbung im Arzneimittelbereich einen strengeren Maßstab als in anderen Branchen anlegt, weiterhin beibehalten werden und nicht weiter verschärft werden.[20] Dem kam die Bundesregierung in ihrer Gegenäußerung nach.[21]

Mit dem Gemeinschaftskodex für Humanarzneimittel, Richtlinie 2001/83/EG, wurden weitere Umsetzungsarbeiten im Heilmittelwerbegesetz durchgeführt, um den europäischen Vorgaben Genüge zu tun.

Der nationale Gesetzgeber hat durch das Gesetz zur Modernisierung der gesetzlichen Krankenversicherung, GMG, vom 14.11.2003[22] weitere

---

12 BT-Drucks. 14/5594, S. 1.
13 BT-Drucks. 14/5594, S. 1, 6.
14 BT-Drucks. 14/5594, S. 1.
15 BT-Drucks. 14/5594, S. 6.
16 BT-Drucks. 14/5594, S. 6.
17 BT-Drucks. 14/5594, S. 6.
18 BT-Drucks. 14/5594, S. 6.
19 BT-Drucks. 14/5594, S. 10; BT-Drucks. 14/6469, S. 9.
20 BT-Drucks. 14/5594, S. 10; BT-Drucks. 14/6469, S. 9.
21 BT-Drucks. 14/5594, S. 11.
22 BGBl. I 2003, S. 2190 ff..

Änderungen vorgenommen, die u.a. den § 7 HWG betreffen. Damals wurde die Tatbegehungsmodalität der Annahme durch einen Angehörigen der Fachkreise in die Regelung eingefügt. Der Gesetzgeber verfolgte damit das Ziel einer effektiven Bekämpfung unerwünschter Verhaltensweisen im Bereich der Heilmittelwerbung.[23] Vor dieser Neuerung war es nicht möglich die Empfänger einer unzulässigen Zuwendung oder sonstigen Werbegabe, sofern keine sonstigen Gesetzesverstöße Vorlagen, zu sanktionieren.[24] Daher wurde die Entsprechung zu §§ 331, 332 StGB zur strafbaren Vorteilsannahme und Bestechlichkeit im Bereich des Heilmittelwerbegesetzes als Ordnungswidrigkeit geregelt.[25]

Später erfuhr § 7 HWG durch das Gesetz zur Verbesserung der Wirtschaftlichkeit in der Arzneimittelversorgung, AVWG, vom 26.04.2006[26] weitere Änderungen. Eine wesentliche Änderung war der Ausschluss von der Gewährung von Zuwendungen insbesondere von Naturalrabatten an Apotheken.[27] Notwendig war diese Regelung, um eine einheitliche Markt- und Wettbewerbsordnung für apothekenpflichtige Arzneimittel in Deutschland zu gewährleisten.[28] Unter Zuwendungen i.S.d. Norm wurden Naturalrabatte an Apotheken, insbesondere die Abgabe von Arzneimittelpackungen ohne Berechnung, aber auch andere Formen geldwerter Zuwendungen, wie z.B. Bonuszahlungen, Rückvergütungen, Werbungszuschüsse und Ähnliches außerhalb der Regelungen der Arzneimittelpreisverordnung verstanden.[29] Da die Apotheken höhere Handelszuschläge erreichten, als ihnen nach der Arzneimittelpreisverordnung zugestanden hätte und damit die überzogene Rabattgewährungspraxis die Spielräume für den Preiswettbewerb der Hersteller verengt hat, war diese Regelung anzupassen.[30]

Der BGH hatte in mehreren wettbewerbsrechtlichen Gerichtsurteilen festgestellt, dass Zuwendungen und sonstige Werbegaben, die den Rahmen nach § 7 Abs. 1 S. 1 Nr. 1 HWG nicht überschreiten, heilmittelwerberechtlich zulässig seien, auch wenn sie entgegen der Preisvorschriften gewährt werden würden, die aufgrund des Arzneimittelgesetzes gelten.[31] Den Unklarheiten, die hieraus resultierten, sollte mit den Änderungen durch die Ergänzungen bzgl. der

23 BT-Drucks. 15/1525, S. 164.
24 BT-Drucks. 15/1525, S. 164.
25 BT-Drucks. 15/1525, S. 164.
26 BGBl. I 2006, S. 984 ff..
27 BT-Drucks. 16/194, S. 6.
28 BT-Drucks. 16/194, S. 7.
29 BT-Drucks. 16/194, S. 11.
30 BT-Drucks. 16/194, S. 11.
31 BT-Drucks. 17/13770, S. 21.

Preisvorschriften durch das Dritte Gesetz zur Änderung arzneimittelrechtlicher Vorschriften vom 07.08.2013[32] begegnet werden.[33]

Zunächst ist anzumerken, dass die Änderung erst durch den Ausschuss für Gesundheit in das Gesetzgebungsverfahren aufgenommen wurde und nicht, wie sonst üblich, bereits durch den Referentenentwurf der Bundesregierung. Der Ausschuss sah diese Anpassung als notwendig an, da eine Klarstellung und Sicherstellung der Einheitlichkeit der Rechtsordnung zu gewährleisten sei.[34] Der Verstoß gegen Preisvorschriften, die aufgrund des Arzneimittelrechts gelten, führe auch bei Rabattaktionen für Arzneimittel, die nicht mit Barrabatten i.S.d. § 7 Abs. 1 S. 1 Nr. 2 lit. a) HWG, sondern mit Zugaben oder Werbegaben in Form von geringwertigen Kleinigkeiten i.S.d. § 7 Abs. 1 S. 1 Nr. 1 HWG betrieben würden, zur Unzulässigkeit.[35] Der Ausschuss für Gesundheit sah eine Differenzierung zwischen der Bewertung von Barrabatten und geldwerten Rabatten, die zu einem späteren Zeitpunkt eingelöst werden können, als sachlich nicht gerechtfertigt an.[36] Wichtig war es, dass der Verbraucher in keinem Fall durch die Aussicht auf Zugaben und Werbegaben unsachlich beeinflusst werden würde.[37]

Hervorzuheben ist, dass der Anwendungsbereich dieses Gesetzes äußerst weit ist. Dies lässt sich aus der Verwendung des Begriffs „Heilwesen", welcher weitestgehend gleichbedeutend mit dem Begriff „Gesundheitswesen" ist, erklären.[38]

Der Regelungszweck des Gesetzes über die Werbung auf dem Gebiete des Heilwesens besteht darin, das Publikum vor unrichtiger bzw. unsachlicher Beeinflussung zu bewahren. Dies ist besonders im Bereich der Heilmittelwerbung einzuhalten[39], um der öffentlichen Gesundheit zu dienen.[40] Dabei ist zu beachten, dass das öffentliche Gesundheitsinteresse auch überindividuelle Interessen der Gesamtheit umfasst. Demnach wird ebenso die Gesundheit der Tiere durch das Heilmittelwerbegesetz geschützt, da die Krankheiten derer zum Teil auf Menschen übertragen werden können.[41] Ebenso verfolgt das Heilmittelwerbegesetz

32 BGBl. I 2013, S. 3108 ff..
33 BT-Drucks. 17/13770, S. 21.
34 BT-Drucks. 17/13770, S. 20.
35 BT-Drucks. 17/13770, S. 21.
36 BT-Drucks. 17/13770, S. 21.
37 BT-Drucks. 17/13770, S. 21.
38 Doepner/ Reese, HWG, Einl. Rn 138; Höpker, in: WRP 1965, 424 (424).
39 BGHZ 114, 354 (358); BGHZ 140, 134 (139 f.); *Bülow*, in: Bülow/ Ring, HWG, Einf. Rn 1; Doepner/ Reese, in: PharmaR 2001, Sonderdruck I (I).
40 BVerfG NJW 2003, 1027 (1027).
41 Doepner/ Reese, HWG, Einl. Rn 146; Bernhardt, S. 26.

den Schutz vor wirtschaftlicher Übervorteilung der privaten Verbraucher, der gewerblichen Verbraucher und der Wiederverkäufer.[42]

Andere Stimmen vertreten die Ansicht, dass es sich tatsächlich nur um Zwecke des Gesundheitsschutzes handle.[43] Diese Konsequenz würde sich daraus ergeben, dass die Freigabe verschiedener Produkte, die massenhaft verkauft werden würden, nunmehr erfolgt sei.[44] Ferner sei die Aufnahme von Büstenmitteln und ähnlichen der Eitelkeit dienenden Artikeln nicht erfolgt.[45] Weder der unlautere Wettbewerb zwischen Konkurrenten, für welchen das Gesetz gegen den unlauteren Wettbewerb ausreichend erscheinen würde, noch der unzulängliche Charakter gewisser Werbemethoden, für welche das Strafgesetzbuch konstituiert worden sei, solle bekämpft werden.[46]

Diese Schlussfolgerung scheint nicht hinnehmbar, denn den Regelungszweck eines Gesetzes mit der Nichtaufnahme von Büstenmitteln und ähnlichen der Eitelkeit dienenden Artikel zu rechtfertigen, ist nicht sachgerecht. Aus dieser Nichtaufnahme, kann man nicht schließen, dass der Gesetzgeber nur einen Zweck verfolgt hat. Inwiefern dann das Regelungsziel der Verhinderung von wirtschaftlicher Übervorteilung nicht aufgenommen worden sein soll, wird nicht erläutert. Hier lässt die Gegenansicht Argumentation vermissen. Die Schlussfolgerung der Gegenansicht, scheint nicht näher begründbar, da hier nur eine Argumentation mit Luxusartikeln getätigt wird.

Hervorzuheben ist, dass der Regelungszweck des Gesetzes allerdings auch auf Produkte abstellt, die in eine Luxussparte fallen. Die Sichtweise der Gegenansicht erscheint zu eng, wodurch die ratio legis unsachgemäß verkürzt werden würde, denn dann wäre der Schutzzweck des § 7 HWG nicht vom Heilmittelwerbegesetz erfasst. Demnach erscheint es nach Sinn und Zweck des Gesetzes u.a. auch möglich den Schutz vor wirtschaftlicher Übervorteilung der privaten Verbraucher, der gewerblichen Verbraucher und der Wiederverkäufer zu bewirken. Die Verfolgung mehrerer Zwecke des Gesetzgebers, kann man u.a. darauf stützen, dass im Heilmittelwerbegesetz Regelungen (insbesondere § 7 HWG) getroffen werden, die auch Ärzten verbieten unentgeltliche Werbegaben zu gewähren oder anzunehmen, die über ein bestimmtes Maß hinausgehen.

---

42 Doepner/ Reese, HWG, Einl. Rn 147; Bernhardt, S. 26; a.A. Kohlhaas, in: DAZ 1965, 1041 (1041), der allein in der Gesundheit den Schutzzweck des HWG sieht.

43 Kohlhaas, in: DAZ 1965, 1041 (1041).

44 Kohlhaas, in: DAZ 1965, 1041 (1041).

45 Kohlhaas, in: DAZ 1965, 1041 (1041).

46 Kohlhaas, in: DAZ 1965, 1041 (1041).

Eine denkbare Konstellation[47], die belegt, dass auch die wirtschaftliche Übervorteilung Regelungszweck des Gesetzes ist, wäre die Überlassung eines Präparates durch einen Arzt an einen Patienten. Dieses Präparat wäre allerdings von der Krankenkasse nicht zu erstatten, weil es dem in § 12 SGB V normierten Wirtschaftlichkeitsgebot widerspricht. Die Absätze 1 und 2 des § 12 SGB V legen fest, dass die Leistungen ausreichend, zweckmäßig und wirtschaftlich sein müssen, wobei sie das Maß des Notwendigen nicht überschreiten dürfen. Weiterhin können Leistungen, die nicht notwendig oder unwirtschaftlich sind, von Versicherten nicht beansprucht werden. Auch dürfen diese die Leistungserbringer nicht bewirken und die Krankenkassen nicht bewilligen. Sofern für eine Leistung ein Festbetrag festgesetzt ist, erfüllt die Krankenkasse ihre Leistungspflicht mit der Zahlung des Festbetrages. Der betroffene Patient könnte sich aufgrund der Tatsache, dass zwischen ihm und seinem Arzt in der Regel ein hohes Maß an Vertrauen vorliegt, genötigt fühlen dieses Präparat weiterhin einzunehmen und hierzu mit eigenen Mitteln zu erwerben, obwohl ein preislich niedriger angesetztes Präparat genau die gleiche Wirkung haben kann. In diesem Fall würde man von einer wirtschaftlichen Übervorteilung sprechen. Diese Konstellation wollte der Gesetzgeber allerdings nicht sich selbst überlassen, sondern durch Regelungen im Heilmittelwerbegesetz, wie bspw. § 7 HWG, dafür Sorge tragen, dass ebenso wirtschaftliche Belange dem Regelungsbereich des Heilmittelwerbegesetzes unterfallen. Demnach erscheint es nicht ausreichend den Zweck des Heilmittelwerbegesetzes auf den Gesundheitsschutz zu minimieren. Weiterführender erscheint die Argumentation, dass auch andere Belange mit Hilfe dieses Gesetzes zu schützen sind.

Um ein Argument der Gegenansicht zu widerlegen, muss man ferner klarstellen, dass die Rechtsquellen des Gesetzes gegen den unlauteren Wettbewerb und des Strafgesetzbuches keine abschließenden Regelungen darstellen. Das Gesetz gegen den unlauteren Wettbewerb soll die Lauterkeit im Rechtsverkehr gewährleisten und schützt daher den einzelnen Teilnehmer im Rechtsverkehr vor unlauteren Methoden des anderen Wettbewerbers.[48] Die Vorschriften des Strafgesetzbuches dienen zwar auch dem Verbraucherschutz, dieser Schutz erstreckt sich aber nur auf das Vermögen.[49] Darüber hinaus kennt die Gesetzessystematik keine künstliche Trennung der Anwendungsbereiche der jeweiligen

---

47 Ähnliches Beispiel bei *Zimmermann*, in: Fuhrmann/ Klein/ Fleischfresser, § 28 Rn 7 und Stoll, in: PharmaR 2004, 100 (101).

48 BT-Drucks. IV/1867, S. 5 ff..

49 BT-Drucks. IV/1867, S. 5 ff..

Gesetze. Richtigerweise muss man davon ausgehen, dass die Gesetze nebeneinander stehen und demnach auch Regelungen des Heilmittelwerbegesetzes evtl. mit denen allgemeiner Natur zusammen Geltung erlangen können. Mithin sind die allgemeinen Vorschriften des Wettbewerbsrechts und des Strafrechts als nicht ausreichend anzusehen, denn die Interessen der Volksgesundheit erfordern und rechtfertigen eine Sonderregelung dieses Rechtsgebietes, die über die Vorschriften des Gesetzes gegen den unlauteren Wettbewerb hinausgeht.[50]

Auch der BGH erkennt mehrere Gesetzeszwecke, wie hier vertreten, an. Laut BGH geht es im Heilmittelwerbegesetz darum, dass eine unsachliche Beeinflussung der Verbraucher verhindert werden soll, während der Ausschluss des Preiswettbewerbes auf der letzten Handelsstufe eine flächendeckende Versorgung der Bevölkerung mit Arzneimitteln gewährleisten soll.[51]

Weiterhin ist anzumerken, dass die Änderungen des § 7 Abs. 1 S. 1 Nr. 2 HWG durch das Gesetz zur Verbesserung der Wirtschaftlichkeit in der Arzneimittelversorgung (AVWG) ein völlig neuartiges Regelungsziel, namentlich die Sicherstellung der Einhaltung der Arzneimittelpreisverordnung, in die bisherige Doktrin eingeführt hat. Dazu heißt es in den Gesetzesmaterialien, dass hierdurch sichergestellt werde, dass die Vorschriften der Arzneimittelpreisverordnung eingehalten werden und die Apotheken diejenigen Handelszuschläge erhalten, die ihnen aufgrund dieser Verordnung zustehen.[52] Man muss aber konsequenterweise benennen, dass das AVWG, das seit dem 01.05.2006 in Kraft ist, durch die politische Motivierung auch eine weitere Akzentuierung eines Schutzzweckes zur Folge hatte. Durch das AVWG wurde die Rabattregulierung als Marktordnungsinstrumentarium und zur Erschließung von Wirtschaftlichkeitsreserven für die gesetzliche Krankenversicherung benutzt. Zwar erfolgten auch nach dem AVWG Novellierungen, wie oben beschrieben, diese hatten jedoch keine stärkere Schutzzweckakzentuierung zur Folge und sollen daher an dieser Stelle nicht weiter erörtert werden.

Demnach dient das Heilmittelwerbegesetz mehreren Zwecken und nicht bloß dem Gesundheitsschutz, wie es die Gegenansicht zu begründen versucht. Dies ist wichtig, um weiterhin untersuchen zu können, wie § 7 HWG in diese Regelungsmaterie eingepflegt wurde, denn dieser soll die Adressaten vor wirtschaftlicher Übervorteilung schützen. Bei Annahme der anderen Ansicht wäre der Schutzzweck des § 7 HWG nicht vom Heilmittelwerbegesetz erfasst.

---

50 BT-Drucks. IV/1867, S. 5 ff..

51 BGH Urt. v. 09.09.2010, Az.: I ZR 26/09.

52 BT-Drucks. 16/194, S. 11.

Allerdings ist fraglich, ob der Schutzzweck des Heilmittelwerbegesetzes überhaupt noch die Verankerung des Rabattverbotes in § 7 HWG deckt, wenn man bedenkt, dass hier das Ziel die Senkung der Arzneimittelpreise darstellt. Demnach stellt sich die Frage, ob das Rabattverbot nicht in ein anderes Gesetz gehört hätte.

Das Gesetz soll, wie bereits erwähnt, den Werbeadressaten vor einer unsachlichen Beeinflussung schützen und demnach der öffentlichen Gesundheit dienen. So könnte man der Auffassung sein, dass die Gewährung von Rabatten keine abstrakte Gefahr für eine unsachliche Beeinflussung darstelle. Mithin wäre sie nicht der Intention des Gesetzgebers, nämlich der Eindämmung der Gesundheitsgefährdung, dienlich und demnach für reine Einspareffekte das Heilmittelwerbegesetz nicht der richtige Standort. Vielleicht wäre die Wahl der Arzneimittelpreisverordnung für eine solche Regelung die bessere Standortwahl gewesen.

Genau diese Schlussfolgerung wäre aber verfehlt. Schließlich muss man bedenken, dass die Instrumentarien zur Regelung der Rabattgewährung den Sinn und Zweck haben den Patienten zu schützen. Der Apotheker darf sich bei der Substitution von Arzneimitteln nicht davon leiten lassen, diejenigen abzugeben für welche er die günstigsten Einkaufskonditionen genießt.[53] Weiterhin ist der Gesichtspunkt nicht zu verkennen, dass ein funktionierendes und damit stabiles Gesundheitssystem Wirtschaftlichkeitsreserven benötigt, um den Erfordernissen der Patienten und damit der Allgemeinheit Genüge tun zu können. Darüber hinaus muss in diesem Kontext bedacht werden, dass der Gesetzgeber über eine breite Einschätzungsprärogative verfügt, welche es ihm erlaubt den Schutzzweck eines Gesetzes zu ergänzen.[54]

Nach § 78 Abs. 1 AMG wurde der Verordnungsgeber ermächtigt die Preise bzw. die Preisspannen für Arzneimittel festzulegen.[55] Man könnte mithin annehmen, dass die richtige Verortung des Rabattverbotes in dieser Verordnung gewesen wäre. Dagegen spricht allerdings das verfassungsrechtlich verankerte Bestimmtheitsgebot. Es soll ein sanktionsbewährtes Rabattverbot konstruiert werden, das aber über die einfach gesetzlichen Vorgaben der Ermächtigungsgrundlage hinausgehen würde. Der Verordnungsgeber muss nach Art. 80 Abs. 1 S. 2 GG stets den Inhalt, den Zweck und das Ausmaß einer Ermächtigungsgrundlage beachten. Bei einer Verortung des Rabattverbotes in der Arzneimittelpreisverordnung

53 Schmid, in: FS für Ullmann, 2006, 875 (886 f.).

54 Schmid, in: FS für Ullmann, 2006, 875 (887).

55 Zustimmend BGH GRUR 1984, 748 (749); Schmid, in: FS für Ullmann, 2006, 875 (887).

wäre dies nicht vorliegend und damit verfassungswidrig. Zudem kann angeführt werden, dass der Verordnungsgeber hierzu demokratisch nicht legitimiert ist. Die Wesentlichkeitstheorie gebietet es, dass der demokratisch legitimierte Gesetzgeber eine so wesentliche Materie regelt und nicht ein Organ der Exekutive. Die Einschränkung der Rabattgewährung erfordert daher ein formelles Gesetz, das hier das Heilmittelwerbegesetz darstellt.

Nach dieser kritischen Auseinandersetzung erscheint die Regelung des § 7 HWG im Heilmittelwerbegesetz, als einzig verfassungskonforme ausgelegt werden zu können.

Nachdem die allgemeinen Regelungszwecke des Heilmittelwerbegesetzes dargestellt und die demokratische Legitimation der Regelung in vorgenanntem Gesetz diskutiert wurde, soll im Weiteren dargestellt werden, wann das Heilmittelwerbegesetz einschlägig ist.

II. Einschlägigkeit des Heilmittelwerbegesetzes

Das Heilmittelwerbegesetz stellt einen Schutzraum für die Absatzwerbung dar. Um den Begriff der Absatzwerbung zu verstehen muss zunächst eine Verständnisgrundlage geschaffen werden, die den Begriff der Werbung zum Gegenstand hat.

1. Begriff der Werbung

Das Gesetz gegen den unlauteren Wettbewerb, das die wettbewerbsrechtlichen Problemstellungen näher regelt, definiert nicht den Begriff der Werbung. Im Allgemeinen wird allerdings an die Definition in Art. 2 Nr. 1 der Irreführungsrichtlinie 84/450/EG[56] angeknüpft.[57] Demnach ist Werbung jede Äußerung bei der Ausübung eines Handels, Gewerbes, Handwerks oder freien Berufes mit dem Ziel, den Absatz von Waren oder die Erbringung von Dienstleistungen, einschließlich unbeweglicher Sachen, Rechte und Verpflichtungen zu fördern.

Konkreter wird es in Art. 86 Abs. 1 des Gemeinschaftskodex für Humanarzneimittel[58]. Dieser besagt, dass alle Maßnahmen zur Information, zur Marktuntersuchung und zur Schaffung von Anreizen mit dem Ziel, die Verschreibung, die Abgabe, den Verkauf oder den Verbrauch von Arzneimitteln zu fördern, unter den Werbebegriff fallen. Demnach ist hier eine objektive und

56 Heute Richtlinie 2006/114/EG über irreführende und vergleichende Werbung.

57 *Ruess*, in: MüKo, Lauterkeitsrecht, § 5 Rn 29.

58 Dies stellt die Richtlinie 2001/83/EG dar, welche der Schaffung eines Gemeinschaftskodex für Humanarzneimittel diente.

eine subjektive Komponente zu verzeichnen, welche erfüllt sein müssen, damit eine Werbung i.S.d. Art. 86 Abs. 1 Gemeinschaftskodex für Humanarzneimittel bejaht werden kann.

Im Weiteren soll eine Abgrenzung zwischen produktbezogener und unternehmens- bzw. leistungsbezogener Wertreklame stattfinden.

2. *Abgrenzung zwischen (unzulässiger) produktbezogener und (zulässiger) unternehmens- bzw. leistungsbezogener Wertreklame*

Zunächst erscheint es wichtig die Abgrenzung zwischen produktbezogener und unternehmens- bzw. leistungsbezogener Wertreklame anzusprechen, um das strafbewerte Verhalten skizzieren zu können. Dabei ist man sich einig, dass es sich bei produktbezogener Absatzwerbung um eine unzulässige Maßnahme handelt, wohingegen eine unternehmens- bzw. leistungsbezogene Wertreklame eine erlaubte Handlungsweise darstellt.[59] Eine allgemeine Firmenwerbung ohne die Bezugnahme auf ein bestimmtes Präparat ist dazu geeignet das Ansehen und die Leistungsfähigkeit des Unternehmens zu unterstreichen.[60] Der BGH[61] macht deutlich, dass die Klassifizierung als Absatz- oder als Firmenwerbung davon abhängt, ob nach dem Gesamterscheinungsbild die Darstellung des Unternehmens oder die Auslobung bestimmter oder zumindest individualisierbarer Arzneimittel im Vordergrund steht. Dabei ist allerdings zu beachten, dass es ausreichend ist, dass nach dem Eindruck eines relevanten Teils des angesprochenen Publikums die Werbung sich auch auf bestimmte Werbeobjekte i.S.d. § 1 HWG bezieht.[62] Ebenso ist zu entscheiden, sofern es sich nur um einen Nebenzweck handelt.[63] Dabei ist einzig relevant, wie die angesprochenen Verkehrskreise diese Handlung bewerten und somit nicht wie der Handelnde eigentlich subjektiv verfahren wollte.[64]

Demnach stellt sich die Frage, ob die Hersteller durch eine Rabattvergabe auf ihr gesamtes Sortiment das vom Gesetzgeber beabsichtigte Verbot i.S.d. § 7 Abs. 1 S. 1 Nr. 2 lit. a) HWG umgehen können. Hierbei muss man auf die Ratio der

---

59 BGH GRUR 1992, 873 (873); Schmid, in: FS für Ullmann, 2006, 875 (885); Mand, in: A&R 2006, 54 (57).

60 BGH GRUR 1992, 873 (873); Schmid, in: FS für Ullmann, 2006, 875 (885).

61 BGH GRUR 1992, 873 (873); siehe hierzu auch OLG Nürnberg WRP 2009, 106 (106); Kleist/ Hess/ Hoffmann, § 1 Rn 13; Weihe-Gröning, in: WRP 1997, 409 (414); Schmidt-Felzmann, in: PharmaR 1998, 87 (89 f.).

62 BGH GRUR 1983, 393 (394); Doepner, in: WRP 1993, 445 (446).

63 BGH GRUR 1983, 393 (394); Doepner, in: WRP 1993, 445 (446).

64 Doepner/ Reese, HWG, § 1 Rn 85.

Norm hinweisen, denn schließlich erscheint es inkonsequent, wenn man erlaubt Rabatte auf das gesamte Sortiment zu geben und somit eine Norm zu unterlaufen, die genau eine zu immense Rabattgewährung verhindern will. Daher ist nicht ersichtlich, warum dieses Verhalten hingenommen werden soll, wenn es sich um eine besonders breit angelegte Wertreklame handelt.[65] Eine andere Ansicht, welche sich auf BGH-Entscheidungen stützt, die eine eingeschränkte Auslegung befürwortet, kann nicht herangezogen werden, da sie zu einer älteren Fassung des § 7 Abs. 1 HWG ergangen ist, die bis 2001 galt. Die Entscheidungen des BGH sind vielmehr nicht übertragbar. Hier ist entscheidend, dass bis dahin das Rabattgesetz Geltung hatte, welches keine Unterscheidung zwischen dem Sachverhalt kannte, dass Rabatte nur auf einzelne Produktsegmente oder auf das gesamte Produktportfolio gewährt wurden.[66] Demnach musste der BGH sich mit dieser Frage zu den jeweiligen Entscheidungszeitpunkten nicht auseinandersetzen. In casu ist festzuhalten, dass man Rabatte auf breite Produktbereiche in den Anwendungsbereich des § 7 Abs. 1 S. 1 Nr. 2 lit. a) HWG einbeziehen sollte, um Umgehungsmöglichkeiten sachgerecht einzuschränken.

B. § 7 Abs. 1 S. 1 Nr. 2 HWG allgemeine Erwägungen

Nachdem das Heilmittelwerbegesetz allgemein erörtert wurde, soll im Weiteren die hier untersuchte Norm des § 7 Abs. 1 S. 1 Nr. 2 HWG näher betrachtet werden. § 7 Abs. 1 S. 1 Nr. 2 HWG normiert das Rabattverbot. Bevor auf die Tatbestandsmerkmale eingegangen wird, soll zunächst ein Hinweis dahingehend erfolgen, dass Kritiker darauf verweisen, dass die Norm des § 7 HWG zumindest weitgehend überflüssig sei.[67] Dies wird damit begründet, dass das Ankündigen oder die Gewährung von Werbegaben als Entgelt dafür, dass Heilmittel empfohlen, verschrieben oder angewandt werden, bereits gegen § 1 UWG verstoße.[68] Damit wird in Frage gestellt, ob § 7 Abs. 1 S. 1 Nr. 2 HWG eine Daseinsberechtigung hat.

Gegen diese Annahme spricht, dass es sich bei § 7 HWG um ein abstraktes Gefährdungsdelikt handelt[69], dessen Sinn und Zweck es ist, dass unabhängig von

65 OLG Frankfurt GRUR-RR 2005, 393 (393); Mand, in: A&R 2006, 54 (57).

66 Schmid, in: FS für Ullmann, 2006, 875 (886).

67 Von Gamm, § 5 HWG Rn 1.

68 Von Gamm, § 5 HWG Rn 1. Dabei ist zu bedenken, dass nach der UWG-Reform die Generalklausel nunmehr im § 3 UWG verankert ist. Damit wäre hier ein Verstoß gegen § 3 UWG zu verzeichnen.

69 BGH WRP 2003, 886 (887).

dem konkreten Nachweis einer unsachlichen Beeinflussung gerade abstrakt den nachfolgenden Gefahren begegnet wird und diese Handlungen auch als Ordnungswidrigkeiten geahndet werden.[70]

An dieser Stelle sei das Prinzip der Selbstkontrolle der Wirtschaft erwähnt.[71] Ein Prinzip, das als Wettbewerbsmechanismus ausreichend sein könnte. Diesem Gedanken muss man entgegenhalten, dass den Wettbewerbern regelmäßig nicht daran gelegen sein wird, dass die Begünstigten unter den Angehörigen der Heilberufe, des Heilgewerbes sowie der Apothekerschaft in zivilgerichtliche Auseinandersetzungen hineingezogen werden.[72]

Um die Daseinsberechtigung des § 7 Abs. 1 S. 1 Nr. 2 HWG herausarbeiten zu können, soll zunächst auf die Rechtskonstruktion des abstrakten Gefährdungsdelikts eingegangen werden.

Bei einem abstrakten Gefährdungsdelikt geht das Gesetz so weit, dass es bei bestimmten Handlungen eine Gefährdung unwiderleglich vermutet und das konkrete Gefahrerfordernis gar nicht als Tatbestandsmerkmal erfasst.[73] Es ist allerdings in diesem Kontext umstritten, welche Anforderungen an eine Verfassungskonformität zu stellen sind. Der Ansicht, die sich auf eine Entscheidung des BGH[74] bezieht, dass zumindest eine mittelbare Gesundheitsgefährdung verlangt werden müsse[75], ist nicht zuzustimmen. Die Vertreter dieser Ansicht gehen davon aus, dass die Vorschrift die Berufsausübungsfreiheit einschränkt und daher mit Rücksicht auf Art. 12 GG einschränkend im Sinne eines konkreten Gefährdungstatbestandes ausgelegt werden müsse.[76] § 7 HWG setze mithin voraus, dass die Werbung geeignet sei, den Abnehmer in der Weise unsachlich zu beeinflussen, dass dadurch zumindest eine mittelbare Gesundheitsgefährdung bewirkt werde.[77] Zunächst ist dem entgegenzuhalten, dass die Entscheidung des BGH, auf die sich die Vertreter der Gegenansicht stützen, zu § 11 HWG und nicht zu § 7 HWG ergangen ist. Zwar versucht die Gegenansicht hier die

---

70 *Brixius*, in: Bülow/ Ring, HWG, § 7 Rn 8; Doepner/ Reese, HWG, § 7 Rn 16 f..

71 Doepner/ Reese, HWG, § 7 Rn 16; SRH VIII, S. 168.

72 Doepner/ Reese, HWG, § 7 Rn 16; SRH VIII, S. 168.

73 *Heger*, in: Lackner/ Kühl, StGB Komm, vor § 13 Rn 32; *Heine/ Bosch*, in: Schönke/ Schröder, StGB Komm, Vorbem. §§ 306 ff. Rn 4; Reese, in: ZLR 2002, 724 (725).

74 BGH GRUR 2007, 809 (809 ff.).

75 OLG Frankfurt GRUR-RR 2008, 306 (306); Zimmermann, HWG, § 7 Rn 1.

76 OLG Frankfurt GRUR-RR 2008, 306 (306); Zimmermann, HWG, § 7 Rn 1.

77 OLG Frankfurt GRUR-RR 2008, 306 (306); Zimmermann, HWG, § 7 Rn 1; so auch Geiger, in: MPR 2015, 131 (136 f.), der allerdings betont, dass eine Ausnahme hiervon zu machen ist, wo das Heilmittelwerbegesetz einem weiteren Zweck, nämlich der Absicherung des Arzneimittelpreisrechts dient.

Rechtsprechung zu § 11 HWG auf § 7 HWG zu übertragen, dies allerdings gelingt nicht. Die Vertreter der Gegenansicht gehen davon aus, dass ein Absatz von verschreibungspflichtigen Arzneimitteln nicht möglich sei, wenn nicht die entsprechende Krankheit vorläge.[78] Ein Rabattsystem, das allein verschreibungspflichtige Arzneimittel zum Gegenstand habe, könne somit nicht den Absatz von diesen Arzneimitteln fördern, sofern nicht die Indikation und mithin die Krankheit beim Patienten vorläge.[79] Allerdings sieht der BGH selbst den Schutzzweck des § 7 HWG in der Vermeidung der abstrakten Gefahr einer unsachlichen Beeinflussung, die von Werbung mit Geschenken ausgehen kann.[80] Demnach hat der BGH die Gefahr der unsachlichen Beeinflussung erkannt. Die Gegenansicht stellt lediglich fest, dass es eine solche Möglichkeit nicht gibt, ohne dies näher zu begründen. Diese Feststellung befindet sich allerdings im Widerspruch zum BGH, womit eine ausführliche Begründung zu erfolgen hätte. Wie bereits oben erörtert, soll § 7 HWG auch das Arzt-Patienten-Verhältnis schützen. Das oben erwähnte Beispiel, in dem ein Patient auf ein Arzneimittel besteht, das nicht von der Krankenversicherung übernommen werden kann, gilt auch hier. Der Patient könnte sich genötigt fühlen, das spezifische Medikament mit eigenen Mitteln zu erwerben, obwohl die Krankenkasse ein anderes ebenso wirksames Arzneimittel zahlen würde. Denn auch diese Konstellation ist von dem Schutzzweck der Norm erfasst. Die Annahme der Gegenansicht ist hier nicht überzeugend. Ferner ist anzumerken, dass es im Heilmittelwerbegesetz andere Tatbestände gibt, die als abstraktes Gefährdungsdelikt ausgestaltet sind.[81] Darüber hinaus gibt Art. 94 Abs. 1 der Richtlinie 2001/83/EG den Mitgliedsstaaten gem. Art. 288 Abs. 3 AEUV sogar den expliziten Auftrag für Humanarzneimittel ein abstraktes Gefährdungsdelikt zu schaffen, wobei alle wirtschaftlichen Vorteile zu verbieten sind, es sei denn sie sind geringwertig und für die pharmazeutische Praxis von Belang. Somit hat § 7 Abs. 1 S. 1 Nr. 2 HWG nicht nur seine Daseinsberechtigung, sondern ist im Hinblick auf die Gefahren auch richtigerweise als abstraktes Gefährdungsdelikt normiert worden.

Auch *Bülow* geht davon aus, dass man zwar eine verfassungsrechtliche Rechtfertigung benötige, diese jedoch dürfe nach Art der Beschränkung, vor dem Hintergrund, dass es sich um das Rechtsgut der Gesundheit handelt, welche als

---

78 OLG Frankfurt GRUR-RR 2008, 306 (306).

79 OLG Frankfurt GRUR-RR 2008, 306 (306).

80 BGH Urt. v. 26.03.2009, Az.: I ZR 99/07; BGH Urt. v. 17.08.2011, Az.: I ZR 13/10; BGH Urt. v. 25.04.2012, Az.: I ZR 105/10.

81 Zimmermann, HWG, Einl. Rn 11.

höherrangig einzustufen sei, als verfassungskonform anzusehen sein.[82] Er prangert an, dass eine Ungefährlichkeit bei Vertriebswegen nach § 47 AMG angenommen wird und somit solchen außerhalb eine Gefährlichkeit zugesprochen wird, das er als nicht nachvollziehbar einstuft.[83] Er pflichtet jedoch bei, dass es um eine verfassungskonforme Handlung geht, wenn man das Verbot im Verhältnis des Lieferanten zum Arzt vollzieht, da man den Arzt nicht zu einem bestimmten Verschreibungsverhalten bewegen können sollte.[84] Es ist allerdings stets zu bedenken, ob das Interesse, die Beurteilung der Gefährlichkeit des jeweiligen Verhaltens nicht dem Normadressaten zu überlassen, wirklich wichtig genug erscheint, um eine solche Legitimation zu konstruieren.[85] Bei einem so hochrangigen Gut wie der Gesundheit ist, wie oben festgestellt, diese Voraussetzungen erfüllt. Ferner muss an dieser Stelle ebenso an praktische Erwägungen gedacht werden. Das Instrumentarium des abstrakten Gefährdungsdeliktes beinhaltet den Umstand, dass zwar der Gesetzeszweck Berücksichtigung findet, aber das Vorliegen von einer Gefahrensituation im Rahmen des § 7 HWG nicht nachgewiesen werden muss.[86] Wichtig ist, sich zu vergegenwärtigen, dass abstrakte Gefährdungsdelikte immer vor dem Hintergrund des Normzwecks auszulegen sind. Man muss allerdings genauso bedenken, dass es Sinn und Zweck des abstrakten Gefährdungsdeliktes ist, dem jeweiligen Gericht in tatsächlicher und rechtlicher Hinsicht die schwierige Prüfung, ob eine Tat eine irreführende oder unsachliche Beeinflussung der Werbeadressaten nach sich zieht, abzunehmen.[87] Der BGH, wie oben erörtert, nimmt an, dass § 7 HWG grundsätzlich sämtliche werbliche Erscheinungsformen der akzessorischen und nicht-akzessorischen Wertwerbung, die die formalen Tatbestandsvoraussetzungen des vorliegenden abstrakten Gefährdungsdeliktes erfüllen, verbietet, ohne dass weitere Parameter hinzugenommen werden müssen.[88] Der BGH hat in einer späteren Entscheidung den Anwendungsbereich von § 7 HWG in der Fachkreiswerbung unter Hinweis

---

82 Bülow, in: GRUR 2005, 482 (486).

83 Bülow, in: GRUR 2005, 482 (486).

84 Bülow, in: GRUR 2005, 482 (486).

85 Frister, Kap. 3 Rn 29; a.A. bspw. *Heine/Bosch*, in: Schönke/ Schröder, StGB Komm, Vorbem. §§ 306 ff. Rn 5, welche ebenso eine Zusammenstellung von den wichtigsten Meinungsströmen anfertigen.

86 Doepner/ Reese, HWG, § 7 Rn 27; Grunewald, S. 185.

87 Wessels/ Beulke/ Satzger, Rn 44.

88 BGH Urt. v. 26.03.2009, Az.: I ZR 99/07; BGH Urt. v. 17.08.2011, Az.: I ZR 13/10; BGH Urt. v. 25.04.2012, Az.: I ZR 105/10.; Doepner/ Reese, HWG, § 7 Rn 29; Strunz, S. 181 f..

auf Art. 94 der Richtlinie 2001/83/EG teleologisch auf Werbeformen eingeschränkt, die bei den Werbeadressaten ein gesteigertes Interesse an der Abgabe oder Verordnung von Heilmitteln wecken können.[89] Dies deutet allerdings darauf hin, dass der BGH faktisch die Vorschrift in ein konkretes Gefährdungsdelikt umgewandelt hat, auch wenn er betont, dass er kein konkretes Gefährdungsdelikt hieraus machen möchte.[90] Demnach muss eine Gefahr bestehen, dass eine Zuwendung im Einzelfall tatsächlich das Werbeverbot erfüllt.[91] Damit widerspricht sich der BGH nicht nur selbst, seine teleologische Auslegung ist daher auch unionsrechtswidrig, denn Art. 94 der Richtlinie 2001/83/EG verbietet eine Werbung, die abstrakt-generell mit ökonomischen Vorteilen verbunden ist, da keine konkrete Gefährdung gefordert wird. Sie ist daher abzulehnen.

Einen potenziellen Konflikt mit europarechtlichen Regelungen sieht der BGH nicht, da er dem deutschen Verfassungsrecht den Vorrang einräumt und demnach die Vorlage an den EuGH nach Art. 267 AEUV ablehnt.[92]

Aus oben erörtertem Sinn und Zweck der Norm erscheint nur die Ausgestaltung als abstraktes Gefährdungsdelikt zielführend. Schließlich wären ansonsten viele Maßnahmen, die sich im Widerspruch zur Ratio der Norm befinden, sanktionslos. Dies würde dazu führen, dass die Norm zumindest teilweise ins Leere liefe, weil geringwertige Zuwendungen unter Umständen schon kein hinreichendes wirtschaftliches Interesse an der Abgabe oder Verschreibung von Arzneimitteln begründen und daher vom Verbotstatbestand gar nicht erfasst werden würden.

Demnach erscheint es gerechtfertigt für den vom Staat zu gewährleistenden Gesundheitsschutz die Interessen der anderen Marktbeteiligten so weit wie nötig einzuschränken.

Zudem ist ein Eingriff in die Berufsausübungsfreiheit gerechtfertigt. Diese Behauptung soll im Folgenden näher geprüft werden.

I. Eingriff in den Schutzbereich des Art. 12 Abs. 1 GG

Ein Eingriff in den Schutzbereich des Art. 12 Abs. 1 S. 1 GG, der besagt, dass alle Deutschen das Recht haben, Beruf, Arbeitsplatz und Ausbildungsstätte frei zu wählen, liegt vor. Jede Reglementierung der beruflichen Betätigung, aber auch

---

89 BGH Urt. v. 17.08.2011, Az.: I ZR 13/10; BGH Urt. v. 25.04.2012, Az.: I ZR 105/10; BGH Urt. v. 12.12.2013, Az.: I ZR 83/12.

90 Zustimmend Mand, in: A&R 2015, 51 (56).

91 Mand, in: A&R 2015, 51 (56).

92 BGH Urt. v. 12.02.2015, Az.: I ZR 213/13; Reese/ Kemmner, in: MPR 2017, 151 (152).

Einwirkungen auf das Umfeld der Berufstätigkeit können in die Berufsfreiheit des Einzelnen eingreifen.[93] Nach Art. 12 Abs. 1 S. 2 GG kann die Berufsausübung durch Gesetz oder auf Grund eines Gesetzes geregelt werden.

II. Rechtfertigung des Eingriffes in den Schutzbereich des Art. 12 GG

Ein Eingriff in den Schutzbereich des Art. 12 Abs. 1 GG kann allerdings gerechtfertigt sein, wozu die Verhältnismäßigkeit im weiteren Sinn geprüft werden muss.

Nach der Dreistufentheorie des Bundesverfassungsgerichts sind verschiedene „Stufen“ der Eingriffsintensität zu prüfen, namentlich die Berufsausübungsregelungen (I. Stufe) und die Berufswahlfreiheit, welche zwischen subjektiven Zulassungsgrenzen (II. Stufe) und den objektiven Zulassungsgrenzen (III. Stufe) unterscheidet.[94]

Die Berufsausübungsregelungen haben das „Wie“, die Art und Weise der beruflichen Tätigkeit, zum Gegenstand. Hierbei handelt es sich um Bedingungen und Modalitäten, die die Berufstätigkeit zum Gegenstand haben.[95] Der Kern der beruflichen Tätigkeit bleibt allerdings unangetastet.[96] Bei der Regelung des § 7 Abs. 1 S. 1 Nr. 2 HWG handelt es sich um einen Eingriff in die Berufsausübungsfreiheit, denn dem pharmazeutischen Unternehmer bzw. dem Großhändler wird es untersagt unter bestimmten Voraussetzungen ihrer wirtschaftlichen Tätigkeit nachzugehen. Es handelt sich nicht um eine Zulassungsvoraussetzung um den Beruf des pharmazeutischen Unternehmers oder Großhändlers zu ergreifen.

1. Legitimer Zweck

Ein Eingriff in die Berufsausübungsfreiheit ist zulässig, sofern vernünftige Erwägungen des Gemeinwohls diesen zweckmäßig erscheinen lassen.[97] Hier handelt es sich um Belange der allgemeinen Gesundheit, für die der Staat Sorge zu tragen hat. Wie weiter oben erwähnt, handelt es sich dabei um den Ausfluss des Sozialstaatsprinzips. Mithin lässt sich in dieser Konstellation ein legitimer Zweck bejahen.

---

93 *Jarass*, in: Jarass/ Pieroth, Art. 12 Rn 14 ff.; Ipsen, Rn 635 ff..

94 BVerfG Urt. v. 11.06.1958, Az.: 1 BvR 596/56; *Jarass*, in: Jarass/ Pieroth, Art. 12 Rn 33 ff.; Ipsen, Rn 652 ff..

95 BVerfG Urt. v. 11.06.1958, Az.: 1 BvR 596/56; Ipsen, Rn 652 ff..

96 BVerfG Urt. v. 11.06.1958, Az.: 1 BvR 596/56; Ipsen, Rn 652 ff..

97 Ipsen, Rn 185 ff..

2. *Geeignetheit*

Die Geeignetheit ist gegeben, da durch den Eingriff das angestrebte Ziel erreicht oder zumindest gefördert werden kann. Vorliegend kann so verhindert werden, dass Rabatte an Apotheken vergeben werden, die sodann als Gegenleistung bzw. um ihren eigenen Umsatz zu steigern Arzneimittel herausgeben oder weiterempfehlen. Selbst wenn der Arzt das jeweilige Arzneimittel nicht verschreibt, kann der Patient das Medikament käuflich mit eigenen Mitteln erwerben, da auch ein wirkstoffgleiches Präparat abgegeben werden kann.

3. *Erforderlichkeit*

Ferner ist die Erforderlichkeit der Maßnahme zu bejahen, da es kein milderes Mittel gibt, das denselben Erfolg verspricht. Der Gesetzgeber hatte bereits andere nicht so intensive Mittel vorgesehen, die sich historisch nicht bewährt haben. Schließlich endete es in der Praxis damit, dass die Hersteller nur noch fiktive Preise angaben, die kaum noch eingehalten wurden. Der Gesetzgeber reagierte mit einem absoluten Verbot, da er keine weiteren Alternativen gesehen hat bzw. diese bereits ausgeschöpft hatte.

4. *Angemessenheit*

Abschließend muss die Verhältnismäßigkeit im engeren Sinn geprüft werden. Diese ist zu bejahen, sofern das Mittel angemessen ist, d.h., dass der beabsichtigte Zweck nicht außer Verhältnis zur Schwere des Eingriffs stehen darf.[98] Das Allgemeinwohl der Gesundheit ist zur Bejahung der Angemessenheit ausreichend. Die Interessen des pharmazeutischen Unternehmers und der Vertriebsstufen an Gewinn haben dahinter zurückzutreten. Wie bereits in der Historie dargelegt, hat der Gesetzgeber versucht andere Eingriffsintensitäten durchzusetzen, sah sich aber gezwungen den Eingriff weiter zu verstärken, um dem Volkswohl Genüge tun zu können. Eine Gefährdung des Gesundheitssystems ist in diesem Zusammenhang indiskutabel.

Eine verfassungsrechtliche Rechtfertigung ist demnach zu bejahen.

Nach dem gerade Herausgearbeiteten ist es nicht nachzuvollziehen, weshalb einige Stimmen versuchen den § 7 HWG als überflüssig anzusehen.

Man kann hier anführen, dass der Sinn und Zweck des § 7 HWG darin besteht, dass die Therapie- und Entscheidungsfreiheit der Heilberufler geschützt wird. Dabei ist zu beachten, dass das letztendliche Fernziel die Verhinderung

---

98 *Jarass*, in: Jarass/ Pieroth, Art. 12 Rn 44; Ipsen, Rn 193 ff..

der Kostensteigerung im Gesundheitssystem ist. Dieser Gefahr der unsachlichen Beeinflussung soll bei allen Personen entgegengewirkt werden, die aufgrund ihrer beruflichen Stellung Heilmittel empfehlen, verschreiben oder anwenden, unabhängig davon, ob sie zu den Fachkreisen i.S.d. § 2 HWG gehören oder nicht.[99] Nach § 2 HWG gehören zu den Fachkreisen Angehörige der Heilberufe oder des Heilgewerbes, Einrichtungen, die der Gesundheit von Mensch und Tier dienen, oder sonstige Personen, soweit sie mit Arzneimitteln, Medizinprodukten, Verfahren, Behandlungen, Gegenständen oder anderen Mitteln erlaubterweise Handel treiben oder sie in Ausübung ihres Berufes anwenden. In diesem Zusammenhang möchte der Gesetzgeber mit der Normierung des § 7 HWG generell den Gefahren unsachlicher Beeinflussung begegnen, welche von einer abstrakten, aber auch akzessorischen Wertwerbung auf die Abnehmerschaft von Heilmitteln gleich welcher Wirtschaftsstufe einwirken können.[100]

Demnach ist festzuhalten, dass § 7 HWG einen eigenständigen Anwendungsbereich genießt und richtigerweise als abstraktes Gefährdungsdelikt ausgestaltet wurde.

C. § 7 Abs. 1 S. 1 Nr. 2 HWG im engeren Sinn

Im Bereich des § 7 Abs. 1 S. 1 Nr. 2 lit. a) und lit. b) HWG soll nunmehr die Verständnisgrundlage geschaffen werden. Ratio des § 7 HWG ist es, wie bereits erläutert, dass eine sofortige Senkung der Arzneimittelausgaben erreicht werden soll. Zudem soll die Therapiefreiheit und damit die Entscheidungsfreiheit der Angehörigen der Heilberufe gewährleistet werden.[101] Schließlich haben diese Personen eine langjährige Ausbildung in Theorie und Praxis absolviert. Diese Ausbildung ist nötig, um die Flexibilität bzgl. der jeweilig erforderlichen Therapie zu schaffen bzw. zu erhalten. Man muss einem Angehörigen der Heilberufe zuerkennen, dass eine Therapie angepasst werden kann. Darüber hinaus soll die Arzneimittelversorgung stabilisiert werden. Dafür muss die Preisgestaltung hinreichend transparent bleiben. Wie oben erwähnt, sollen die Regelungen gewährleisten, dass die im öffentlichen Interesse gebotene flächendeckende und gleichmäßige Versorgung der Bevölkerung mit Arzneimitteln sichergestellt wird. Es soll ein Wettbewerb im Preis und nicht in Rabatten stattfinden. Wenn

---

99 BGH WRP 1972, 79 (82); BGH GRUR 1990, 1041 (1042); OLG Stuttgart PharmaR 1996, 244 (249); *Brixius*, in: Bülow/ Ring, HWG, § 7 Rn 8.

100 Doepner/ Reese, HWG, § 7 Rn 18.

101 Doepner/ Reese, HWG, § 7 Rn 19; SRH VIII, S. 168; von Blanc, in: Pharmlnd 1965, 387 (388).

man sich diese Ziele vor Augen führt, erscheint es sachgerecht einen Wettbewerb nur noch dort zu gestatten, wo der Endverbraucher klar einen Nutzen verzeichnen kann. Hierfür war ebenfalls die Gesetzesänderung durch das GMG erforderlich. Nach der vorherigen Rechtslage konnten Empfänger einer unzulässigen Zuwendung oder sonstigen Werbegabe nicht belangt werden, wenn nicht andere Gesetzesverstöße einschlägig waren.[102] Diese Lücke wurde geschlossen. In den allgemeinen Strafvorschriften der §§ 331, 332 StGB zur Vorteilsannahme und der Bestechlichkeit ist geregelt, dass auch der Empfänger sanktioniert wird.[103] Dem ist nunmehr auch die Sanktion im Heilmittelwerbegesetz angenähert worden, denn jetzt ist auch das Verhalten des Empfängers eines Rabattes i.S.d. § 7 HWG als Ordnungswidrigkeit zu ahnden.[104] Durch diese Regelung des Gesetzgebers wurde dem Gedanken der Rechtseinheit Rechnung getragen. Es muss sich beim Empfänger allerdings um einen Angehörigen der Fachkreise i.S.d. § 2 HWG handeln.[105] Mithin muss es sich – in der hier untersuchten Konstellation – um einen Großhändler oder einen Apotheker handeln.

Zum besseren Verständnis kann die Rechtsprechung zum Schwarzarbeitergesetz herangezogen werden. Der BGH hat in seinem Urteil vom 31.05.1990, Az.: VII ZR 336/89 ausgeurteilt, dass ein Schwarzarbeiter unter Umständen Wertersatz für seine Leistung aus bereicherungsrechtlichen Anspruchsgrundlagen verlangen kann. Der Sperre des § 817 S. 2 BGB, der besagt, dass der Anspruch gesperrt ist, wenn beide Seiten gesetzeswidrig handeln, kann dann § 242 BGB und damit Treu und Glauben entgegenstehen.[106] In dem Urteil ging es um einen Werkvertrag, namentlich eine bauliche Leistung, die vom Schwarzarbeiter zu erbringen war.[107] Auf Grundlage dessen kam es nach erfolgter Leistung des Schwarzarbeiters zum Rechtsstreit.[108] Der Besteller hatte die Geldleistung nicht erbracht.[109] Dem Schwarzarbeiter resultiere zwar kein Anspruch aus Vertrag, jedoch könne er einen Anspruch aus §§ 812 Abs. 1 S. 1 Alt. 1, 818 Abs. 2 BGB haben.[110] Der Anspruch scheitere nicht an § 817 S. 2 BGB.[111]

102 BT-Drucks. 15/1525, S. 164.
103 BT-Drucks. 15/1525, S. 164.
104 BT-Drucks. 15/1525, S. 164.
105 BT-Drucks. 15/1525, S. 164.
106 BGH Urt. v. 31.05.1990, Az.: VII ZR 336/89.
107 BGH Urt. v. 31.05.1990, Az.: VII ZR 336/89.
108 BGH Urt. v. 31.05.1990, Az.: VII ZR 336/89.
109 BGH Urt. v. 31.05.1990, Az.: VII ZR 336/89.
110 BGH Urt. v. 31.05.1990, Az.: VII ZR 336/89.
111 BGH Urt. v. 31.05.1990, Az.: VII ZR 336/89.

Dem würde hier entgegenstehen, dass der Besteller regelmäßig der stärkere Verhandlungspartner sei und er ansonsten die Leistung des Schwarzarbeiters behalten könne, ohne hierfür aufzukommen.[112] Mithin würde dann der Besteller einen Vorteil unentgeltlich erlangen.[113] Die Tatsache, dass der Schwarzarbeiter den Wertersatz erhalten solle, begründet der Senat damit, dass mit Ausschluss vertraglicher Ansprüche der – vor allem ordnungspolitischen – Zielsetzung des Gesetzes weitgehend Genüge getan worden sei.[114] Dass der Besteller von Schwarzarbeit die Leistung auf Kosten des vorleistenden Schwarzarbeiters unentgeltlich solle behalten dürfen, sei zur Durchsetzung der Ziele des Gesetzes nicht unabweislich geboten.[115] Denn der Ausschluss vertraglicher Ansprüche verbunden mit der Gefahr einer Strafverfolgung und der Nachzahlung von Steuern und Sozialabgaben bei Bekanntwerden der Schwarzarbeit entfalte bereits die vom Gesetzgeber gewünschte generalpräventive Wirkung.[116] Nach Auffassung des Senats stehe die Gewährung eines bereicherungsrechtlichen Ausgleichs der generalpräventiven Wirkung nicht entgegen.[117]

Dem kann entgegen gehalten werden, dass der Schwarzarbeiter in einer solchen Konstellation besser als ein gewerblicher Unternehmer gestellt werden würde, denn der Schwarzarbeiter ist keinen Gewährleistungsansprüchen ausgesetzt.[118] Zweck des § 817 S. 2 BGB ist es bei beidseitigen Gesetzesverstößen die Hilfe der Rechtsordnung bei der Erfüllung, als auch bei der Rückabwicklung zu versagen.[119] Ferner ist nicht klar, wie Treu und Glauben bei zwei gesetzeswidrig Handelnden zu bestimmen und daher § 242 BGB anzuwenden ist.[120] Hinzu kommt, dass der Gewinn des Bestellers etwa über das Bußgeld nach § 17 Abs. 4 OWiG abgeschöpft werden kann.[121] Ferner muss bedacht werden, dass der

---

112 BGH Urt. v. 31.05.1990, Az.: VII ZR 336/89.
113 BGH Urt. v. 31.05.1990, Az.: VII ZR 336/89.
114 BGH Urt. v. 31.05.1990, Az.: VII ZR 336/89.
115 BGH Urt. v. 31.05.1990, Az.: VII ZR 336/89.
116 BGH Urt. v. 31.05.1990, Az.: VII ZR 336/89.
117 BGH Urt. v. 31.05.1990, Az.: VII ZR 336/89.
118 BGH Urt. v. 10.04.2014, Az.: VII ZR 241/13; BGH Urt. v. 11.06.2015, Az.: VII ZR 216/14; OLG Köln Urt. v. 11.10.1989, Az.: 2 U 4/89.
119 BGH Urt. v. 10.04.2014, Az.: VII ZR 241/13; Kern, in: FS für Gernhuber, 1993, 191 (202); Kern, in: JuS 1993, 193 (195).
120 Kern, in: FS für Gernhuber, 1993, 191 (202); Kern, in: JuS 1993, 193 (195).
121 Kern, in: FS für Gernhuber, 1993, 191 (203 f.); Kern, in: JuS 1993, 193 (195).

Besteller nicht unbedingt einen Vorteil erhält, wenn er bspw. Forderungen eines Subunternehmers ausgesetzt ist.[122]

Daraus lässt sich entnehmen, dass es in der Rechtsprechung eine Abkehr von der einseitigen Sanktion gegen gesetzeswidrige Umstände, die von beiden Seiten bewusst begangen werden gab, das sich auch in der heute geltenden Fassung des § 7 HWG widerspiegelt. Wie bereits oben erwähnt, war lange Zeit nur die Geberseite von Rabatten sanktioniert worden. In der amtlichen Begründung wird hervorgehoben, dass die Strafbarkeitslücke entsprechend den Vorschriften der §§ 331, 332 StGB, d.h. zur strafbaren Vorteilsannahme und Bestechlichkeit, nunmehr auch im Bereich des Heilmittelwerbegesetzes auf der Ebene der Ordnungswidrigkeiten geregelt wird.[123] Die Empfänger einer verbotswidrigen Zuwendung, sofern es sich um Angehörige der Fachkreise i.S.v. § 2 HWG handelt, begehen daher auch eine Ordnungswidrigkeit, die dementsprechend auf Rechtsfolgenseite zu ahnden ist.[124] Dies erscheint nur konsequent, wenn man bedenkt, dass damit schon die Versuchung, so eine Gabe anzunehmen, erheblich vermindert wird. Damit ist die Wahrscheinlichkeit, dass eine solche Tat überhaupt begangen wird, durch den Gesetzgeber erheblich verringert worden.

Diese Regelung erscheint sachgerecht. Denn es ist nicht einzusehen, weshalb ein zweiseitiger Vorgang nur einseitig sanktioniert wurde. In der Vergangenheit wurde der Geber eines Rabattes mit einer Ordnungswidrigkeit geahndet und die Empfängerseite nicht. Die Sanktionierung des Empfängers führt dazu, dass auch dieser nicht mehr nach Rabatten nachfragen kann, da er nunmehr selbst befürchten muss mit einer Geldbuße belegt zu werden. Auch die Grenzziehung, die dahin geht, dass nur Angehörige der Fachkreise nach § 2 HWG in den Adressatenkreis der Norm einbezogen wurden, erscheint vor dem Hintergrund des verfassungsrechtlich verankerten Verhältnismäßigkeitsgrundsatzes hinreichend.

Als nächster Schritt bei der Vorschrift des § 7 Abs. 1 S. 1 Nr. 2 HWG sind die Normadressaten darzustellen.

---

122 BGH Urt. v. 23.09.1982, Az.: VII ZR 183/80; Kern, in: FS für Gernhuber, 1993, 191 (197); Fikentscher, in: AcP 190 (1990), 34 (71 ff., 79 f.).

123 BT-Drucks. 15/1170, S. 138; BT-Drucks. 15/1525, S. 164; *Brixius*, in: Bülow/ Ring, HWG, § 7 Rn 62.

124 BT-Drucks. 15/1170, S. 138; BT-Drucks. 15/1525, S. 164; *Brixius*, in: Bülow/ Ring, HWG, § 7 Rn 62.

I. Normadressaten des § 7 Abs. 1 S. 1 Nr. 2 HWG

Die Verbote des § 7 Abs. 1 S. 1 Nr. 2 HWG beschränken sich auf apothekenpflichtige Arzneimittel. Damit kommt als Normadressat des § 7 HWG der Apotheker in Betracht. Allerdings müssen auch der Großhändler und der pharmazeutische Unternehmer Adressaten der Norm sein, da es Ausnahmen gibt, bei denen u.a. Ärzte, Krankenhäuser, Gesundheitsbehörden und Hochschulen direkt von pharmazeutischen Unternehmern und Großhändlern beliefert werden können. Diese Belieferung kann nach § 47 Abs. 1 S. 1 Nr. 2–9, Abs. 3 AMG allerdings nur unter bestimmten Voraussetzungen stattfinden, die nicht relevant sind für die Untersuchung und daher ausgelassen werden. Nach § 4 Abs. 18 S. 1 AMG ist der pharmazeutische Unternehmer bei zulassungs- oder registrierungspflichtigen Arzneimitteln der Inhaber der Zulassung oder Registrierung. Pharmazeutischer Unternehmer ist zudem nach § 4 Abs. 18 S. 2 AMG, wer Arzneimittel unter seinem Namen in den Verkehr bringt, außer in den Fällen des § 9 Abs. 1 S. 2 AMG, womit Arzneimittel gemeint sind, die zur klinischen Prüfung am Menschen bestimmt sind. Gem. § 4 Abs. 17 AMG ist das Inverkehrbringen das Vorrätighalten zum Verkauf oder zu sonstiger Abgabe, das Feilhalten, das Feilbieten und die Abgabe an andere. Nach § 4 Abs. 22 AMG ist der Großhandel mit Arzneimitteln jede berufs- oder gewerbsmäßige zum Zwecke des Handeltreibens ausgeübte Tätigkeit, die in der Beschaffung, der Lagerung, der Abgabe oder Ausfuhr von Arzneimitteln besteht, mit Ausnahme der Abgabe von Arzneimitteln an andere Verbraucher als Ärzte, Zahnärzte, Tierärzte oder Krankenhäuser. Gem. § 47 Abs. 1 S. 1 Nr. 1 AMG dürfen pharmazeutische Unternehmer und Großhändler an andere pharmazeutische Unternehmer und Großhändler apothekenpflichtige Medikamente abgeben. Nach § 4a Abs. 1 S. 1 AMHandelsVO dürfen Arzneimittelgroßhändler Arzneimittel nur von Betrieben und Einrichtungen beziehen, die über eine Herstellungserlaubnis nach § 13 AMG oder eine Großhandelserlaubnis nach § 52a AMG verfügen. Demnach benötigen pharmazeutische Unternehmen, die zwar ein Arzneimittel unter ihrem eigenen Namen in den Verkehr bringen, aber dieses nicht selbst herstellen, und Apotheken für die Belieferung von Arzneimittelgroßhändlern, eine Großhandelserlaubnis. Es lässt sich somit festhalten, dass als Rabattgewährende alle Betriebe und Einrichtungen in Betracht kommen, die über eine Erlaubnis nach den §§ 13, 52a AMG verfügen. Folglich fallen in den Anwendungsbereich des § 7 Abs. 1 S. 1 Nr. 2 HWG Apotheken, Arzneimittelhersteller und Arzneimittelgroßhändler. Nach § 4 Abs. 14 Hs. 1 AMG ist das Herstellen, das Gewinnen, das Anfertigen, das Zubereiten, das Be- oder Verarbeiten, das Umfüllen einschließlich Abfällen, das Abpacken, das Kennzeichnen und die Freigabe.

Auf Empfängerseite kommen die Rechtsfolgen des § 7 Abs. 1 S. 1 Nr. 2 HWG nur zum Tragen, sofern es sich um Angehörige der Fachkreise handelt. Dies bedeutet, dass bei einer Abgabe von Arzneimitteln im Einzelhandel zwar nicht die Patienten wohl aber die Ärzte, Tierärzte und Krankenhäuser den Verboten des § 7 Abs. 1 S. 1 Nr. 2 HWG unterliegen. Weiterhin können in diesen Kreis zudem alle in § 47 Abs. 1 S. 1 Nr. 2–9 AMG genannten Personen gezählt werden. Im Großhandelsvertrieb müssen auf Empfängerseite die öffentlichen Apotheken, die Krankenhausapotheken sowie die Arzneimittelgroßhändler die gebotene Sorgfalt beachten, um nicht die Rechtsfolgen des § 7 HWG auszulösen.

Der persönliche Anwendungsbereich des § 7 HWG bezieht sich sowohl auf die Werbetreibenden, als auch auf die Empfänger der Werbegabe, wobei zu beachten ist, dass die Empfänger nur einbezogen werden, sofern sie zu den Fachkreisen gehören.[125] Gerade dieser Umstand ist neu. In früheren Zeiten war das Wertreklameverbot in Sondernormen kodifiziert. Zunächst ist an die Zugabeverordnung zu denken. Damals nahm § 7 HWG auf die Zugabeverordnung Bezug. Demnach musste eine Neufassung des § 7 HWG die Lücke, die durch die Aufhebung der Zugabeverordnung[126] entstanden war, füllen. Ob dies tatsächlich geschehen ist, ist zweifelhaft. Ein Indiz dafür, dass es nicht gelungen ist, sind die mehrfachen parlamentarischen Änderungen des § 7 HWG. Nach § 1 ZugabeVO wurde, wie oben erwähnt, nur die Geberseite sanktioniert. Aus heutiger Sicht überrascht dies. Jedoch kann man sich diese Überlegung des Gesetzgebers nur dahingehend verständlich machen, indem man auch andere Rechtsquellen heranzieht. An dieser Stelle sei das Rabattgesetz[127] genannt, das ebenfalls nur den Rabattgewährenden sanktioniert hat. Es regelte, wie die Zugabeverordnung, einen Teil der akzessorischen Wertwerbung. Das Rabattgesetz schränkte die Normen der Zugabeverordnung ein, soweit deren Normen in einem Widerspruch standen bzw. unvereinbar waren.[128] Der Empfänger eines solchen Rabattes konnte nicht ordnungsrechtlich belangt werden. Hiernach verhielt es sich auf rechtlicher Seite so, dass die Vorschriften des Rabattgesetzes sich einseitig an den Verkäufer gerichtet haben und der zugrunde liegende Kaufvertrag trotz eines Rabattverstoßes nicht nach § 134 BGB nichtig war.[129] Aus diesem

---

125 BT-Drucks. 15/1525, S. 164; *Brixius*, in: Bülow/ Ring, HWG, § 7 Rn 62; Meyer, in: A&R 2006, 60 (61).

126 Aufgehoben durch BGBl. I 2001, 1661.

127 Aufgehoben durch BGBl. I 2001, 1663.

128 BGH GRUR 1958, 487 (490); BGH GRUR 1959, 326 (327); OLG Hamburg WRP 1958, 27 (29).

129 *Räpple*, in: Engler/ Geserich/ Räpple/ Rieger, Rn 301.

Grund konnte der Empfänger den gewährten Rabatt behalten und hatte einen wirksamen Kaufvertrag abgeschlossen. Auf der anderen Seite bestand allerdings kein Erfüllungsanspruch auf Gewährung eines Rabattes, soweit er verboten war.[130] Zudem bestand kein Rückforderungsanspruch des Rabattes, wenn mehr bezahlt wurde.[131] Daher war es immer von Nöten die Zulässigkeit einer solchen Rabattgewährung genau abzuklären. Daraus ergab sich ein Kaufvertrag mit allen Rechten und Pflichten. Nur der Rabatt war nicht zu fordern. Früher war diese Regelungstechnik durchaus üblich, das auch dadurch untermauert wird, dass § 7 HWG a.F. ebenfalls keine Sanktionen auf Empfängerseite vorsah.

II. Tatbestand des § 7 Abs. 1 S. 1 Nr. 2 HWG

Nachdem bereits oben auf § 7 Abs. 1 S. 1 Nr. 2 HWG im weiteren Sinn eingegangen worden ist, soll nunmehr der Tatbestand des § 7 Abs. 1 S. 1 Nr. 2 HWG im engeren Sinn Gegenstand der Arbeit werden.

1. Verbot

Die Norm ist so ausgestaltet, dass ein generelles Rabattvergabeverbot ausgesprochen wird. Dieses besteht darin, dass es unzulässig ist Zuwendungen oder sonstige Werbegaben (Waren oder Leistungen) anzubieten, anzukündigen oder zu gewähren oder als Angehöriger der Fachkreise anzunehmen. Dies umfasst grds. alle denkbaren Fallkonstellationen, in welchen gegen die Norm verstoßen werden könnte.

2. Zuwendungen oder sonstige Werbegaben

Um die tatbestandlichen Alternativen der Zuwendungen oder der sonstigen Werbegaben untersuchen zu können, sind hierzu die Varianten der Begehung des Tatbestandes zu erörtern. Gem. § 7 Abs. 1 S. 1 HWG ist es unzulässig Zuwendungen oder sonstige Werbegaben, je nach Sachverhalt, anzubieten, anzukündigen, zu gewähren oder anzunehmen.

Im weiteren Verlauf der Untersuchung sollen die Begriffe Zuwendungen oder sonstige Werbegaben verständlich gemacht werden, da oftmals gar nicht deutlich wird, welche Konstellationen hiervon erfasst werden. Somit kann über den

---

130 Baumbach/ Hefermehl, § 12 RabattG Rn 5; *Räpple*, in: Engler/ Geserich/ Räpple/ Rieger, Rn 301.

131 Baumbach/ Hefermehl, § 12 RabattG Rn 5; *Räpple*, in: Engler/ Geserich/ Räpple/ Rieger, Rn 301.

allgemeinen Werbebegriff hinaus ein Verständnis für diese Regelung geschaffen werden.

a) *Zuwendung*

Der Begriff der Zuwendung wurde erst im Kontext der 5. AMG-Novelle in § 7 HWG eingefügt. Weiterhin bleibt in der Praxis aber der relevante Oberbegriff der Werbegabe im Fokus der Betrachtung. Daher ist zu klären, in welchem Verhältnis beide Begriffe zueinander stehen. Zwar könnte man der Auffassung sein, dass es sich nunmehr bei der Zuwendung um den charakteristischen Oberbegriff handelt.[132] Dies hat zur Folge, dass es sich bei der Zuwendung um eine Werbegabe handelt.[133] Das sich aus dem Zusammenhang ergibt.[134] Ansonsten würde die Formulierung „Zuwendung oder sonstige Werbegabe" keinen Sinn machen. Durch das Wort „sonstige" wird klargemacht, dass es sich bei dem Begriff Zuwendung um eine beispielhafte Nennung einer möglichen Variante handelt.

Aus diesem Grund handelt es sich auch bei einer Zuwendung um eine geldwerte Vergünstigung, welche abstrakt oder akzessorisch im Zusammenhang mit der Werbung für Heilmittel gewährt wird.[135] Es hat hier lediglich eine klarstellende Funktion, um zu verdeutlichen, dass man von einem weiten Verständnis ausgehen muss, das an anderer Stelle des § 7 HWG relevant wird.[136]

b) *Werbegabe*

Die Werbegabe stellt in diesem Kontext den Auffangtatbestand dar. Dies ergibt sich aus dem Umstand, dass der Wortlaut „sonstigen Werbegaben" lautet und damit Zuwendungen eine besondere Art von Werbegaben, nämlich Werbegaben im weiteren Sinn, darstellen.

Gerade der allgemeine Begriff der Werbegabe macht die Auslegung der speziellen Bedeutung schwierig. Dabei ist auffällig, dass Einige sich mit Definitionen wie „Werbemittel und Werbegeschenke"[137] weiterhelfen, wobei allerdings diese Auslegung nicht die kontrovers diskutierte Auseinandersetzung bei der Auslegung widerspiegelt. Zudem gab es auch die Ansicht, dass der Klammerzusatz Waren oder Leistungen eine Legaldefinition für den Begriff der Werbegaben

---

132 Kleist/ Hess/ Hoffmann, § 7 Rn 12.
133 Doepner/ Reese, HWG, § 7 Rn 58.
134 Doepner/ Reese, HWG, § 7 Rn 58.
135 Doepner/ Reese, HWG, § 7 Rn 58.
136 Doepner/ Reese, HWG, § 7 Rn 58.
137 Von Gamm, § 5 HWG Rn 3; Lehmann, S. 58.

darstelle.[138] Dies wurde aber abgelehnt, da diese Art der Auslegung wesentliche Merkmale des Begriffs außer Acht lässt.[139] Andere definieren den Begriff Werbegaben als Waren oder Leistungen, die unabhängig von einer Hauptware gewährt werden unter der Berücksichtigung des Fernziels, nämlich „sich bei dem Beschenkten in angenehme Erinnerung zu bringen".[140]

Demzufolge lässt sich festhalten, dass Werbegaben als Oberbegriff alle tatsächlich oder vorgeblich unentgeltlich gewährten geldwerten Vergünstigungen, wie bspw. Waren oder Leistungen und alle sonstigen Zuwendungen darstellen, die dem Zweck dienen die Absatzförderung von Heilmitteln werblich zu steigern.[141]

Weiterhin verhält es sich so, dass eine Zuwendung unentgeltlich, scheinbar unentgeltlich oder aber gegen ein sehr geringfügiges Entgelt, im Vergleich zu der marktüblichen Situation, gewährt werden kann.[142] Die tatsächliche Unentgeltlichkeit ist irrelevant, da oftmals die Kosten hierfür in dem Preis des Produktes, welches vom Empfänger der Zuwendung entgeltlich zu erwerben ist, bereits enthalten sind, das zumindest bei akzessorischen Gaben zu bejahen sein wird.[143] Vereinzelt kann es sogar schwer fallen explizit zu benennen, ob die Zuwendung als unentgeltlich einzustufen oder aber eine adäquate Gegenleistung zu erbringen ist, das sich auch unter Hinzuziehung der Sicht der angesprochenen Werbeadressaten nicht unbedingt auflösen lässt.[144]

c) Klammerzusatz „Waren oder Leistungen"

Des Weiteren soll der bereits oben genannte Klammerzusatz „Waren oder Leistungen" genauer betrachtet werden. Wie erwähnt, handelt es sich hier nicht um eine Legaldefinition, sondern vielmehr um eine Klarstellung dahingehend,

---

138 Hamm/ Bücker, S. 59.

139 Baumbach/ Hefermehl, § 1 ZugabeVO Rn 22a; Borck, in: WRP 1971, 397 (407).

140 Kleist/ Hess/ Hoffmann, § 7 Rn 14; siehe zu der Problematik, ob eine Unentgeltlichkeit vorliegen muss Mand, in A&R 2015, 51 (51 ff.). Diese Problematik ist hier nicht relevant, da sie nicht Untersuchungsgegenstand der vorliegenden Arbeit ist. Sie wird relevant, wenn man beurteilen muss, ob bspw. ein Darlehen mit sehr günstigen Konditionen unter den Begriff der Werbegabe oder sonstigen Zuwendung fällt.

141 BGH GRUR 1990, 1041 (1042); OLG Stuttgart PharmaR 1996, 244 (250); Doepner/ Reese, HWG, § 7 Rn 52 ff..

142 Doepner/ Reese, HWG, § 7 Rn 60; Strunz, S. 175.

143 Baumbach/ Hefermehl, § 1 ZugabeVO Rn 12; Seydel, § 1 ZugabeVO Rn 286.

144 BGH GRUR 1978, 375 (376); OLG Hamburg GRUR 1979, 726 (727); Doepner/ Reese, HWG, § 7 Rn 66.

dass nicht nur Waren, sondern auch andere Leistungen in den Tatbestand der Norm fallen.[145] Jeder zuwendungsfähige Vorteil fällt in den Tatbestand der Norm, womit auch Rechte und Geld dazu zählen.[146] Ferner ist an dieser Stelle zu bedenken, dass es sich bei Waren und Leistungen i.S.v. § 7 HWG um weit zu verstehende Begriffe handelt, und es nicht um die handelsrechtliche Dimension geht, sondern weit darüber hinaus und damit aus wettbewerbsrechtlicher Sicht zu betrachten ist.[147]

d) Werbezweck

Der Umstand, dass es sich um Werbung mit Werbegaben zum Zwecke der Absatzförderung der in § 1 HWG genannten Heilmittel handelt, muss erfüllt sein.[148] Der Werbezweck, der sich schon allein in einem Angebot einer Werbegabe manifestiert, muss auch für den Werbungsadressaten erkennbar sein.[149] Dies folgt aus dem Wortlaut und dem Schutzzweck der Norm, wenn man bedenkt, dass eine unsachliche Beeinflussung grundsätzlich nicht eintreten kann, wenn dem Adressaten gar nicht klar ist, dass es sich bei den Gegebenheiten um einen Werbezweck handelt.[150] Dies wird in der Entscheidung des BGH (GRUR 1990, 1041 ff. – Fortbildungskassetten) deutlich, wo der Aufdruck „offizielle Video-Fortbildung“ bei zugeschickten Videokassetten vorhanden war. Hier handelt es sich um einen Grenzfall, in dem nicht auf den ersten Blick erkennbar war, dass es sich um eine Werbegabe handelte. Im Ergebnis wurde damit der Werbezweck und somit die Tatbestandserfüllung des § 7 Abs. 1 HWG verneint.[151] Es ist davon auszugehen, dass dieser Fall wohl eine Ausnahme darstellen dürfte.

Für die hier untersuchte Konstellation, dass ein pharmazeutischer Unternehmer einem Großhändler oder einem Apotheker einen Barrabatt gibt, lässt sich bisher festhalten, dass es sich bei einem Barrabatt um einen geldwerten Vorteil handelt und damit die Fallkonstellation die Tatbestandsmerkmale des § 7 Abs. 1

---

145 Von Godin, S. 491.

146 BGH WRP 1972, 79 (82); OLG Hamburg PZ 1970, 953 (953); OLG Stuttgart PharmaR 1996, 244 (250); Die Ansicht, dass Geld nicht hierzu zählt vertreten hingegen Bernhardt, S. 54 und *Dr. Peichen/ Anders*, in: Erbs/ Kohlhaas, § 7 HWG Rn 3.

147 BGH WRP 1976, 155 (156); Baumbach/ Hefermehl, § 1 ZugabeVO Rn 22a; von Gamm, § 1 ZugabeVO Rn 13.

148 Doepner/ Reese, HWG, § 7 Rn 66.

149 BGH GRUR 1990, 1041 (1042); Kleist/ Hess/ Hoffmann, § 7 Rn 13.

150 BGH GRUR 1990, 1041 (1042); Doepner/ Reese, HWG, § 7 Rn 67; Kleist/ Hess/ Hoffmann, § 7 Rn 13.

151 BGH GRUR 1990, 1041 (1042).

S. 1 Nr. 2 lit. a) HWG erfüllt, indem es sich dabei zumindest um eine Werbegabe i.S.d. Norm handelt und auch der Zweck dem Adressaten hinreichend klar sein dürfte.

3. *Varianten*

Nachdem erste Grundlagen geschaffen wurden, muss man sich den Varianten der Tatbestandsbegehung eines Verstoßes gegen das Verbot widmen. Dabei ist zu beachten, dass hier das Anbieten, das Ankündigen, das Gewähren und das Annehmen untersucht werden sollen, das jetzt schon deutlich macht, wie weitreichend die Norm ausgestaltet wurde.

a) Anbieten

Bei der Tatbestandsvariante des Anbietens ist es wichtig zu bedenken, dass es sowohl öffentlich, gegenüber einem größeren Personenkreis, als auch gegenüber einer einzelnen Person erfolgen kann.[152] Sofern ein objektiver Beobachter den Eindruck gewinnt, dass er eine Werbegabe erhalten wird, reicht dieser Umstand aus, selbst wenn es sich hierbei nur um eine konkludente Willensäußerung handelt.[153] Ferner ist es nicht erforderlich, dass ein Vertragsangebot i.S.d. §§ 145 ff. BGB erfolgt, allein die erkennbare ernste Absicht, dass eine Werbegabe hingegeben wird, ist als ausreichend einzustufen.[154] Das Anbieten muss ferner wirtschaftlich aufzufassen sein.[155]

b) Ankündigen

Bei der Tatbestandsvariante des Ankündigens ist auf Normen des Gesetzes gegen den unlauteren Wettbewerb zu rekurrieren.[156] Demnach muss es sich um eine öffentliche Bekanntmachung oder eine Mitteilung handeln, deren Adressat ein größerer Personenkreis ist.[157] Ferner handelt es sich bei Mitteilungen, die einem größeren Personenkreis zugänglich sind und in ihrem sachlichen Gehalt dem Sinn nach stets gleich bleibend wiederholt werden, um ein solches Ankündigen.[158] Dabei ist es wichtig, dass sie inhaltlich stets gleichartige Erklärungen

---

152 Ulmer/ Reimer, S. 812; enger ZAW-Heilmittelwerbung, S. 101.
153 Doepner/ Reese, HWG, § 7 Rn 98.
154 Wohl auch *Brixius*, in: Bülow/ Ring, HWG, § 7 Rn 136; Kleist/ Hess/ Hoffmann, § 7 Rn 38.
155 Baumbach/ Hefermehl, § 1 ZugabeVO Rn 29; Kleist/ Hess/ Hoffmann, § 7 Rn 38.
156 Baumbach/ Hefermehl, § 1 ZugabeVO Rn 30; Schneider, S. 67.
157 OLG Schleswig WRP 1979, 486 (487).
158 BGH GRUR 1972, 479 (479).

zum Ausdruck bringen. Diese Erklärungen können auch in mündlicher Form ergehen.[159] Um dieses Merkmal zu bejahen, müssen die Erklärungen nicht gleichzeitig zugehen.[160] In der hiesigen Fallgestaltung können sie bspw. von Pharmaberatern oder -vertretern abgegeben werden.[161]

c) Gewähren

Für die Bejahung des Merkmals des Gewährens ist es nicht wichtig, ob die Werbegabe zuvor angeboten bzw. angekündigt wurde.[162] Demnach ist das vorherige Anbieten oder Ankündigen kein zwingendes Tatbestandsmerkmal.[163] Das Gewähren muss also in keinem Konnex zum Anbieten oder Ankündigen stehen. Es ist auch irrelevant, von wem die Initiative hierzu ausgegangen ist, denn schließlich wird auch die Werbegabe, die ausschließlich auf Verlangen des Empfängers gewährt wird, von § 7 HWG erfasst.[164] Geber und Anbieter müssen nicht personenidentisch sein, es reicht vielmehr aus, dass beide ein gemeinsames Interesse aufweisen, das die Förderung des Absatzes des Heilmittels betrifft.[165] Das Pendant hierzu stellt der Umstand dar, dass ebenso der Erwerber des Heilmittels und der Empfänger der Werbegabe nicht personenidentisch sein müssen.[166]

d) Annehmen

Das Annehmen wird, wie bereits oben dargestellt, seit neuerer Zeit ebenso wie die anderen Tatbestandsvarianten sanktioniert, um einen effektiven Rechtsschutz gewährleisten zu können. Dabei sind die oben erläuterten Umstände zu beachten, wie bspw. dass die Voraussetzungen des § 7 HWG nur erfüllt sind, sofern es sich um Personen handelt, die den Fachkreisen angehören. Ein Annehmen ist dabei in dem Sinne zu verstehen, dass der geforderte oder angebotene Vorteil tatsächlich empfangen werden muss und der Empfänger den Willen haben muss über den Vorteil selbst oder zu Gunsten eines Dritten zu verfügen.[167]

---

159 BGH GRUR 1972, 479 (479).
160 BGH GRUR 1972, 479 (479).
161 BGH GRUR 1972, 479 (479).
162 Doepner/ Reese, HWG, § 7 Rn 100.
163 Doepner/ Reese, HWG, § 7 Rn 100.
164 BGH GRUR 1960, 558 (562).
165 BGH GRUR 1963, 322 (324); BGH GRUR 1988, 321 (322); BGH GRUR 1993, 137 (141); OLG Düsseldorf PharmaR 1985, 205 (206).
166 BGH GRUR 1991, 933 (934); BGH GRUR 1993, 137 (141).
167 *Lippert,* in: Ratzel/ Lippert, vor §§ 30 ff. Rn 11; Seidl Collier, S. 65.

In der hier untersuchten Konstellation können alle Varianten einschlägig sein. Daher bedarf es keiner weiteren Konkretisierung. Allerdings sind Begehungsvarianten für den pharmazeutischen Unternehmer und den Großhändler das Anbieten, das Ankündigen und das Gewähren. Der Großhändler könnte den Tatbestand auch durch das bloße Annehmen erfüllen. Der Apotheker hingegen kann den Tatbestand nur durch das Annehmen erfüllen.

III. Ausnahmen

Da § 7 HWG einen sehr weiten Anwendungsbereich genießt, erscheint es nur billig in diesem Kontext Ausnahmetatbestände zuzulassen, um einer Ausuferung der Norm vorzubeugen. Die Untersuchung wird nunmehr ihren Fokus auf den Ausnahmetatbestand des § 7 Abs. 1 S. 1 Nr. 2 HWG richten. Dieser besteht aus zwei Alternativen.

1. Barrabatte, § 7 Abs. 1 S. 1 Nr. 2 lit. a) HWG

Zunächst ist der Ausnahmetatbestand des § 7 Abs. 1 S. 1 Nr. 2 lit. a) HWG zu nennen, namentlich Barrabatte.

Ein Barrabatt ist eine Vergünstigung, die sich auf den „Normalpreis“ bezieht. Man versteht unter einem Rabatt, dass ein Preisnachlass gegeben wird, dessen Funktion darin besteht, einheitliche Angebotspreise gegenüber unterschiedlichen Kunden oder zu besonderen Anlässen zu modifizieren und so das Kaufverhalten zu beeinflussen.[168] Demnach hat der Erwerber eines Arzneimittels den Preis abzüglich eines Rabattes zu zahlen. Um die rechtliche Zulässigkeit dessen zu untersuchen, soll zunächst die Entstehung eines Preises erläutert werden.

Bei verschreibungspflichtigen Fertigarzneimitteln, die von öffentlichen Apotheken abgegeben werden, gilt nach § 78 AMG i.V.m. §§ 1–3 AMPreisVO eine spezielle Form der Preisbildung.

Gem. § 4 Abs. 1 S. 1 AMG handelt es sich bei Fertigarzneimitteln um Arzneimittel, die im Voraus hergestellt und in einer zur Abgabe an den Verbraucher bestimmten Packung in den Verkehr gebracht werden oder andere zur Abgabe an den Verbraucher bestimmte Arzneimittel, bei deren Zubereitung in sonstiger Weise ein industrielles Verfahren zur Anwendung kommt oder die, ausgenommen in Apotheken, gewerblich hergestellt werden. Allerdings sind Fertigarzneimittel nach § 4 Abs. 1 S. 2 AMG keine Zwischenprodukte, die für eine weitere Verarbeitung durch einen Hersteller bestimmt sind. § 78 Abs. 1 AMG, der die

---

168 LG Aschaffenburg Urt. v. 22.10.2015, Az.: 1 HK O 24/15.

Ermächtigungsgrundlage für die Arzneimittelpreisverordnung darstellt, differenziert dabei zwischen Fertigarzneimitteln, die im Großhandel, in Apotheken oder von Tierärzten im Wiederverkauf abgegeben werden einerseits, und Arzneimitteln, die in Apotheken oder von Tierärzten hergestellt und abgegeben werden, sowie Abgabegefäßen und besonderen Leistungen der Apotheken bei der Abgabe von Arzneimitteln andererseits. Das Gesetz erlaubt für Letzteres die Festsetzung von Preisen. Im Hinblick auf Fertigarzneimittel hingegen wird nur die Regulierung von Preisspannen als zulässig erachtet. Die Arzneimittelpreisverordnung differenziert den persönlichen Anwendungsbereich der Spannenregelungen nicht statusbezogen, sondern funktionsbezogen.[169] Demnach entsteht eine Situation, in welcher Großhändler auf ihre Höchst- und Festzuschläge beim Wiederverkauf an Apotheken und öffentliche Apotheken auf ihre Festzuschläge beim Wiederverkauf an Endverbraucher erfasst werden.

Darüber hinaus ist auffällig, dass sich auch der Rechtscharakter der Zuschläge innerhalb der Vertriebsstufen unterscheidet.

Zum einen handelt es sich bei den Großhandelsspannen um Höchstzuschläge, die im freien Wettbewerb vom Großhandel unterschritten werden können. Das Resultat dessen ist, dass auf Großhandelsebene ein Preis- und Kostenwettbewerb stattfinden kann. In der Praxis wird oftmals der Höchstzuschlag unterschritten, um im dynamischen Wettbewerb einen Marktanteil zu sichern bzw. zu erwirtschaften. Auf der anderen Seite oktroyiert die Arzneimittelpreisverordnung im Hinblick auf öffentliche Apotheken definitive Festzuschläge, die nur in den gesetzlich vorgesehenen Fällen über- bzw. unterschritten werden dürfen, auf. Damit wird das Ziel erreicht, dass jedes verschreibungspflichtige Fertigarzneimittel bei Abgabe an den Endverbraucher in jeder öffentlichen Apotheke den gleichen Preis haben soll.

Die Großhandelszuschläge wurden durch das AMNOG zum 01.01.2012 neu geregelt. Dabei wurde der vorherige rein prozentuale Zuschlag aufgeteilt. Zu einem Teil besteht er jetzt aus einem Festzuschlag und zum anderen Teil aus einem prozentualen Zuschlag. Daraus ergibt sich, dass der Großhandelszuschlag für Humanarzneimittel aus einem Festzuschlag i.H.v. 0,70 Euro je Packung zuzüglich einem prozentualen Höchstzuschlag von 3,15 % des Abgabepreises des pharmazeutischen Unternehmers errechnet wird. § 2 Abs. 1 S. 1 AMPreisVO sieht eine Begrenzung des Zuschlages i.H.v. 37,80 Euro vor, um sicherzustellen, dass kein finanzieller Anreiz zur Bevorzugung teurer Arzneimittel besteht.[170]

169 Meyer, in: A&R 2006, 60 (60); Meyer, in: A&R 2007, 151 (153).
170 BT-Drucks. 17/2413, S. 36.

Der neu eingeführte, preisunabhängige Festzuschlag i.H.v. 0,70 Euro bezweckt, dass der Großhandel eine angemessene und flächendeckende Belieferung der Apotheken sicherstellen kann.[171]

Allerdings ist umstritten, ob der Festzuschlag des Großhändlers i.H.v. 0,70 Euro disponibel ist. Dem sei entgegenzuhalten, dass schon der Wortlaut „**Fest**zuschlag" gegen eine Disponibilität spreche.[172] Auch die Gesetzesbegründung sage, dass der preisunabhängige Bestandteil nicht rabattfähig sei.[173] Ferner solle der Festzuschlag die vom Preis des Arzneimittels unabhängigen Kosten z.B. für Transport und Warenverteilung auffangen.[174] Damit sei, nach Ansicht des OLG Bamberg, der Festzuschlag i.H.v. 0,70 Euro als nicht disponibel und mithin als nicht rabattfähig anzusehen.[175]

Die vorhergehende Instanz hatte hierüber anders geurteilt.[176] Allerdings wurde dem entgegengehalten, dass es die Gesetzesbegründung zwar zitiert habe, aber dennoch eine Rabattmöglichkeit des Festzuschlages ohne Argumentation bejaht habe.[177] Das Revisionsgericht hingegen stellt fest, dass § 2 Abs. 1 S. 1 AMPreisVO lediglich eine Preisobergrenze, nicht aber eine Preisuntergrenze, festlege.[178] Ferner argumentiert es so, dass nach § 2 Abs. 1 S. 1 AMPreisVO auf den Abgabepreis des pharmazeutischen Unternehmers ohne Umsatzsteuer „**höchstens**" ein Zuschlag von 3,15 %, höchstens jedoch 37,80 Euro, zuzüglich eines Festzuschlags von 0,70 Euro sowie der Umsatzsteuer „**erhoben werden darf**".[179] Es führt ferner aus, dass für die Festlegung eines Mindestpreises der Gesetzgeber, der in Art. 8 Nr. 1 AMNOG den Wortlaut der Arzneimittelpreisverordnung festgelegt hat, Begriffe hätte verwenden müssen, aus denen sich ergeben würde, dass der Großhandel auf den Abgabepreis des pharmazeutischen Unternehmers „**mindestens**" den genannten Festzuschlag aufschlagen „**muss**".[180] Zudem wird ausgeführt, dass der Begriff des Festzuschlages nur aussagt, dass es sich dabei um einen festen Betrag handle, nicht aber, dass dieser Betrag auch stets zu erheben sei.[181] Auch aus dem Umstand, dass § 2 Abs. 1 S. l AMPreisVO einen

---

171 BT-Drucks. 17/2413, S. 36; *Hofmann,* in: Kügel/ Müller/ Hoffmann, AMG, § 78 Rn 78.
172 Mand, in: A&R 2014, 147 (150).
173 BT-Drucks. 17/2413, S. 36.
174 BT-Drucks. 17/2413, S. 36; *Hofmann,* in: Kügel/ Müller/ Hofmann, AMG, § 78 Rn 78.
175 OLG Bamberg Urt. v. 29.06.2016, Az.: 3 U 216/15.
176 LG Aschaffenburg Urt. v. 22.10.2015, Az.: 1 HK O 24/15.
177 Meyer, in: PharmaR 2016, 60 (61 ff.).
178 BGH Urt. v. 05.10.2017, Az.: I ZR 172/16; KG Berlin Urt. v. 11.09.2012, Az.: 5 U 57/11.
179 BGH Urt. v. 05.10.2017, Az.: I ZR 172/16; KG Berlin Urt. v. 11.09.2012, Az.: 5 U 57/11.
180 BGH Urt. v. 05.10.2017, Az.: I ZR 172/16; KG Berlin Urt. v. 11.09.2012, Az.: 5 U 57/11.
181 BGH Urt. v. 05.10.2017, Az.: I ZR 172/16.

Festzuschlag und die Umsatzsteuer als Zuschläge benennt, die der Unternehmer erheben darf, ergäbe sich hieraus keine andere Schlussfolgerung.[182] Hieraus folge lediglich, dass diese Zuschläge abschließend seien, aber nicht, dass diese auch stets zu erheben seien.[183] Auch das systematische Argument, dass § 3 Abs. 1 S. 1 AMPreisVO normiert, dass der Festzuschlag zu erheben ist, stelle klar, dass der Gesetzgeber hier keine Mindestgrenze festlege.[184] Der Wille des Gesetzgebers hingegen lasse die Annahme zu, dass er das Ziel verfolgt habe, dass dem Großhandel eine für seine Funktionsfähigkeit erforderliche Mindestvergütung gesichert werden sollte.[185] Dies sei allerdings nicht ausreichend, da für die Auslegung einer Gesetzesvorschrift, der in dieser zum Ausdruck kommende objektive Wille des Gesetzgebers maßgeblich sei.[186] Dieser werde durch den Wortlaut der Vorschrift und den Sinnzusammenhang, in welchen er gestellt worden sei, klar.[187] Nicht zu berücksichtigen seien hierfür die subjektive Vorstellung der am Gesetzgebungsverfahren beteiligten Organe oder einzelner ihrer Mitglieder über die Bedeutung der Bestimmung.[188] Auf der anderen Seite komme für die Auslegung einer Vorschrift deren Entstehungsgeschichte nur insofern Bedeutung zu, als sie die Richtigkeit einer nach den angegebenen Grundsätzen ermittelten Auslegung bestätige oder Zweifel behebe, die auf dem angegebenen Weg allein nicht auszuräumen seien.[189] Die vorrangig am objektiven Sinn und Zweck des Gesetzes zu orientierende Auslegung könne durch Motive, die im Gesetzgebungsverfahren dargelegt worden seien, im Gesetzeswortlaut aber keinen Ausdruck gefunden hätten, nicht gebunden werden.[190] Dabei müsse ebenso berücksichtigt werden, dass es sich bei Preisvorschriften um Berufsausübungsregelungen handle, bei denen aus Gründen der Rechtsklarheit und Rechtssicherheit das verbotene

---

182 BGH Urt. v. 05.10.2017, Az.: I ZR 172/16; Zwenke/ Hoßbach, in: MPR 2016, 130 (131); a.A. OLG München Urt. v. 23.02.2017, Az.: 29 U 2934/16; Meyer, in: PharmaR 2016, 60 (61 f.).

183 BGH Urt. v. 05.10.2017, Az.: I ZR 172/16.

184 BGH Urt. v. 05.10.2017, Az.: I ZR 172/16.

185 BGH Urt. v. 05.10.2017, Az.: I ZR 172/16.

186 BGH Urt. v. 05.10.2017, Az.: I ZR 172/16.

187 BGH Urt. v. 05.10.2017, Az.: I ZR 172/16.

188 BGH Urt. v. 05.10.2017, Az.: I ZR 172/16.

189 BVerfG Urt. v. 21.05.1952, Az.: 2 BvH 2/52; BGH Urt. v. 20.05.1954, Az.: GSZ 6/53; BGH Urt. v. 05.10.2017, Az.: I ZR 172/16.

190 BGH Urt. v. 14.04.1983, Az.: VII ZR 199/82; BGH Beschl. v. 21.02.1995, Az.: KVR 4/94; BGH Beschl. v. 25.06.2008, Az.: II ZB 39/07; BGH Beschl. v. 08.02.2011, Az.: X ZB 4/10; BGH Beschl. v. 19.04.2012, Az.: I ZB 80/11; BGH Beschl. v. 19.04.2012, Az.: I ZB 77/11; BGH Urt. v. 05.10.2017, Az.: I ZR 172/16.

Handeln unzweideutig beschrieben werden müsse.[191] Es sei dem Betroffenen nicht zuzumuten, den Umfang der gesetzlichen Pflicht aus den Gesetzgebungsmaterialien zu ermitteln.[192]

Sofern es nunmehr um die Disponibilität des Festzuschlages von 0,70 Euro geht, kann man sich der Meinung des Revisionsgerichtes, das juristisch fundiert argumentiert hat, anschließen. Eine bloße Reduktion des Kaufpreises ist nicht hinreichend, um eine Unzulässigkeit anzunehmen. Es bedarf einer Einzelfallbetrachtung. Generell lässt sich allerdings festhalten, dass auch eine Unterschreitung des Festbetrages möglich erscheint. Der Gesetzgeber hat tatsächlich im Rahmen seiner Wortlautwahl nicht die entsprechende Mindestgrenze aufgenommen.

Ferner versucht die Arzneimittelpreisverordnung die Zielvorgaben dahingehend zu regeln, indem sie die Bildung des Abgabepreises des pharmazeutischen Unternehmers nicht festsetzt, sondern vielmehr voraussetzt, um danach darauf festgelegte Handelsspannen bzw. Zuschläge der Großhändler und Apotheken sowie die Umsatzsteuer zu addieren.

Der vom Gesetzgeber geforderte einheitliche Apotheken**abgabe**preis kommt dadurch zustande, dass die Apotheke ihren Zuschlag auf den Betrag zu erheben hat, der sich aus der Addition von Abgabepreis des pharmazeutischen Unternehmers und des vollen Großhandelshöchstzuschlages sowie des Festzuschlages[193] ergibt, das in § 3 Abs. 2 Nr. 1 AMPreisVO niedergelegt ist. Der vorgenannte Preis wird als Apotheken**einkaufs**preis bezeichnet. Diese Verfahrensweise wird auch dann durchgeführt, wenn der Großhändler die Höchstspanne nicht ausschöpft, sondern vielmehr zum Teil in Form eines Rabattes an die Apotheke weitergibt. Gleichfalls hat die Apotheke bei einem Direktbezug ihren Zuschlag auf die Summe vom Abgabepreis des pharmazeutischen Unternehmers und Großhandelshöchstzuschlag zu erheben. Dies gilt jedoch nicht, sofern es sich bei der Ware um Arzneimittel handelt, die nur vom Hersteller beziehbar sind. In solchen Konstellationen normiert § 3 Abs. 2 Nr. 2 AMPreisVO, dass der Festzuschlag auf den bei Belieferung der Apotheken geltenden Abgabepreis des pharmazeutischen Unternehmers ohne die Umsatzsteuer zu veranschlagen ist. Demzufolge wird das o.g. Ziel mit Hilfe des Umstandes erreicht, dass die für den Großhandel festgelegten Höchstzuschläge im Hinblick auf die Preisbildung der Apotheken

---

191 BVerfG Beschl. v. 14.07.1987, Az.: 1 BvR 537/81; BGH Urt. v. 05.10.2017, Az.: I ZR 172/16.

192 BGH Urt. v. 05.10.2017, Az.: I ZR 172/16.

193 *Starzer*, in: Spickhoff, § 3 zur AMPreisVO Rn 4.

als Festzuschläge, die voll in den Apothekenverkaufspreis eingerechnet werden müssen, unabhängig davon gelten, ob sie vom Apotheker an den Großhändler tatsächlich gezahlt werden oder etwa durch eine Rabattgewährung seitens des Großhändlers unterschritten werden.

In casu darf und muss der Großhändler im freien Wettbewerb seine Höchstspanne unterschreiten, um die Apotheken zum Kauf der Arzneimittel zu bewegen. Der prozentuale Zuschlag von 3,15 % ist bei der Preisgestaltung gegenüber Apotheken rabattfähig und soll insbesondere Funktionsrabatte, z.B. für die Bestellung größerer Mengen, ermöglichen.[194] Der Apotheker hingegen muss seine gesetzliche Spanne stets zur vollen Großhandelsspanne addieren und darf die Preisvorteile nicht an den Endverbraucher weiterreichen.

Um diese gesetzlichen Anforderungen einzuhalten wird in der Praxis eine sogenannte Clearingstelle der Industrie, Großhändler und Apotheker, die den Namen Informationsstelle für Arzneispezialitäten kurz: IFA GmbH trägt, beauftragt, laufend die Abgabepreise des pharmazeutischen Unternehmers sowie die darauf nach der Verordnung entfallenden Großhandelszuschläge und Apothekenzuschläge zu erheben und die sich darauf ergebenden Preise in 14-tägigen Informationsdiensten an alle Marktbeteiligten einschließlich der gesetzlichen Krankenversicherung zu übermitteln.[195] Die IFA veröffentlicht die gemeldeten Abgabepreise des pharmazeutischen Unternehmers in der sogenannten Lauertaxe.[196] Die Lauertaxe ist eine Liste aller Fertigarzneimittel und apothekenüblichen Waren, die in Deutschland für den Handel zugelassen sind. Sie enthält die aktuellen Wirtschaftsdaten, die Artikelbezeichnung, die Darreichungsform, die Packungsgrößen, die Pharmazentralnummern (PZN) und die Abgabe- und Zulassungsbestimmungen, die Wirkungsweisen sowie die Neben- und Wechselwirkungen.

Nachdem die Grundlagen erläutert wurden, soll im Weiteren geklärt werden, wie es sich mit dem Barrabatt i.S.d. § 7 Abs. 1 S. 1 Nr. 2 lit. a) HWG verhält. Hierzu ist ebenso auf die aufgehobene ZugabeVO zu rekurrieren, da die Bestimmung in das Heilmittelwerbegesetz zumindest teilweise überführt wurde. Der Geldbetrag nach § 1 Abs. 2 lit. b) Alt. 2 ZugabeVO[197] musste, wenn er nicht genau beziffert war, aufgrund der gemachten Angaben hierzu leicht bestimmbar sein.[198]

---

194 BT-Drucks. 17/2413, S. 36.

195 Meyer, in: A&R 2006, 10 (12).

196 Mand, in: A&R 2006, 54 (55); Meyer, in: A&R 2006, 10 (12).

197 Siehe S. 9 und S. 38 f..

198 Doepner, HWG, 2. Aufl., § 7 Rn 41; *Köhler*, in: Köhler/ Piper, § 1 ZugabeVO Rn 34.

Der Wortlaut des § 1 ZugabeVO, hier auf relevante Passagen gekürzt, lautete:

> *„(1) Es ist verboten im geschäftlichen Verkehr neben einer Ware oder einer Leistung eine Zugabe (Ware oder Leistung) anzubieten, anzukündigen oder zu gewähren. Eine Zugabe liegt auch dann vor, wenn die Zuwendung nur gegen ein geringfügiges, offenbar bloß zum Schein verlangtes Entgelt gewährt wird. Das gleiche gilt, wenn zur Verschleierung der Zugabe eine Ware oder Leistung mit einer anderen Ware oder Leistung zum Gesamtpreis angeboten, angekündigt oder gewährt wird.*
> *(2) Die Vorschriften im Absatz 1 gelten nicht:*
> …
> *b) wenn die Zugabe in einem bestimmten oder auf bestimmte Art zu berechnenden Geldbetrag besteht;*
> …“

Die Preistransparenz ist demnach besonders wichtig. Dabei musste der Rabatt, wenn er nicht bestimmt war, leicht bestimmbar sein, das bedeutet, dass der Rabatt ohne Hilfsmittel mühelos errechenbar sein musste.[199] In der Regel wurde eine Prozentangabe gemacht, das aber nicht bedeutet, dass nicht ebenso Rückvergütungen, Treuerabatte, Umsatzboni etc. hierunter fallen konnten.[200]

Ein Barrabatt kann nach § 7 Abs. 1 S. 1 Nr. 2 lit. a) HWG nur gewährt werden, sofern er nicht gegen die Preisvorschriften verstößt. Mit Preisvorschriften sind § 78 AMG i.V.m. der Arzneimittelpreisverordnung gemeint. Daher soll folgend zunächst auf § 78 AMG eingegangen werden.

a) Einheitlicher Abgabepreis nach § 78 Abs. 3 AMG

Nach § 78 Abs. 3 AMG soll ein einheitlicher Abgabepreis konstruiert und eingehalten werden.

Daher ist an dieser Stelle die nähere Untersuchung des § 78 Abs. 3 AMG geboten. Der Wortlaut lautet:

> *„Für Arzneimittel nach Absatz 2 Satz 2, für die durch die Verordnung nach Absatz 1 Preise und Preisspannen bestimmt sind, haben die pharmazeutischen Unternehmer einen einheitlichen Abgabepreis sicherzustellen; für nicht verschreibungspflichtige Arzneimittel, die zu Lasten der gesetzlichen Krankenversicherung abgegeben werden, haben die pharmazeutischen Unternehmer zum Zwecke der Abrechnung der Apotheken mit den Krankenkassen ihren einheitlichen Abgabepreis anzugeben, von dem bei der Abgabe im Einzelfall abgewichen werden kann. Sozialleistungsträger, private Krankenversicherungen sowie deren jeweilige Verbände können mit pharmazeutischen Unternehmern für die zu ihren Lasten*

199 Borck, S. 84 f.; Doepner, HWG, 2. Aufl., § 7 Rn 41; Hoth/ Gloy, S. 224.
200 OLG Stuttgart PharmaR 1994, 142 (145); Doepner, HWG, 2. Aufl., § 7 Rn 41.

abgegebenen verschreibungspflichtigen Arzneimittel Preisnachlässe auf den einheitlichen Abgabepreis des pharmazeutischen Unternehmers vereinbaren.“

Im Weiteren soll darauf eingegangen werden, ob § 78 Abs. 3 AMG eine Vorschrift sein kann, die aufgrund des Arzneimittelgesetzes ergangen ist, da sie selbst Bestandteil dessen ist.

aa) § 78 Abs. 3 AMG – eine Vorschrift, die aufgrund des Arzneimittelgesetzes ergangen ist

Ein besonderes Augenmerk an dieser Stelle sei auf die Formulierung in § 7 HWG *„soweit sie entgegen den Preisvorschriften gewährt werden, die aufgrund des Arzneimittelgesetzes gelten“* gelegt. Fraglich ist, ob dies bedeutet, dass nur Vorschriften einbezogen werden, die aufgrund des Arzneimittelgesetzes erlassen werden. Dann wäre das Arzneimittelgesetz selbst nicht erfasst. Demnach wäre § 78 Abs. 3 AMG an dieser Stelle nicht zu beachten. Nach einer Wortlautauslegung kann eine Norm, die innerhalb eines Gesetzes, welches auf Vorschriften verweist, die hieraus resultieren, nicht einbezogen sein. Dabei ist, wie oben erwähnt, zu beachten, dass § 78 AMG die Ermächtigungsgrundlage für die Arzneimittelpreisverordnung darstellt. Demnach ist die Arzneimittelpreisverordnung aufgrund des Arzneimittelgesetzes ergangen und die o.g. Voraussetzung erfüllt. Bei § 78 Abs. 3 AMG wäre diese Voraussetzung nicht gegeben. Diese Vorschrift ist nicht aufgrund des Arzneimittelgesetzes ergangen, sondern vielmehr Bestandteil dessen. D.h., dass nach dem Wortlaut der Norm § 78 Abs. 3 AMG hier keine Geltung erlangen würde.

In systematischer Hinsicht ist allerdings zu bedenken, dass § 78 Abs. 3 AMG neu eingefügt wurde. Dabei sei auf den Inhalt des § 78 Abs. 1 AMG, der die Ermächtigungsgrundlage für die Arzneimittelpreisverordnung darstellt, verwiesen. Hinzu kommt, dass § 78 Abs. 2 AMG die Interessen des Arzneimittelverbrauchers, der Tierärzte, der Apotheken und des Großhandels in die Entscheidung über die Preise und Preisspannen einbezieht. Demnach sollte der neue Absatz 3 gerade in den Kontext des bisherigen § 78 AMG eingebettet werden, womit § 78 Abs. 3 AMG in dieses Regelungswerk einbezogen werden sollte.

Auch nach Sinn und Zweck der Vorschrift ist die Regelung des § 78 Abs. 3 AMG einzubeziehen. Ratio der Norm ist, dass die Preisvorschriften ergänzt und Lücken geschlossen werden sollten. Lange Zeit war es nämlich umstritten, ob der pharmazeutische Unternehmer in dieses Regelungsgeflecht einbezogen war.[201] Das OLG Hamburg hat zunächst festgestellt, dass der damals noch als

201 Siehe hierzu eingehend Meyer, in: A&R 2006, 60 (62 f.). Klarstellend zu jenem Zeitpunkt Hanseatisches OLG Urt. v. 23.02.2006, Az.: 3 U 134/05.

Formulierung gewählte Herstellerabgabepreis durchaus Regelungsgegenstand der Arzneimittelpreisverordnung sei.[202] Außerdem wurde in dieser Entscheidung angenommen, dass die Schaffung von vier verschiedenen, ernstlich verlangten Abgabepreisen gegenüber Apotheken und Großhandel durch einen pharmazeutischen Unternehmer einen wettbewerbswidrigen Verstoß gegen die Arzneimittelpreisverordnung darstelle, weil diese zwar den Herstellerabgabepreis selbst nicht vorschreibe, aber einen einheitlichen Herstellerabgabepreis zur Berechnung des einheitlichen Apothekenabgabepreises zwingend voraussetze.[203] Demnach erscheint es nach der hier vorgenommenen Auslegung geboten den Wortlaut dahingehend zu verstehen, dass hier auch der § 78 Abs. 3 AMG erfasst wird. Eine anderweitige Auslegung würde zur Folge haben, dass § 78 Abs. 3 AMG in diesem Kontext keine Gültigkeit erlangen würde, mit der Konsequenz, dass der pharmazeutische Unternehmer keinen einheitlichen Abgabepreis sicherzustellen hätte. Allerdings würde sich bei der Gewährung eines Rabattes keine Unzulässigkeit als Zuwendung oder Werbegabe i.S.d. § 7 HWG feststellen lassen können, da die Verknüpfung der beiden Normen fehlen würde. Demzufolge würden die Regelungen unabhängig voneinander Geltung erlangen.

Allerdings muss man bedenken, dass eine ähnliche Situation bereits gegeben war, als die Frage zu entscheiden war, ob die Pflichtangaben in der Packungsbeilage aufgrund des Arzneimittelgesetzes nicht einen Verstoß gegen die Regelungen des Heilmittelwerbegesetzes über zulässige Werbeangaben darstellte, das der BGH[204] damit beantwortete, dass die Pflichtangaben in der Packungsbeilage keine Werbeangaben i.S.d. Heilmittelwerbegesetzes darstellten, womit die Regelungen des Heilmittelwerbegesetzes gar nicht einschlägig waren.

Der Gesetzgeber musste die hier untersuchte Regelung allerdings in das Arzneimittelgesetz einpflegen, da eine Verortung in der Arzneimittelpreisverordnung im Widerspruch zur Wesentlichkeitstheorie stehen würde. Der Gesetzgeber ist nämlich verpflichtet alle wesentlichen Bestandteile einer Regelungsmaterie selbst zu regeln und kann sie nicht an einen anderen, hier den Verordnungsgeber, abgeben. Er muss vielmehr die Regelung bereits so konkret benennen, dass der Verordnungsgeber den Rahmen nur noch ausfüllen muss. Diese „Konkretisierungskompetenz“ wäre allerdings mit einer Regelung wie sie

202 Hanseatisches OLG Urt. v. 23.02.2006, Az.: 3 U 134/05; zustimmend Meyer, in: A&R 2006, 60 (63).

203 Hanseatisches OLG Urt. v. 23.02.2006, Az.: 3 U 134/05; zustimmend Meyer, in: A&R 2006, 60 (63).

204 BGH PharmaR 1998, 316 (316); BGH PharmaR 2001, 19 (21).

in § 78 Abs. 3 AMG zum Ausdruck kommt, nicht zu vereinbaren. Dem Verordnungsgeber fehlt es mithin an der demokratischen Legitimation. Die Sanktion der Ordnungswidrigkeit kann der Gesetzgeber nicht dem Verordnungsgeber überlassen, da sich diese Rechtsfolge aus einem formellen Gesetz ergeben muss.

Hinzu kommt, dass der pharmazeutische Unternehmer als Adressat benannt wird. In der Arzneimittelpreisverordnung hingegen gibt es keine Vorschriften, die sich an den pharmazeutischen Unternehmer und seine Preisberechnung richten. Er ist vielmehr frei, was den Betrag angeht, den er für ein bestimmtes Arzneimittel verlangt. Dem Gesetzgeber war es daher wichtig diese Trennung beizubehalten. Er wollte nach Sinn und Zweck ein Hinzutreten einer weiteren Regelungsmaterie verhindern, damit keine Zweifel an der autonomen Entscheidung des pharmazeutischen Unternehmers über seine eigene Preisberechnung bestehen. Er wollte vielmehr die selbstvorgegebenen Preisparameter des pharmazeutischen Unternehmers festschreiben und nicht vorschreiben. Der Gesetzgeber hat daher in dem § 78 Abs. 3 AMG auf den § 78 Abs. 1 AMG Bezug genommen. Durch diese Inbezugnahme hat er die nötige Verbindung der Normen geschaffen. Daher ist die Norm des § 78 Abs. 3 AMG zwar nicht aufgrund des Arzneimittelgesetzes ergangen, aber in Verbindung mit der Ermächtigungsgrundlage für diese Vorschrift, namentlich die Arzneimittelpreisverordnung, zu sehen. Daher kann § 78 Abs. 3 AMG nicht isoliert betrachtet werden, sondern muss mit § 78 Abs. 1 AMG in Verbindung gebracht werden, weil er diesen ergänzt. Da es sich hierbei allerdings um eine neue Regelungsmaterie handelt, musste der Gesetzgeber dies in einem neuen Absatz verdeutlichen und konnte aus rechtsförmlicher Sicht[205] nicht beide Materien miteinander vermischen, da die klar umrissenen Grenzen des § 78 Abs. 1 AMG eine solche Regelung nicht erfasst hätten.

Nach diesen Überlegungen erscheint es zwingend, dass die Vorschrift des § 78 Abs. 3 AMG i.V.m. § 78 Abs. 1 AMG auch in den Gesamtkontext des § 7 Abs. 1 S. 1 Nr. 2 lit. a) HWG hineingelesen wird und damit in Bezug zur Arzneimittelpreisverordnung gebracht wird.

Darüber hinaus ist fraglich, ob § 78 AMG strafbewehrt ist. Dagegen spricht, dass eine ausdrückliche Kodifikation im Gesetzestext fehlt und man daher der Meinung sein kann, dass § 78 AMG nicht strafbewehrt ist und daher keinen Bußgeldvorschriften unterliegt.[206]

---

205 Handbuch der Rechtsförmlichkeit, Rn 105.

206 Kloesel/ Cyran, AMG, Band V, § 78 Nr. 55.

Dafür spricht, dass zwar ausdrücklich keine Bestimmung einer Sanktion vorliegt, man aber von einer solchen ausgehen kann, da, wie oben erwähnt, die Pflicht aus § 78 Abs. 3 AMG i.V.m. § 78 Abs. 1 AMG in das Regelungswerk des § 7 HWG hineingelesen werden muss. Dies ist ebenso auf die Gesetzesbegründung zu stützen. Der einheitliche, höchstzulässige Apothekenabgabepreis setzt einen einheitlichen Abgabepreis des pharmazeutischen Unternehmers voraus. Der pharmazeutische Unternehmer bleibt zwar bei der Preisgestaltung frei, allerdings ist er verpflichtet, ein bestimmtes Arzneimittel bei der Abgabe stets zum gleichen Preis anzubieten. Der Wortlaut „verpflichtet" besagt, dass der pharmazeutische Unternehmer von Gesetzes wegen eine Pflicht hat. Es stellt mithin keine bloße Obliegenheit dar. Bei einer Zuwiderhandlung sollen Konsequenzen folgen. Diese können auf Rechtsfolgenseite u.a. im Heilmittelwerbegesetz gefunden werden. Ein Beispiel hierfür ist § 15 HWG, der eine Ordnungswidrigkeit darstellt und normiert, dass ein Bußgeld verhängt werden kann. Die Gesetzesbegründung besagt ferner, dass der einheitliche Abgabepreis des pharmazeutischen Unternehmers bei der Abgabe an den Großhandel sowie an die Apotheken nicht unterschritten werden darf, um eine Überschreitung der höchstzulässigen Preisspannen der Handelsstufen auszuschließen.[207] Dieser Satz schließt demnach eindeutig den pharmazeutischen Unternehmer ein, denn sonst wäre ein einheitlicher Abgabepreis, der die höchstzulässigen Preisspannen der Handelsstufen einhält, nicht denkbar. Der pharmazeutische Unternehmer ist es schließlich, der ebenso Rabatte vergeben kann und daher die „Macht" hat höchstzulässige Preisspannen zu überschreiten. Dies würde er auch tun, wenn er nicht in den persönlichen Anwendungsbereich des § 7 HWG einbezogen wäre. Nur durch das Arzneimittelgesetz selbst, namentlich § 78 Abs. 3 AMG, kann sichergestellt werden, dass der pharmazeutische Unternehmer eine Pflicht hat, die in Verbindung mit § 78 Abs. 1 AMG durch § 7 Abs. 1 S. 1 Nr. 2 lit. a) HWG sanktioniert wird, wenn er sich nicht an seine Pflicht hält. Bspw. durch § 7 Abs. 1 S. 1 Nr. 2 lit. a) HWG i.V.m. § 15 HWG kann ihm somit ein Bußgeld auferlegt werden. Daher ist die Geltendmachung eines Verstoßes gegen die Arzneimittelpreisverordnung und § 78 AMG möglich. Beide Gesetzeswerke enthalten eine eigenständige Verbotsnorm bzgl. der Gewährung von Rabatten, da § 7 HWG insoweit nicht ausschließlich ist. Das Barrabattverbot gilt für alle Vertriebsstufen und somit auch für den pharmazeutischen Unternehmer, denn gem. § 78 Abs. 3 AMG hat dieser einen einheitlichen Abgabepreis sicherzustellen.

207 BT-Drucks. 16/3100, S. 199.

Folglich ist festzuhalten, dass zunächst der persönliche Anwendungsbereich des § 7 Abs. 1 S. 1 Nr. 2 lit. a) HWG nicht auf den persönlichen Anwendungsbereich der Arzneimittelpreisverordnung beschränkt ist. Demzufolge kann auch der neu eingefügte § 78 Abs. 3 AMG, der durch das GKV-WSG geschaffen wurde, nur darauf abzielen, dass der pharmazeutische Unternehmer eindeutig in den Anwendungsbereich des § 7 HWG fällt und demnach die Rechtsfolgen auch den pharmazeutischen Unternehmer treffen. Allerdings sollte der Gesetzgeber hier Nachbesserungsarbeit leisten, um Zweifelsfragen von vornherein aus dem Wege zu gehen. Dies wäre in Form eines neuen Klarstellungssatzes in § 78 Abs. 3 AMG zu vollziehen und in die Begründung des Gesetzes aufzunehmen. Dabei muss die Intention, die mit einer solchen Neuerung verfolgt werden würde klar dargelegt werden. Hierzu sollte die intendierte Rechtsfolge nicht außer Acht gelassen werden, um weitere Diskussionen im Vorhinein zu vermeiden.

Nunmehr soll der konkrete Inhalt der Verpflichtungen des pharmazeutischen Unternehmers durch die geltende Regelung zum Gegenstand der jetzigen Überlegungen werden.

bb) Einheitlicher Abgabepreis

§ 78 Abs. 3 AMG setzt einen einheitlichen Abgabepreis voraus. Zunächst stellt sich die Frage, wessen einheitlicher Abgabepreis gemeint ist. Hierzu heißt es in der Gesetzesbegründung:

> *„Der einheitliche, höchstzulässige Apothekenabgabepreis setzt, wie bereits nach geltendem Recht, auf einem einheitlichen Abgabepreis des pharmazeutischen Unternehmers auf, dessen Höhe der pharmazeutische Unternehmer in freier Entscheidung bestimmt. Die Preisbildung des pharmazeutischen Unternehmers bleibt frei, er ist jedoch verpflichtet, ein bestimmtes Arzneimittel bei der Abgabe stets zum gleichen Preis anzubieten. Der einheitliche Abgabepreis des pharmazeutischen Unternehmers darf somit wie bereits bisher bei der Abgabe an den Großhandel sowie die Apotheken nicht unterschritten werden, sodass eine Überschreitung der höchstzulässigen Preisspannen der Handelsstufen ausgeschlossen ist. Die Vereinbarung von Skonti und Zahlungsfristen im Rahmen marktüblicher Bedingungen bleibt hiervon unberührt. Von seinem einheitlichen Abgabepreis kann der pharmazeutische Unternehmer in Verträgen mit Sozialleistungsträgern wie z.B. Krankenkassen, privaten Krankenversicherungen und deren jeweiligen Verbänden abweichen und Preisnachlässe vereinbaren. Diese Regelung ermöglicht einen Wettbewerb der Krankenversicherungen. In diese Verträge können auch Apotheken eingebunden werden. Im Falle der Beauftragung von Apotheken mit der Durchführung von Verträgen über Preisnachlässe kann zur Wahrung der notwendigen Markttransparenz die Offenlegung der Verträge vereinbart werden. Grundlage für die*

höchstzulässigen Preisspannen der Handelsstufen bleibt auch bei Vereinbarung von Preisnachlässen der einheitliche Abgabepreis des pharmazeutischen Unternehmers."[208]

Zunächst ist bei einer Betrachtung des Wortlautes festzustellen, dass es sich hier um zwei verschiedene Formulierungen handelt. In § 78 Abs. 3 S. 1 Hs. 1 AMG wurde die Formulierung „einen einheitlichen Abgabepreis sicherzustellen" verwendet. In § 78 Abs. 3 S. 1 Hs. 2 AMG hingegen hat man die Formulierung „ihren einheitlichen Abgabepreis anzugeben" gewählt. Dies spricht zunächst dafür, dass es sich bei der ersten Formulierung um den Abgabepreis der Apotheken handelt. Nur diese Interpretation macht Sinn, denn § 78 Abs. 2 S. 2 AMG besagt, dass ein „einheitlicher Apothekenabgabepreis für Arzneimittel, die vom Verkehr außerhalb der Apotheken ausgeschlossen sind", zu gewährleisten ist. Somit könnte man der Ansicht sein, dass im neuen § 78 Abs. 3 S. 1 Hs. 1 AMG eine Bezugnahme hierzu bestehen könnte.[209]

Zunächst sollte aber klargestellt werden, was genau im § 78 Abs. 2 S. 2 AMG mit „einheitlich" gemeint ist, bevor man eine evtl. Bezugnahme analysiert. Damit sollte hervorgehoben werden, dass alle öffentlichen Apotheken bei der Abgabe von Fertigarzneimitteln an Letztverbraucher den gleichen Abgabepreis zu verlangen haben.[210] Mit anderen Worten soll der Gesetzgeber durch geeignete Regelungen dafür Sorge tragen, dass eine Vielzahl unabhängiger Wirtschaftssubjekte für das gleiche Produkt den identischen Letztverbraucherpreis erhebt.[211]

Sofern man dieses Verständnis des Begriffs „einheitlich" auf den Abgabepreis des pharmazeutischen Unternehmers übertragen wollte, würde man zu der Überzeugung gelangen, dass die Rechtsfolge schwer in der Praxis umzusetzen sein dürfte. Auf der Stufe des pharmazeutischen Unternehmers gibt es keine von ihm unabhängigen Wirtschaftssubjekte, die das gleiche Produkt auf den Markt bringen und hierfür, so wie er, die Preise festsetzen können.[212] Gegen das Verständnis, womit mit dem „einheitlichen Abgabepreis" der Apothekenabgabepreis gemeint ist, spricht die Gesetzesbegründung, die als Auslegungshilfe heranzuziehen ist. Diese stellt nämlich ausdrücklich auf den „einheitlichen Abgabepreis des pharmazeutischen Unternehmers" ab.[213] In diesem Kontext ist ebenfalls auf die Arzneimittelpreisverordnung Bezug zu nehmen, in der das Wort

208 BT-Drucks. 16/3100, S. 199.
209 Meyer, in: A&R 2007, 151 (157).
210 Meyer, in: A&R 2007, 151 (157).
211 Meyer, in: A&R 2007, 151 (157).
212 Meyer, in: A&R 2007, 151 (157).
213 BT-Drucks. 16/3100, S. 199; BT-Drucks. 16/4247, S. 65 f..

Herstellerabgabepreis in die Formulierung Abgabepreis des pharmazeutischen Unternehmers abgewandelt wurde.[214] Jedoch wurde in diesem Zusammenhang nicht das Wort „einheitlich" in der Arzneimittelpreisverordnung verwendet.

Demnach lässt sich somit feststellen, dass es sich hier bei der Formulierung des einheitlichen Abgabepreises um den des pharmazeutischen Unternehmers handelt, das sich aus der Änderung der Arzneimittelpreisverordnung und der Gesetzesbegründung ergibt.

cc) Identität des einheitlichen Abgabepreises mit dem Herstellerabgabepreis des BGH

An dieser Stelle ist die Frage aufzuwerfen, ob mit dem einheitlichen Abgabepreis des pharmazeutischen Unternehmers der „alte" Herstellerabgabepreis des BGH gemeint ist. Bei einer Bejahung der Frage, ob der „alte" Herstellerabgabepreis des BGH gemeint ist, würde dies bedeuten, dass Barrabatte in Einzelfällen noch zulässig wären. Zunächst muss hierzu geklärt werden, was der Herstellerabgabepreis ist. Eine Definition lässt sich für den „geltenden Herstellerabgabepreis" finden:

Der geltende Herstellerabgabepreis ist der Preis, den der Hersteller im Normalfall, also abgesehen von wenigen besonderen Ausnahmefällen, verlangt.[215] Dieser Preis kann sich mit seinem Listenpreis decken.[216] Dann ist auf die Preislisten abzustellen.[217] Sofern diese aber in beachtlichem Umfang nicht eingehalten, sondern durch Rabatte oder vergleichbare Vergünstigungen unterschritten werden, ist auf den überwiegend verlangten oder durchschnittlichen Herstellerabgabepreis abzustellen.[218] Der maßgebliche Zeitpunkt für dessen Berechnung ist die Belieferung des Apothekers.[219] Dieser Vorschlag ist in der Realität jedoch nicht umgesetzt worden. Obwohl man bedenken muss, dass eine solche Vorgehensweise zwar theoretisch die Rabatte bei der Preisberechnung zu berücksichtigen ermöglicht und dennoch ein einheitlicher Apothekenverkaufspreis aufrechterhalten werden kann. Leider musste dieser Vorschlag an der Praxis scheitern.[220] Den Herstellern war es möglich von den selbst gemeldeten Preisen durch Rabattgewährung abzuweichen.[221] Ihnen wurde somit ebenso ermöglicht

---

214 BT-Drucks. 16/3100, S. 199.
215 BGH GRUR 1984, 748 (749).
216 BGH GRUR 1984, 748 (749).
217 BGH GRUR 1984, 748 (749).
218 BGH GRUR 1984, 748 (749).
219 BGH GRUR 1984, 748 (749).
220 Mand, in: A&R 2006, 54 (56).
221 Meyer, in: NJW 1986, 1522 (1524); Mand, in: A&R 2006, 54 (56).

von den Preisen unterschiedlich oft und stark abzuweichen.[222] Daher war es den Berufsverbänden der Apotheker, wie der BGH seinerzeit vorgeschlagen hatte, nicht mit verhältnismäßigem Aufwand möglich, durch eine Marktbeobachtung den tatsächlich geltenden Herstellerabgabepreis zu ermitteln und bekannt zu geben.[223]

Bevor § 78 Abs. 3 AMG kodifiziert wurde galt, dass die Unternehmer bei der Bemessung ihrer Preise gegenüber Großhändlern den für die Bemessung des Apothekenverkaufspreises „geltenden Herstellerabgabepreis" nicht in einer Weise unterschreiten durften, dass er lediglich fiktiv galt.[224] Dabei war es allerdings so, dass im Einzelfall Barrabatte zulässig waren. Man könnte hier der Auffassung sein, dass die jetzige Regelung des § 78 Abs. 3 AMG ebenfalls eine dahingehende Interpretation zulässt, da nur die Rede davon sei, dass zur Berechnung der höchstzulässigen Preise und Preisspannen ein einheitlicher Abgabepreis sicherzustellen sei. Darüber hinaus könnte man meinen, dass über die bisher schon bestehende Lauer-Liste auch künftig ein solcher einheitlicher Abgabepreis zur Berechnung sichergestellt werden könne, ohne dass jegliche Rabattgewährung im Einzelfall ausgeschlossen wäre. In der Vergangenheit war ferner die Konsequenz des Abstellens auf den durchschnittlichen Abgabepreis unter Berücksichtigung der jeweils gewährleisteten Herstellerrabatte wegen der ungleichen Vertragsparität der Apotheken, ein Preiswettbewerb unter Apothekern.[225] Die Arzneimittelpreisverordnung soll, vor dem Hintergrund der Regulierung einer hohen Versorgungsdichte, genau dies verhindern.[226] Hinzu kommt, dass es auch Apotheken gab, die aufgrund des Standortes in einer ländlichen Region wegen ihrer niedrigeren Umsatzzahlen sehr selten die notwendigen Rabatte aushandeln konnten, um die gemäß der Arzneimittelpreisverordnung vorgeschlagenen Handelsspannen zu erzielen.[227]

Nach diesen grundlegenden Feststellungen erscheint es unsinnig, wenn der Herstellerabgabepreis dasselbe wie der einheitliche Abgabepreis des pharmazeutischen Unternehmers sein würde. Man muss bedenken, dass nicht nur die Wortwahl geändert wurde, sondern vielmehr, was dies als Aussagegehalt mit sich bringt. Es kann nur vom Gesetzgeber gewollt worden sein, dass der einheitliche

---

222 Meyer, in: NJW 1986, 1522 (1524); Mand, in: A&R 2006, 54 (56).

223 Meyer, in: NJW 1986, 1522 (1524); Mand, in: A&R 2006, 54 (56).

224 BGH GRUR 1984, 748 (749); LG Hamburg PharmaR 2004, 362 (364); LG Hamburg PharmaR 2005, 975 (979).

225 Mand, in: A&R 2006, 54 (56).

226 Mand, in: A&R 2006, 54 (56).

227 Mand, in: A&R 2006, 54 (56).

Abgabepreis dafür sorgen muss, dass gerade vor dem soeben gezeigten geschichtlichen Hintergrund, eine gewisse Stringenz in die allgemeine Preisberechnung ein- geführt wird, um damit eine Stabilität auf dem Preisbildungsmarkt im pharmazeutischen Bereich zu gewährleisten. Der Gesetzgeber selbst benennt die Ersetzung des Wortes Herstellerabgabepreis durch die Worte einheitlicher Abgabepreis des pharmazeutischen Unternehmers als redaktionelle Folgeänderung zur Anpassung an die Bezeichnung im Arzneimittelgesetz.[228] Dies zeigt, dass die Motive, die für eine Änderung des Arzneimittelgesetzes verantwortlich waren, auch hier Geltung erlangen. Der einheitliche Abgabepreis des pharmazeutischen Unternehmers kann daher nicht das Gleiche wie der Herstellerabgabepreis des BGH sein.

dd) „einheitlich"

Nachdem oben festgestellt wurde, dass mit dem einheitlichem Abgabepreis, der des pharmazeutischen Unternehmers gemeint ist, muss nun der Begriff „einheitlich" ausgelegt werden. Er ist auslegungsbedürftig, weil dieser nicht den gleichen Sinngehalt wie in § 78 Abs. 2 S. 2 AMG haben kann, das weiter oben behandelt wurde. Dies ist wichtig, um festzustellen, ob jedwede Art von Barrabatt verboten ist. In diesem Kontext ist zu ermitteln, ob es Ausnahmen geben kann. Ferner muss untersucht werden, ob eine Ausnahme bspw. ein Skonto darstellen kann.

Eine Möglichkeit den Begriff „einheitlich" auszulegen, ist es ihn so zu verstehen, dass er darauf abzielt, dass der pharmazeutische Unternehmer von jedem Abnehmer innerhalb der Vertriebsstufen, namentlich Großhändler und Apotheker, für sein Fertigarzneimittel denselben Preis verlangen solle. Auch an dieser Stelle sei die Gesetzesbegründung hinzugezogen. Hier heißt es nämlich: *„ein bestimmtes Arzneimittel bei der Abgabe stets zum gleichen Preis anzubieten"*[229]. Dies würde bedeuten, dass der pharmazeutische Unternehmer nicht in der Lage wäre je nach der jeweilig vorliegenden Vertriebsstufe die Preise unterschiedlich festzusetzen. Somit hätte dieses Verständnis zur Konsequenz, dass der pharmazeutische Unternehmer nicht bei der Abnahme vom Großhändler oder einer Apotheke Preisdifferenzen einsetzen könnte. Allerdings gilt es hier zu bedenken, dass vor der 15. AMG-Novelle die Arzneimittelpreisverordnung in § 3 Abs. 2 eine Differenzierung zwischen dem Abgabepreis des pharmazeutischen Unternehmers bei Belieferung des Großhandels oder der Apotheken kannte und

228 Drucks. 16/3100, S. 200.
229 BT-Drucks. 16/3100, S. 199.

demnach auch für diese beiden Alternativen eine unterschiedliche Preisbildung vorsah.

Weiterhin sei anzumerken, dass schon der BGH entschieden hat, dass ein einheitlicher Abgabepreis nicht mehr vorliegt, sofern dieser vom Unternehmer im beachtlichen Umfang unterschritten wird.[230] Im Umkehrschluss bedeutet dies, dass ein einheitlicher Abgabepreis und ein Geldrabatt sich damals nicht per se ausgeschlossen haben. Heute ist dem aber nicht mehr so.

Der Gesetzgeber hat in der Gesetzesbegründung auf das Anbieten bei Abgabe und nicht den Verkauf als solchen abgestellt. Dieses Ergebnis lässt sich dadurch stützen, dass es weiter in der Gesetzesbegründung heißt, dass die Gewährung von Skonti und Zahlungsfristen im Rahmen marktüblicher Bedingungen von den Beschränkungen des Rabattsystems ausgenommen bleibt.[231]

(1) Abgrenzung zu handelsüblichen Skonti

An dieser Stelle darf die Abgrenzung zu handelsüblichen Skonti nicht unerwähnt bleiben, da diese besonders praxisrelevant ist und aufgezeigt wird, was mit „einheitlich" gemeint ist.

(a) Skonti

Skonti sind keine Rabatte i.S.d. Norm, wenn sie in der Höhe angemessen sind und dazu dienen einen vorfristigen Zahlungseingang bei einer angemessenen Frist i.S.d. einschlägigen Vorschriften, insbesondere der §§ 271 und 286 Abs. 3 BGB, zu gewährleisten.[232] Sie werden gewährt, um die Liquidität zu sichern.[233] Bei der Frage, wann die Vereinbarung eines Skonto unbedenklich ist, sollte man auf den § 2 RabattG rekurrieren, welcher besagte, dass ein Skonto von bis zu 3 % bei einem Zahlungsziel von maximal einem Monat unbedenklich war. In Anlehnung hieran wird auch heute der Wert von 3 % als Obergrenze betrachtet.[234] Allerdings sind Staffelungen bei der zeitlichen und prozentualen Grenze, sofern sie darunter liegen, vollkommen unschädlich.[235] Darüber hinaus ist es wichtig, dass die Skontogewährung und die damit verbundenen Zahlungsbedingungen in die Allgemeinen Geschäftsbedingungen aufgenommen werden, um

---

230 BGH GRUR 1984, 748 (749).

231 BT-Drucks. 16/3100, S. 199; zustimmend *Koyuncu,* in: Deutsch/ Lippert, AMG, § 78 Rn 35.

232 BT-Drucks. 16/691, S. 13; Meyer, in: A&R 2006, 60 (61).

233 Mand, in: A&R 2006, 54 (59).

234 BAH, in: A&R 2007, 201 (201).

235 BAH, in: A&R 2007, 201 (201).

die Voraussetzung einer einheitlich gewährten Zahlungsmodalität gewährleisten zu können.[236]

(b) Handelsüblich

Klärungsbedürftig ist mithin, was der Begriff „handelsüblich" meint. Man könnte der Ansicht sein, dass man § 346 HGB heranziehen könnte. Jedoch ist darauf hinzuweisen, dass es sich bei dieser Konstellation nicht um einen Umstand handelt, bei dem es auf allgemeine und bereits geltende Gewohnheiten ankommt.[237] Um den Begriff der Handelsüblichkeit zu charakterisieren ist es wichtig, was sich nach allgemeiner Auffassung der beteiligten Verkehrskreise im Rahmen vernünftiger kaufmännischer Gepflogenheiten hält.[238] Demnach lässt sich festhalten, dass eine neue Zugabeform, die sich im Rahmen einer wirtschaftlichen Fortentwicklung entwickelt hat, die Voraussetzung der Handelsüblichkeit erfüllt.[239] Dazu muss die Zugabeform allerdings die Voraussetzung erfüllen, dass sie einer vernünftigen Auffassung der beteiligten Verkehrskreise entspricht und im Rahmen der Zielsetzung des Zugabeverbotes verbleibt.[240]

Verbreitete geschäftliche Missbräuche und die Gewöhnung hieran, insbesondere wenn sich eine Gefahr der Nachahmung mit einer Tendenz zur Übersteigerung absehen lässt, dürfen nicht unter den Begriff der Handelsüblichkeit subsumiert werden.[241] Somit muss man in einer solchen Konstellation eine Einzelfallbetrachtung vornehmen, um den Zielsetzungen des Gesetzgebers Genüge zu tun.

(2) Zulässigkeit von Skonti

In der Praxis kam es in letzter Zeit zu einer zunehmenden Skontogewährung.[242] Allerdings ist diese Praxis nicht unumstritten. Es wird vertreten, dass eine die Fixpreise auf Herstellerebene unterschreitende bzw. eine über disponiblen Zuschlägen des Großhandels gem. § 2 AMPreisVO hinausgehende Skontogewährung zulässig sei.[243] Dabei beruft man sich auf Aussagen des Gesetzgebers,

---

236 BAH, in: A&R 2007, 201 (205).

237 BGH GRUR 1964, 509 (511).

238 BGH GRUR 1968, 53 (55); BGH GRUR 1969, 299 (300); BGH GRUR 1977, 38 (40); BGH GRUR 1991, 329 (330); BGH GRUR 1994, 230 (232); BGH GRUR 1998, 502 (504); BGH GRUR 1999, 515 (517 f.).

239 BGH GRUR 1991, 329 (330); Hoth/ Gloy, S. 234; von Godin, S. 500.

240 BGH GRUR 1991, 329 (330); Hoth/ Gloy, S. 234; von Godin, S. 500.

241 BGH GRUR 1976, 316 (317).

242 Mand, in: A&R 2014, 147 (152).

243 BT-Drucks. 16/691, S. 13; BT-Drucks. 16/3100, S. 199.

wonach die einheitlichen (Mindest-) Abgabepreise in der Arzneimittelvertriebskette die Skontogewährung unberührt lassen sollen.[244] Die Begründung des Regierungsentwurfs zum AVWG weist darauf hin, dass für die Skontogewährung nur die generell disponiblen, prozentualen Großhandelsaufschläge zur Verfügung stünden.[245]

Das OLG Stuttgart hat hingegen eine Sonderbehandlung von Skonti gegenüber anderen Preisnachlässen abgelehnt.[246] Es hat ausgeführt, dass jedenfalls auf Apothekerebene Skonti sonstigen Barrabatten gleichzustellen seien und deshalb gegenüber dem Endkunden verboten seien.[247] Instanzgerichte haben eine Verallgemeinerung dieser Aussage vorgenommen und sie auf Handelsstufen übertragen.[248] Demnach seien Skonti nur gestattet, sofern das Gesetz Spielräume für eine Rabattgewährung belasse.[249]

Dies ist abzulehnen, denn Skonti haben, wie oben dargestellt, ihren Sinn und Zweck. Sie dienen der Abgeltung der Nichtausschöpfung des Zahlungsziels.[250] Daher verändert ein adäquat gewährtes Skonto das Äquivalenzverhältnis nicht.[251] Ein Skonto ist vielmehr zulässig, auch wenn der Preis durch die Aufrechnung unter den gesetzlichen Mindest- bzw. Festpreis sinkt.[252] Es erscheint nicht sachgerecht, dem Großhändler oder pharmazeutischen Unternehmer diese Möglichkeit abzuerkennen, wenn das Äquivalenzverhältnis nicht gestört wird. Es dient vielmehr der üblichen geschäftlichen Praxis, um dem Vertragspartner einen Gegenwert zu seiner vorfristigen Zahlung zukommen zu lassen. Bedenken gegen diese Praxis im pharmazeutischen Bereich bestehen nicht. Ferner ist anzumerken, dass der Gesetzgeber diese Praxis anerkannt hat.[253] Damit stellt ein Skonto seinem Wesen nach die Gegenleistung dafür dar, dass der Käufer zeitnah, innerhalb von wenigen Tagen zahlt, wodurch die Liquidität und auch der Zinsvorteil des Verkäufers erhöht werden.[254] Ein Skonto kann von

---

244 BT-Drucks. 16/691, S. 13; BT-Drucks. 16/3100, S. 199.
245 BT-Drucks. 16/194, S. 11.
246 OLG Stuttgart Urt. v. 25.08.2011, Az.: 2 U 21/11.
247 OLG Stuttgart Urt. v. 25.08.2011, Az.: 2 U 21/11.
248 U.a. LG Ulm Urt. v. 27.08.2012, Az.: 4 O 53/12.
249 OLG Stuttgart Urt. v. 05.09.2013, Az.: 2 U 155/12; LG Ulm Urt. v. 27.08.2012, Az.: 4 O 53/12.
250 Mand, in: A&R 2014, 147 (153).
251 Mand, in: A&R 2014, 147 (152).
252 Mand, in: A&R 2014, 147 (152); Mand/ Rektorschek, in: WRP 2015, 429 (435 f.).
253 BT-Drucks. 16/691, S. 13; BT-Drucks. 16/3100, S. 199.
254 LG Aschaffenburg Urt. v. 22.10.2015, Az.: 1 HK O 24/15.

einem Käufer selbständig in Anspruch genommen werden, wenn er innerhalb vorgegebener Fristen seinen Kaufpreis zahlt.[255] Rabatte hingegen werden vom Verkäufer vor Auftragserteilung gewährt, mit der Folge, dass diese sofort den Preis senken, sodass der Käufer zu einem niedrigeren Preis kauft.[256] Bei einem Skonto erfolgt eine Skontierung des Rechnungsbetrages.[257] Der Rechnungsbetrag selbst hingegen bleibt gleich und wird auch so bei Verkäufer und Käufer verbucht.[258] Der Käufer entscheidet mithin erst bei Bezahlung der Rechnung, ob er ein Skonto in Anspruch nehmen will.[259] Auch ist ein Skonto als Preisnachlass ebenso zu versteuern.[260]

In casu bedeutet „einheitlich" nicht „identisch".

Laut der Gesetzesbegründung soll nach den Vorstellungen des Gesetzgebers der einheitliche, höchstzulässige Apothekenabgabepreis auf einem einheitlichen Abgabepreis des pharmazeutischen Unternehmers aufsetzen.[261] Als Konsequenz soll jedoch festgehalten werden, dass der pharmazeutische Unternehmer die Höhe des Abgabepreises zwar in autonomer Entscheidungskraft selbst bestimmen kann, jedoch nach einer solchen Festlegung des Abgabepreises für das jeweilige Arzneimittel, genau dieses nur noch stets zum gleichen Preis anbieten darf.[262] Eine Überschreitung der zulässigen Preisspannen der Handelsstufen soll ausgeschlossen sein, sodass der einheitliche Abgabepreis des pharmazeutischen Unternehmers bei der Abgabe an den Großhandel sowie an Apotheken nicht unterschritten werden darf.[263] Bislang verhielt es sich so, dass im Einzelfall Barrabatte nicht ausgeschlossen waren.[264] Man könnte annehmen, dass eine solche Ausnahme, wie bisher erlaubt, auch in Anbetracht der Gesetzesänderung als statthaft anzusehen ist. Dies könnte man auf die Formulierung des Gesetzeswortlautes des § 78 Abs. 3 S. 1 AMG i.d.F. des GKV-WSG stützen. Da dort die Rede davon ist, dass als Grundlage zur Berechnung der höchstzulässigen Preise und Preisspannen ein einheitlicher Abgabepreis sicherzustellen ist. Dabei ist das Hauptaugenmerk auf das Wortgefüge „als Grundlage zur Berechnung" zu

255 LG Aschaffenburg Urt. v. 22.10.2015, Az.: 1 HK O 24/15.
256 LG Aschaffenburg Urt. v. 22.10.2015, Az.: 1 HK O 24/15.
257 LG Aschaffenburg Urt. v. 22.10.2015, Az.: 1 HK O 24/15.
258 LG Aschaffenburg Urt. v. 22.10.2015, Az.: 1 HK O 24/15.
259 LG Aschaffenburg Urt. v. 22.10.2015, Az.: 1 HK O 24/15.
260 LG Aschaffenburg Urt. v. 22.10.2015, Az.: 1 HK O 24/15.
261 BT-Drucks. 16/3100, S. 199.
262 BT-Drucks. 16/3100, S. 199.
263 BT-Drucks. 16/3100, S. 199.
264 LG Hamburg Beschl. v. 26.06.2006, Az.: 312 O 500/06.

richten. Es könnte argumentiert werden, dass über die Lauer-Liste auch künftig ein solcher einheitlicher Abgabepreis zur Berechnung sichergestellt werden könne, ohne dass jegliche Rabattgewährung im Einzelfall ausgeschlossen wäre. Dem ist allerdings entgegenzuhalten, dass bisher in einer Vielzahl von Fällen Zuwendungen und andere geldwerte Vorteile gewährt wurden, die zum Teil deutlich höher als marktübliche Skonti waren.[265] Im Ergebnis wurde hierdurch der einheitliche Herstellerabgabepreis unterschritten, ohne dass diese Vorteile an das Gesundheitssystem weitergegeben wurden.[266] Demnach wurde der Regelungszweck der Arzneimittelpreisverordnung aufgrund der Tatsache, dass die Apotheker höhere Handelszuschläge erreichten, als ihnen zustanden, unterlaufen.[267] Somit erscheint es gerechtfertigt anzunehmen, dass gerade auf diesem Gebiet ein Risikopotenzial verringert werden muss. Folglich wird man wohl davon ausgehen müssen, dass der Gesetzgeber, um einer solchen Rabattgewährung endgültig entgegenzutreten, auch die Ausnahmen verbieten wollte. Bei einer Abwägung der Interessen wird wohl kaum ein milderes Mittel gegeben sein, das die gleiche Effektivität nach sich zieht.

Im Ergebnis bleibt festzuhalten, dass jedwede Barrabatte, die weiter gehen als die Großhandelsspanne, durch den pharmazeutischen Unternehmer ausgeschlossen sind. Dennoch bleibt es legitim bspw. Skonti zu gewähren. Einheitlich bedeutet mithin, dass der Preis des Arzneimittels ohne Ausnahme beim Anbieten gleich zu sein hat. Der Verkaufspreis kann allerdings darunter liegen, sofern bspw. ein Skonto gewährt wird.

ee) Einbeziehung der Gewährung von Barrabatten an Großhändler in die Beschränkungen aus § 78 Abs. 3 S. 1 Hs. 1 AMG

Ferner ist klärungsbedürftig, ob eine Einbeziehung der Gewährung von Barrabatten an Großhändler durch den pharmazeutischen Unternehmer in die Beschränkungen aus § 78 Abs. 3 S. 1 Hs. 1 AMG gegeben ist.

Gegen eine dahingehende Auslegung, dass der pharmazeutische Unternehmer auch den Großhändlern gegenüber eine Sicherstellungspflicht hat, könnte sprechen, dass ein ausnahmsloses Verbot zur Gewährung von Barrabatten für verschreibungspflichtige Arzneimittel an Großhändler einen Eingriff in die Berufsausübung von pharmazeutischen Unternehmern und Großhändlern darstellen würde, das gegen Art. 12 Abs. 1 S. 1 GG verstoßen würde.[268] Ferner

265 BT-Drucks. 16/194, S. 11.
266 BT-Drucks. 16/194, S. 11.
267 BT-Drucks. 16/194, S. 11.
268 Meyer, in: A&R 2007, 151 (161).

beziehe sich die mit der Rabattbegrenzung zugunsten der Kostenträger erzielte Gewinnung von materiellen Ressourcen auf die Gewährung von Rabatten an die Apotheken.[269]

Nach alter Rechtslage, also vor der 15. AMG-Novelle, hätte ein absolutes Rabattverbot im Verhältnis zwischen pharmazeutischem Unternehmer und dem Großhandel zur Folge gehabt, dass der Großhandel gegenüber dem Direktvertrieb massiv beeinträchtigt worden wäre. Der Großhändler wäre bei der Annahme eines Rabattverbotes darauf beschränkt gewesen seine Distributionskosten[270] aus der Großhandelsspanne zu schöpfen, womit sein Verhandlungsspielraum bei der Vergabe von Rabatten an Apotheken erheblich eingeschränkt gewesen wäre. Unter Distributionskosten sind diejenigen Kosten zu verstehen, die bei der Gestaltung und Steuerung der Überführung eines Produktes vom Produzenten zum Käufer entstehen.[271] Weiterhin ist zu erwähnen, dass im Großhandel ein großer Wettbewerbsdruck herrscht, von dem auch die Apotheken profitieren, da sie fähig sind Möglichkeiten zur Beeinflussung der Auswahl der abzugebenden Arzneimittel zu nutzen. Diese können nämlich Arzneimittel durch wirkstoffgleiche Arzneimittel ersetzen (aut idem-Regelung) und sind auch in der Lage die Produkte eines Importeurs durch die Produkte eines anderen zu ersetzen. Die aut idem-Regelung besagt, dass der Apotheker, sofern der verschreibende Arzt nichts anderes auf dem Rezept vermerkt hat, ein günstigeres wirkstoffgleiches Präparat aushändigen darf.

Demnach befand sich das Allgemeininteresse im Zielkonflikt mit dem wirtschaftlichen Interesse der Großhändler. Diese besonders prekäre Situation wurde u.a. vom LG Hamburg gesehen.[272] Allerdings wurde durch die Einführung des § 78 Abs. 3 S. 1 AMG auf diese Probleme eingegangen, indem klargestellt wurde, dass der pharmazeutische Unternehmer in die Preisvorschriften einbezogen werden soll. Ein einheitlicher Abgabepreis verbietet schon nach dem Wortlaut, dass Rabatte an den Großhändler gewährt werden.[273] In systematischer Hinsicht ist § 78 Abs. 3 S. 2 AMG zu bedenken. Hier wird enumerativ aufgezählt, dass der pharmazeutische Unternehmer gegenüber Sozialleistungsträgern, privaten

---

269 Meyer, in: A&R 2007, 151 (161).

270 Siehe Thommen/ Achleitner, S. 90 ff.; Wöhe, S. 454.

271 Siehe Thommen/ Achleitner, S. 90 ff.; Wöhe, S. 454.

272 LG Hamburg MD 2005, 975 (978 f.); siehe hierzu ebenfalls kritisch Mand, in: A&R 2006, 54 (59), welcher eine verfassungsrechtliche Rechtfertigung als zweifelhaft ansieht.

273 BSG Urt. v. 28.07.2008, Az.: B 1 KR 4/08 R; *Hofmann*, in: Kügel/ Müller/ Hofmann, AMG, § 78 Rn 55.

Krankenversicherungen sowie deren jeweiligen Verbänden Preisnachlässe auf ihren einheitlichen Abgabepreis abgeben dürfen. Der Großhandel ist nicht benannt. Der Gesetzgeber hat mithin gesehen, dass es Bedarf für Ausnahmen gegeben hat, jedoch den Großhändler nicht aufgenommen, da er der Ansicht ist, dass innerhalb der Vertriebskette (pharmazeutischer Unternehmer - Großhändler) keine Rabatte gestattet sein sollen.[274] Zudem hat der Gesetzgeber in § 78 Abs. 3 S. 1 Hs. 2 AMG für nicht verschreibungspflichtige Arzneimittel eine Rabattgewährung als Ausnahme „im Einzelfall" erlaubt. Im Umkehrschluss sind daher Geldrabatte für verschreibungspflichtige Arzneimittel - auch im Einzelfall - nicht zulässig.[275] Demnach wäre gegenüber dem Großhändler ein ausnahmsloses Rabattverbot festzuhalten.[276]

Hinzu kommt, dass der Eingriff in Art. 12 GG gerechtfertigt ist.

Gem. Art. 12 Abs. 1 S. 2 GG ist eine Regelung durch den Gesetzgeber nötig. Demnach können Berufsausübungsregelungen entweder unmittelbar durch Gesetz oder aufgrund eines Gesetzes, das die Exekutive zu entsprechenden Regelungen durch Rechtsverordnungen oder Verwaltungsakte ermächtigt, getroffen werden. Bei dem Heilmittelwerbegesetz und dem Arzneimittelgesetz handelt es sich um formelle Gesetze.

Nach der Dreistufentheorie[277] müssen Berufsausübungsregelungen durch vernünftige Erwägungen des Gemeinwohls gedeckt sein.[278] Das Bundesverfassungsgericht hat in seinem Apothekenurteil[279] die Grundsätze für die Dreistufentheorie entwickelt. Sie beruht auf dem Verhältnismäßigkeitsprinzip. Dabei sind drei Arten von Eingriffen gegeben, die sich in ihrer Belastungsintensität voneinander unterscheiden. Dadurch gelten für die Zulässigkeit entsprechender Eingriffe unterschiedliche Zulässigkeitsvoraussetzungen.

Wie bereits oben erörtert, dient das Rabattverbot dem Gemeinwohl, indem es u.a. einen ruinösen Preiswettbewerb verhindern und die Entscheidungsfreiheit aller Betroffenen schützen soll. Andere Maßnahmen sind nicht ebenso geeignet. Ein etwaiger Eingriff i.S.d. Art. 14 GG wäre bei der Betrachtung der Rabattgewährung nicht vorliegend, da keine zukünftigen Gewinn- und Erwerbschancen

---

274 BT-Drucks. 16/4237, S. 65.

275 *Koyuncu*, in: Deutsch/ Lippert, AMG, § 78 Rn 32; a.A. Kozianka, in: FS für Sander, 2008, 177 (180 f.).

276 So auch Rehmann, AMG, § 78 Rn 2; *Koyuncu*, in: Deutsch/ Lippert, AMG, § 78 Rn 31; a.A. Kozianka, in: FS für Sander, 2008, 177 (180 f.).

277 Vgl. hierzu S. 42 ff..

278 BVerfG Urt. v. 11.06.1958, Az.: 1 BvR 596/56.

279 BVerfG Urt. v. 11.06.1958, Az.: 1 BvR 596/56.

von Art. 14 GG geschützt werden.[280] Die Berufsfreiheit schützt den Erwerb, die Eigentumsgarantie schützt das Erworbene.[281] Hinzu kommt, dass der Gesetzgeber, bevor er sich zu dieser gesetzgeberischen Maßnahme entschieden hatte, ein milderes Mittel implementiert hatte. Der pharmazeutischen Unternehmer sollte einen Preis festsetzen, den er überdurchschnittlich oft verlangen sollte.

Allerdings ist dies nicht geschehen. In der Praxis hat der pharmazeutische Unternehmer seinen Abgabepreis regelmäßig unterschritten, womit der Gesetzgeber gezwungen war diese schärfere gesetzgeberische Maßnahme aufzuoktroyieren.

Im Weiteren soll untersucht werden, dass der pharmazeutische Unternehmer einen einheitlichen Abgabepreis sicherzustellen hat.

ff) „Sicherstellung" eines einheitlichen Abgabepreises des pharmazeutischen Unternehmers

Es ist zu klären, was „Sicherstellung" meint. Um den Sinn einer solchen Regelung herausarbeiten zu können, muss man sich zunächst die Situation vergegenwärtigen. Die pharmazeutischen Unternehmer und die Großhändler unterliegen dem Verbot den Apotheken produktbezogene Barrabatte auf den Apothekeneinkaufspreis anzubieten, anzukündigen oder zu gewähren. Die Folge einer solchen Unterschreitung des Abgabepreises des pharmazeutischen Unternehmers durch ihn selbst wäre, dass nicht, wie vom Gesetzgeber gewollt, die Arzneimittelpreisverordnung die Apothekenspanne festlegt. Es wäre vielmehr der pharmazeutische Unternehmer, der die Spannen bestimmen könnte. Denn er könnte dann das Abrücken von seinem ursprünglich verlangten Preis frei nach Belieben durchführen. Auf der zweiten und dritten Vertriebsebene legt die Arzneimittelpreisverordnung für Großhändler und Apotheker Zuschläge fest. Der Großhändler ist befugt, nach der hier vertretenen Ansicht, Rabatte auf seinen prozentual festgelegten Zuschlag und den Festzuschlag zu geben. Diese Problematik wurde weiter oben diskutiert und soll hier nicht weiter erörtert werden. Die Systematik der arzneimittelrechtlichen Preisvorschriften sieht ausdrücklich vor, dass Abweichungsmöglichkeiten von dem Großhandelshöchstzuschlag bestehen, das nicht die Gewährleistung des einheitlichen Apothekenabgabepreises verletzt. Eine Unzulässigkeit ist zu bejahen, sofern der Apotheke auf den

280 BVerfGE 68, 193 (222); BVerfG Urt. v. 30.07.2008, Az.: 1 BvR 3262/07, 1 BvR 402/08, 1 BvR 906/08.

281 BVerfGE 68, 193 (222); BVerfGE 88, 366 (377); BGHZ 111, 343 (357 f.); BGHZ 134, 30 (33); BGH Urt. v. 13.07.2000, Az.: III ZR 131/99.

Apothekeneinkaufspreis ein produktbezogener Barrabatt gewährt wird, der den für das jeweilige Arzneimittel bestimmten Zuschlag überschreitet. Diese realisiert sich durch ein „Durchreichen“ von Herstellerrabatten, die zunächst dem Großhandel gewährt werden, danach aber an die Apotheken weitergeleitet werden. Die aufoktroyierte Sicherstellungspflicht des pharmazeutischen Unternehmers soll dazu dienen, die Beschränkung bei der Rabattgewährung einzuhalten. Somit geschieht dies durch eine Kodifizierung einer solchen Pflicht im arzneimittelrechtlichen Bereich.

Weiterhin ist im Falle der Direktbelieferung von Apotheken mit verschreibungspflichtigen Arzneimitteln, die auch vom Großhandel beziehbar wären, der pharmazeutische Unternehmer verpflichtet eine Sicherstellung seines einheitlichen Abgabepreises vorzunehmen. Demnach darf er keine Rabatte oder sonstigen Vergünstigungen auf den einheitlichen Apothekeneinkaufspreis gewähren, die die Großhandelsspanne übersteigen würden.[282]

Im Hinblick darauf, dass der wirtschaftliche Markt in Deutschland und die hierauf beruhenden Preise dadurch gebildet werden, dass Angebot und Nachfrage die tatsächlich verlangten Preise bestimmen, erscheint diese Möglichkeit vielmehr als Durchbrechung der bislang anerkannten Grundsätze.

Schließlich soll durch diese Grundsätze eine Flexibilität in der Preisbildung erreicht werden, die ansonsten nicht gewährleistet sein könnte. Fraglich ist daher, ob anderweitige Regelungen auf die Arzneimittelpreisvorschriften übertragen werden können, um diese Durchbrechung zu vermeiden.

b) Buchpreisbindung

Es könnte möglich sein, dass man die Grundsätze der Buchpreisbindung auf die Preisregularien bei Arzneimitteln übertragen kann und somit Rabattmöglichkeiten vorhanden wären.

Das Gesetz über die Preisbindung für Bücher ist am 01.10.2002 in Kraft getreten. Nach § 1 BuchPrG besteht der Zweck des Gesetzes im Schutz des Kulturgutes Buch. Ferner soll nach § 1 S. 2 BuchPrG die Festsetzung verbindlicher Preise beim Verkauf an Letztabnehmer den Erhalt eines breiten Buchangebotes sichern. Das Gesetz gewährleistet zugleich, dass dieses Angebot für eine breite Öffentlichkeit zugänglich ist, indem es die Existenz einer großen Zahl von Verkaufsstellen fördert, das in § 1 S. 3 BuchPrG kodifiziert ist.

---

282 Meyer, in: A&R 2007, 151 (159).

§ 3 S. 1 BuchPrG normiert, dass wer gewerbs- oder geschäftsmäßig Bücher an Letztabnehmer verkauft, den festgesetzten Preis nach § 5 BuchPrG einhalten muss. Die Preisbindung gilt nach § 3 S. 2 BuchPrG nicht für den Verkauf gebrauchter Bücher. Ferner ist wichtig, dass nach § 5 Abs. 1 S. 1 BuchPrG, wer Bücher verlegt oder importiert, verpflichtet ist, einen Preis einschließlich Umsatzsteuer (Endpreis) für die Ausgabe eines Buches für den Verkauf an Letztabnehmer festzusetzen und in geeigneter Weise zu veröffentlichen. Nach § 5 Abs. 5 BuchPrG ist die Festsetzung unterschiedlicher Endpreise für einen bestimmten Titel durch einen Verleger oder Importeur oder deren Lizenznehmer zulässig, wenn dies sachlich gerechtfertigt ist.

In § 6 BuchPrG, der den Vertrieb regelt, heißt es:

„(1) *Verlage müssen bei der Festsetzung ihrer Verkaufspreise und sonstigen Verkaufskonditionen gegenüber Händlern den von kleineren Buchhandlungen erbrachten Beitrag zur flächendeckenden Versorgung mit Büchern sowie ihren buchhändlerischen Service angemessen berücksichtigen. Sie dürfen ihre Rabatte nicht allein an dem mit einem Händler erzielten Umsatz ausrichten.*

(2) *Verlage dürfen branchenfremde Händler nicht zu niedrigeren Preisen oder günstigeren Konditionen beliefern als den Buchhandel.*

(3) *Verlage dürfen für Zwischenbuchhändler keine höheren Preise oder schlechteren Konditionen festsetzen als für Letztverkäufer, die sie direkt beliefern.*"

§ 7 BuchPrG regelt Ausnahmen zu der Preisbindung nach § 3 BuchPrG.

Zudem besteht eine Regelung bezüglich der Dauer der Preisbindung, die in § 8 BuchPrG kodifiziert ist. Er besagt Folgendes:

„(1) *Verleger und Importeure sind berechtigt, durch Veröffentlichung in geeigneter Weise die Preisbindung für Buchausgaben aufzuheben, deren erstes Erscheinen länger als 18 Monate zurückliegt.*

(2) *Bei Büchern, die in einem Abstand von weniger als 18 Monaten wiederkehrend erscheinen oder deren Inhalt mit dem Erreichen eines bestimmten Datums oder Ereignisses erheblich an Wert verliert, ist eine Beendigung der Preisbindung durch den Verleger oder Importeur ohne Beachtung der Frist gemäß Absatz 1 nach Ablauf eines angemessenen Zeitraums seit Erscheinen möglich.*"

Für eine Übertragung dieser Grundsätze auf die Preisvorschriften bei Arzneimitteln spricht, dass sie Gemeinsamkeiten aufweisen. Zunächst unterliegen Bücher ebenso wie verschreibungspflichtige Arzneimittel einer gesetzlichen Preisbindung.[283] Damit soll nach dem Willen des Gesetzgebers eine flächendeckende und

283 Wallenfels, in: WRP 2014, 297 (297).

gleichmäßige Versorgung mit beiden Waren sichergestellt werden.[284] Aus diesem Grund stellen sich häufig für Arzneimittel und Bücher die gleichen rechtlichen Fragen.[285] Fraglich ist, ob dies auch für den hier untersuchten § 7 Abs. 1 S. 1 Nr. 2 lit. a) HWG gilt.

Der Gesetzgeber wollte im Bereich des Buchhandels einem Konzentrationsprozess entgegenwirken.[286] Die Intention des Gesetzgebers war es, dass eine große Vielfalt und Zahl von Titeln lieferbar sein sollte, bei denen keine große Auflage erwartet werden konnte.[287] Ferner sollte die Preisbindung dazu beitragen die Versorgung von Büchern nicht nur in urbanen Zentren, sondern in der gesamten Fläche durch eine hohe Dichte breit sortierter Buchhandlungen zu gewährleisten.[288] Zudem sollte sie dazu beitragen, dass eine Fülle von kleinen mittleren Verlagen besteht, die wiederum einer Vielzahl deutscher Autoren die Veröffentlichung ihrer Werke ermöglichen sollten.[289]

Der Buchhändler muss nach § 3 S. 1 BuchPrG den festgesetzten Preis einhalten, wenn er Bücher an Letztabnehmer verkauft. Letztabnehmer ist grundsätzlich der Endkunde, mit anderen Worten derjenige, der das Buch zum Zwecke der eigenen Nutzung oder unentgeltlichen Weitergabe an Dritte erworben hat.[290] Letztabnehmer ist mithin derjenige in der Vertriebskette, der als Letzter für das Buch Geld bezahlt hat, namentlich den gebundenen Ladenpreis.[291] In Anlehnung an die Erschöpfung eines Patents, hat sich die Preisbindung am Buch durch den Erstverkauf zum gebundenen Ladenpreis quasi „erschöpft".[292]

Der Gesetzgeber hat allerdings ebenso das Verhältnis zwischen Verlag und Buchhandel reglementiert. Dabei sind Rabattmöglichkeiten gegeben.

Allerdings lässt sich schon am Gesetzeszweck erkennen, dass eine Übertragung der Grundsätze der Buchpreisbindung nicht durchführbar ist, denn § 1 S. 3 BuchPrG kann nicht bei Apotheken angewendet werden. Zwar könnte man damit argumentieren, dass die Festsetzung verbindlicher Preise den Erhalt eines breiten Arzneimittelangebotes sichern kann. Die Existenz einer großen Zahl

---

284 Wallenfels, in: WRP 2014, 297 (297).
285 Wallenfels, in: WRP 2014, 297 (297).
286 Wallenfels/ Russ, Komm, § 1 Rn 9; Russ/ Wallenfels, in: WRP 2013, 24 (26).
287 BT-Drucks. 1491/96, S. 8; Wallenfels/ Russ, Komm, § 1 Rn 9.
288 BT-Drucks. 1491/96, S. 8; Wallenfels/ Russ, Komm, § 1 Rn 9 f..
289 BT-Drucks. 1491/96, S. 8.
290 Russ/ Wallenfels, in: WRP 2013, 24 (27).
291 OLG Frankfurt NJW 2004, 2098 (2100).
292 Russ/ Wallenfels, in: WRP 2013, 24 (27).

von Verkaufsstellen muss aber nicht gefördert werden, da nur Apotheken verschreibungspflichtige Arzneimittel verkaufen dürfen. Hinzu kommt, dass eine Erschöpfung des Preises und ein Weiterverkauf von Arzneimitteln nicht in Betracht kommen, da es keine gebrauchten Arzneimittel gibt und die Abgabe von verschreibungspflichtigen Arzneimitteln nur in der Apotheke zulässig ist.

Eine Wiederabgabe eines Arzneimittels kommt nicht in Betracht, da es dabei um unbenutzte Arzneimittel geht, die zurückgenommen werden können. Dies ist bei der hier untersuchten Konstellation nicht der Fall.

Daher kann eine Übertragung der Grundsätze der Buchpreisbindung auf Arzneimittel nicht stattfinden, womit auch auf die Rabattmöglichkeiten kein Rückgriff genommen werden kann.

c) *Abgrenzungen*

Ferner müssen die Abgrenzungen näher betrachtet werden, um herausarbeiten zu können, welche Handlung genau unter das Rabattverbot fällt und welche Konstellationen erlaubt sind. Die Abgrenzungen sind an dieser Stelle relevant, weil der Gesetzgeber leider nicht alle in die einschlägige Norm aufgenommen hat. Diese sind aber äußerst praxisrelevant.

aa) Abgrenzung zu Leistungen eines Anbieters, denen eine adäquate Gegenleistung gegenübersteht

Eine relevante Abgrenzung stellt diejenige dar, welche eine Leistung eines Anbieters, denen eine adäquate Gegenleistung gegenübersteht, im Fokus hat.

Dabei gibt es eine Fülle von Möglichkeiten, die bei einer solchen Gegenleistung in Betracht kommen. Als Beispiel sei hier der Umstand erwähnt, dass pharmazeutische Unternehmer bei einer Bestellung in großen Mengen, welche stets fluktuiert, eine Vergünstigung gewähren. Die adäquate Gegenleistung besteht hier darin, dass der pharmazeutische Unternehmer, dadurch dass er eine große Menge des Vertriebssegments in den Handel gibt, Kosten bei der Lagerung oder der allgemeinen Logistik einsparen kann. Andere weitergehende Argumente könnten sein, dass durch die schnelle und vollständige Geldzahlung z.B. Kredite leichter zu finanzieren sind oder sogar Kreditzinsen eingespart werden können, um bspw. Arbeitsplätze zu erhalten. Man sieht an dieser Argumentation, dass man gerade in diesem Bereich einer Fülle von „Umgehungsmöglichkeiten“ ausgesetzt ist. Ein weiteres Beispiel sind Werbekostenzuschüsse, die mit einer echten Werbeleistung verbunden sind.[293]

---

293 Meyer, in: A&R 2006, 60 (61).

Diese Möglichkeiten sind unter einer Einzelfallbetrachtung gewissenhaft zu prüfen, denn schließlich soll dem pharmazeutischen Unternehmer, der im Bereich des rechtlich Möglichen bleibt und tatsächlich nur die gute Geschäftsbeziehung bzw. die adäquate Gegenleistung belohnen will, nicht der Weg hierzu versperrt werden. Ansonsten wäre dies wohl unter verfassungsrechtlichen Gesichtspunkten nicht mehr zu rechtfertigen. Zudem sollte man bedenken, dass hier natürlich die ökonomischen Schwerpunkte nicht übersehen werden sollten.

bb) Abgrenzung zu handelsüblichem Zubehör, handelsüblichen Nebenleistungen und unselbständigen Garantieversprechen

Weiterhin sind wichtige Abgrenzungen zu verzeichnen, wenn es um handelsübliches Zubehör, handelsübliche Nebenleistungen und selbständige Garantieversprechen geht. Sie sind neben den Preisregularien anwendbar.

Gem. § 1 Abs. 2 lit. d) ZugabeVO galt das Zugabeverbot nicht, sofern die Zugabe nur als handelsübliche Nebenleistung zu klassifizieren war. Nach § 7 Abs. 1 S. 1 Nr. 3 HWG sind vom Verbot ebenso Zuwendungen oder Werbegaben ausgenommen, die nur in handelsüblichem Zubehör zur Ware abgegeben werden. Ferner ist eine im Hinblick auf den Wert der Ware oder Leistung angemessene teilweise oder vollständige Erstattung oder Übernahme von Fahrtkosten für Verkehrsmittel des öffentlichen Personennahverkehrs, die im Zusammenhang mit dem Besuch des Geschäftslokals oder des Ortes der Erbringung der Leistung stehen, ausgenommen.

(1) Handelsübliches Zubehör

(a) Zubehör

Ein Zubehör muss nicht unbedingt die Voraussetzungen des § 97 BGB erfüllen.[294] Das Zubehör wird als bewegliche Sache, die nicht schon Teil der vertraglichen Hauptleistungspflicht sein darf, bezeichnet.[295]

(b) Handelsüblichkeit

Dabei ist zu beachten, dass bei der Handelsüblichkeit auf die oben gemachten Ausführungen[296] Rückgriff zu nehmen ist.

---

294 BGH GRUR 1968, 53 (55); *Brixius*, in: Bülow/ Ring, HWG, § 7 Rn 121; Doepner/ Reese, HWG, § 7 Rn 142.

295 BGH GRUR 1975, 199 (200); *Brixius*, in: Bülow/ Ring, HWG, § 7 Rn 121; Doepner/ Reese, HWG, § 7 Rn 142.

296 Vgl hierzu S. 72.

(c) Beispiele

Um den Begriff des handelsüblichen Zubehörs etwas besser fassen zu können, soll an dieser Stelle anhand von Beispielen versucht werden diesbezüglich eine Sensibilisierung zu schaffen.

So ist es bspw. unzulässig das Entwickeln von Filmen, das Bewirten von Kunden oder die kostenlose Überlassung von redaktionellem Raum in einer Zeitung für den Auftraggeber eines Inserates durchzuführen.[297] Ebenso unzulässig ist die Zurverfügungstellung von Geräten an eine Laborgemeinschaft durch einen Laborarzt, um von der Selbigen mit Sonderuntersuchungen bedacht zu werden.[298]

Demgegenüber ist eine unentgeltliche Bereitstellung von Kundenparkplätzen und die Erstattung von Parkgebühren zulässig, sofern erst hierdurch ein Hindernis für den Besuch der Geschäftsräume umgangen werden kann und dem Kunden hierdurch nur ein angemessener, verhältnismäßig geringer Betrag zugewendet wird.[299] Ebenso ist eine Bereitstellung von Spielräumen für Kinder in Einzelhandelsunternehmen als zulässig zu kategorisieren.[300] Weitere Beispiele für eine Zulässigkeit sind: Zugabe eines Service-Sets zur Förderung der Fahrtüchtigkeit des Fahrers[301] und Zustellung von Heilmitteln per Boten an hilfsbedürftige Personen[302].

(2) Handelsübliche Nebenleistungen

(a) Nebenleistungen

Unter dem Begriff Nebenleistungen sind Leistungen mit Zugabecharakter zu verstehen.[303] Dies bedeutet, dass nur zusätzliche unentgeltliche Leistungen erfasst werden, welche außerhalb des Hauptvertrages angesiedelt sind und auf welche der Vertragspartner keinerlei Ansprüche hegen darf.[304] Dabei ist allerdings zu beachten, dass die Nebenleistung, die in keinerlei Zusammenhang mit der Hauptleistung zu bringen ist, keine Nebenleistung i.S.d. § 1 Abs. 2 lit. d) ZugabeVO darstellen kann.[305] Nach § 1 Abs. 2 lit. d) ZugabeVO musste eine

---

297 Baumbach/ Hefermehl, § 1 ZugabeVO Rn 84.
298 *Brixius,* in: Bülow/ Ring, HWG, § 7 Rn 122.
299 Doepner/ Reese, HWG, § 7 Rn 143 f.; von Gamm, § 1 ZugabeVO Rn 37.
300 Baumbach/ Hefermehl, § 1 ZugabeVO Rn 84.
301 BGH GRUR 1974, 402 (403).
302 *Brixius,* in: Bülow/ Ring, HWG, § 7 Rn 122.
303 Baumbach/ Hefermehl, § 1 ZugabeVO Rn 83; Doepner/ Reese, HWG, § 7 Rn 148.
304 Baumbach/ Hefermehl, § 1 ZugabeVO Rn 83; Doepner/ Reese, HWG, § 7 Rn 148.
305 Doepner/ Reese, HWG, § 7 Rn 148.

Zubehör- oder Hilfsfunktion vorliegen. Demnach muss die Nebenleistung nach der Verkehrsauffassung geeignet sein, die Durchführung der Hauptleistung sachlich zu ermöglichen oder zumindest in irgendeiner Art und Weise zu fördern.[306] Hierbei ist darauf zu achten, dass der Begriff der Nebenleistung nicht zu eng ausgelegt wird.[307]

(b) Handelsüblichkeit

An dieser Stelle kann man auf das oben hierzu Erörterte zurückgreifen.

(3) Unselbständige Garantieversprechen

Das unselbständige Garantieversprechen ist bspw. ein Lagerwertverlustausgleich.[308] Unter einem Lagerwertverlustausgleich versteht man Gutschriften oder Zahlungen des pharmazeutischen Unternehmers an Groß- und Einzelhandel, mit denen Verluste der Einkäufer ausgeglichen werden sollen.[309] Diese Verluste entstehen dadurch, dass der Herstellerabgabepreis nach dem Einkauf gesunken ist. Um eine Zulässigkeit dieses Vorganges zu bejahen, darf die Ware noch nicht abverkauft sein.[310]

cc) Valuta

Ebenso ist eine Abgrenzung zu einer Valuta vorzunehmen. Als Valuta bezeichnet man eine Vereinbarung eines Zahlungszieles, welches sich zeitlich nach der Warenlieferung befindet.[311] Dabei handelt es sich um eine kundenfreundliche Zahlungsmodalität im Rahmen eines wirtschaftlich rationellen Abrechnungssystems.[312] Die Frage, wie lange Valuta gewährt werden darf, ohne dass sie als zusätzlicher Rabatt oder als zusätzliche Zuwendung zu klassifizieren ist, lässt sich durch die Faustformel zwei Monate beantworten.[313] Jedoch ist zu erwähnen, dass bei Saisonartikeln auch ein größeres Zeitfenster tolerabel ist, wie bspw. beim antizyklischen Einkauf von Erkältungsprodukten, wo die Zeit von sechs Monaten als angemessen angesehen wird.[314]

---

306 BGH GRUR 1979, 482 (484); BGH GRUR 1983, 252 (254); BGH GRUR 1994, 230 (232); Baumbach/ Hefermehl, § 1 ZugabeVO Rn 83; Hoth/ Gloy, S. 242.

307 BGH GRUR 1964, 509 (511); BGH GRUR 1974, 402 (403); Doepner/ Reese, HWG, § 7 Rn 148.

308 Meyer, in: A&R 2006, 60 (61).

309 BAH, in: A&R 2007, 201 (201).

310 BAH, in: A&R 2007, 201 (201).

311 BAH, in: A&R 2007, 201 (201).

312 BGH GRUR 1991, 936 (937); BGH GRUR 1994, 389 (389).

313 BAH, in: A&R 2007, 201 (205).

314 BAH, in: A&R 2007, 201 (205).

2. *Naturalrabatte, § 7 Abs. 1 S. 1 Nr. 2 lit. b) HWG*

Gem. § 7 Abs. 1 S. 1 Nr. 2 lit. b) HWG sind Naturalrabatte Zuwendungen oder Werbegaben, die in einer bestimmten oder auf bestimmte Art zu berechnenden Menge gleicher Ware gewährt werden. Jedoch gilt nach § 7 Abs. 1 S. 1 Nr. 2 Hs. 3 HWG, dass diese Regelung nicht für Arzneimittel gilt, deren Abgabe den Apotheken vorbehalten ist. Demnach herrscht bei apothekenpflichtigen Arzneimitteln ein absolutes Naturalrabattverbot. Somit versteht man unter einem Naturalrabatt bspw. die Abgabe von Gratispackungen zu einer vorhandenen Bestellung. Diese Regelung bedarf allerdings der rechtlichen Auseinandersetzung.

a) Rechtfertigung der Einbeziehung von OTC-Produkten

OTC-Arzneimittel sind vom Naturalrabattverbot erfasst. Fraglich ist, ob die Einbeziehung der OTC-Arzneimittel in das Naturalrabattverbot gerechtfertigt ist. Hier muss hervorgehoben werden, dass diese nicht in das Barrabattverbot einbezogen worden sind. Demnach muss man sich die Frage stellen, welcher besondere Umstand eine derartige Ungleichbehandlung rechtfertigt.[315] Eine ökonomische Betrachtungsweise zeigt, dass Naturalrabatte eine Form des Mengenrabattes darstellen.[316] Daher erscheint es unbeachtlich, ob die Preise im Wege eines Barrabattes proportional gesenkt oder größere Mengen der Ware zum selben Preis abgegeben werden.[317] Demnach verwundert es nicht, dass § 7 Abs. 2 RabattG und § 7 HWG a.F. beide Ausgestaltungen des Mengenrabattes gleich behandelt haben.[318] Vor dem Hintergrund, dass es nicht notwendig ist im freien Preiswettbewerb die Preiszusammensetzung in den Apotheken zu kennen, erscheint das Argument der Preistransparenz[319] dürftig. Weiterhin muss man historisch bedenken, dass durch das GKV-Modernisierungsgesetz Anfang 2004 strenge Preisvorschriften im Bereich der OTC-Arzneimittel aufgehoben wurden. Demnach entstand also eine kaufmännische Freiheit, welche nunmehr, und damit auch der Wettbewerb, beschränkt wird. Dies ist widersprüchlich. Somit sollte der eigentliche Wille des Gesetzgebers weiterhin verfolgt werden.

---

315 Ebenso Schmid, in: A&R 2015, 147 (151).
316 Mand, in: A&R 2006, 54 (59); Meyer, in: A&R 2006, 10 (14).
317 Mand, in: A&R 2006, 54 (59); Meyer, in: A&R 2006, 10 (14).
318 Mand, in: A&R 2006, 54 (59).
319 BT-Drucks. 16/194, S. 12.

Ferner sind OTC-Präparate besonders relevant, wenn sie als Koppelungsgeschäft mit Rx-Arzneimitteln verknüpft sind.

Eine Einbeziehung von OTC-Arzneimitteln ist daher nicht gerechtfertigt.

b) Andersbehandlung von Naturalrabatten und Barrabatten

Vor dem Hintergrund, dass es sich bei Naturalrabatten und Barrabatten jeweils um einen Mengenrabatt handelt, welche vor dem Rabattgesetz legitime Ausnahmeerscheinungen dargestellt haben, erscheint eine Differenzierung nicht sachgerecht.[320] Es ist in beiden Konstellationen irrelevant, ob eine Honorierung durch eine Reduktion des verlangten Geldbetrags (Geldrabatte) oder aber in Form der „Drein-" oder „Draufgabe" einer Menge gleicher Ware (Naturalrabatte) erfolgt. Lediglich die Abwicklungsmodalitäten sind verschieden, aber im Kern geht es um ein einheitliches Vorgehen. Bspw. ist nicht nachzuvollziehen, dass ein Preisnachlass von 50 % auf OTC-Produkte[321] erlaubt sein soll, aber ein entsprechender Naturalrabatt, im gleichen Rahmen 50 Packungen bei Abnahme von 50 Packungen zum nicht rabattierten Preis von 100 Euro[322], verboten sein soll. Demnach erscheint es ungerechtfertigt eine solche Regelung vorzunehmen.

An dieser Stelle ist festzuhalten, dass ein generelles Naturalrabattverbot für OTC-Produkte vorliegt. Hier besteht allerdings Handlungsbedarf. Es sollen nicht alle Marktbeteiligten darunter leiden, dass es einige „schwarze Schafe" gibt. Die ursprüngliche Intention des Gesetzgebers, dass im Bereich der OTC-Produkte mehr Wettbewerb stattfinden sollte, müsste durch einen Rechtssetzungsakt verwirklicht werden. Dabei müsste dieser so ausgestaltet sein, dass Wettbewerb zwar stattfinden kann, aber eine Begrenzung vorgegeben sein muss, die den Preisvorschriften Rechnung trägt und gleichzeitig mit dem Verhältnismäßigkeitsgrundsatz in Einklang steht.

Schließlich ist nicht ersichtlich, weshalb es in diesem Bereich zu einer Ungleichbehandlung von Bar- und Naturalrabatten kommt. Bei OTC- Produkten sind Preisnachlässe erlaubt, aber Naturalrabatte, die der Höhe nach einem solchen Preisnachlass gleich kämen, nicht. Daher ist eine Regelung, die Naturalrabatte per se ausschließt, als ungerechtfertigt einzustufen.

---

320 Zustimmend Schmid, in: A&R 2015, 147 (151).

321 Beispiel: 100 Arzneimittelpackungen zum halben Listenpreis von 50 Euro = 5000 Euro.

322 Beispiel: 50 zusätzliche Packungen bei Abnahme von 50 Packungen zum nicht rabattierten Preis von 100 Euro = 5000 Euro oder 100 Packungen zum Listenpreis von 100 Euro bei Nichtinrechnungstellung von 50 Packungen.

aa) Gesetzesvorschlag

Dafür kann folgender Gesetzesvorschlag gemacht werden, der in § 7 HWG einzuarbeiten wäre:

> *„(1) Es ist unzulässig, Zuwendungen und sonstige Werbegaben (Waren oder Leistungen) anzubieten, anzukündigen oder zu gewähren oder als Angehöriger der Fachkreise anzunehmen, es sei denn, dass*
>
> ...
>
> *2. die Zuwendungen oder Werbegaben in*
> *a) einem bestimmten oder auf bestimmte Art zu berechnenden Geldbetrag oder*
> *b) einer bestimmten oder auf bestimmte Art zu berechnenden Menge gleicher Ware gewährt werden;*
> *Zuwendungen oder Werbegaben nach Buchstabe a sind für Arzneimittel unzulässig, soweit sie entgegen den Preisvorschriften gewährt werden, die aufgrund des Arzneimittelgesetzes gelten;* **Halbsatz 2 ist auf Buchstabe b für Arzneimittel, deren Abgabe den Apotheken vorbehalten ist entsprechend anzuwenden;**
>
> ...“

bb) Gesetzeserläuterungen

Zunächst ist anzumerken, dass es sich hier um einen Analogieverweis handelt, da die Preisvorschriften, die aufgrund des Arzneimittelgesetzes gelten keine Regelungen für Naturalrabatte enthalten, sondern nur für Barrabatte. Daher ist es nötig eine entsprechende Geltung zu normieren.

Historisch verhielt es sich so, dass im Gesetzesentwurf gänzlich eine Gewährung von Naturalrabatten verboten werden sollte. Durch die Regelung sollte die Möglichkeit der Gewährung von Zuwendungen für apothekenpflichtige Arzneimittel ausgeschlossen werden.[323] Zuwendungen im Sinne der Vorschrift stellten Naturalrabatte an Apotheken, insbesondere die Abgabe von Arzneimittelpackungen ohne Berechnung dar.[324] Bis zu jenem Zeitpunkt war es so, dass die Apotheken entsprechende Zuwendungen in größerem Umfang gefordert und damit in erheblichem Umfang zusätzliche geldwerte Vorteile erhalten haben, welche nicht in der Arzneimittelpreisverordnung vorgesehen waren.[325] In einer Vielzahl von Fällen sind Zuwendungen und andere geldwerte Vorteile gewährt worden,

323 BT-Drucks. 16/194, S. 11.
324 BT-Drucks. 16/194, S. 11.
325 BT-Drucks. 16/194, S. 11.

die zum Teil deutlich höher als marktübliche Skonti waren.[326] Hierdurch sei im Ergebnis der einheitliche Herstellerabgabepreis unterschritten worden, ohne dass diese Preisvorteile an die Endverbraucher und die Kostenträger weitergegeben worden seien.[327] Damit sei der Regelungszweck der Arzneimittelpreisverordnung unterlaufen worden, da die Apotheken höhere Handelszuschläge erreichten, als ihnen nach den Regelungen dieser Verordnung zugestanden hätte.[328] Ferner heißt es in der Begründung hierzu:

> *„Für nicht verschreibungspflichtige Arzneimittel können seit dem 1. Januar 2004 die Preise zwischen den Handelsstufen frei vereinbart werden. Die Möglichkeit der freien Preisgestaltung für diese Arzneimittel bleibt durch die vorstehende Neuregelung unberührt. Auch für diese Arzneimittel findet das Verbot von Zuwendungen und anderen geldwerten Vorteilen Anwendung. Hierdurch wird gewährleistet, dass die Preisbildung für diese Arzneimittel, wie durch die Freistellung der nicht verschreibungspflichtigen Arzneimittel von der Arzneimittelpreisverordnung vorgesehen, abschließend durch freie Preisvereinbarung jeweils zwischen den Handelsstufen geregelt wird. Die Freistellung der rezeptfreien Arzneimittel von der Arzneimittelpreisverordnung hat bisher den Preiswettbewerb in den öffentlichen Apotheken kaum belebt, weil die Apotheken für rezeptfreie Arzneimittel in größerem Umfang von Herstellern und Großhändlern kostenfreie Packungen fordern und erhalten, so dass die Vorteile aufgrund eines intensiveren Wettbewerbs den Endverbrauchern bisher kaum zugute gekommen sind. Das Verbot von Zuwendungen beendet diese Praxis und eröffnet damit neue Spielräume für den Wettbewerb zum Endverbraucher. Die Regelung ist auch erforderlich zur Herstellung der notwendigen Transparenz der Preisgestaltung bei nicht verschreibungspflichtigen Arzneimitteln. Auch dies trägt zu einem funktionsfähigen Preiswettbewerb bei. Für nicht verschreibungspflichtige Arzneimittel, die zu Lasten der gesetzlichen Krankenversicherung abgegeben werden, sind die Handelszuschläge aufgrund der Vorschriften des Fünften Buches Sozialgesetzbuch weiterhin gesetzlich abschließend festgelegt.“*[329]

Demnach ist an dieser Stelle zunächst festzustellen, dass auch bei nicht verschreibungspflichtigen Arzneimitteln Naturalrabatte nicht möglich sind.[330] Hervorzuheben ist, dass die FDP Fraktion im Rahmen der Gesetzgebung bereits moniert hat, dass die Regelung unstimmig sei, da die Kosten der gesetzlichen Krankenkassen gesenkt werden sollten, wobei sich die Frage aufdränge, warum dann auch Arzneimittel betroffen sein sollten, deren Kosten durch die gesetzlichen Krankenkassen ohnehin nicht erstattet werden würden.[331]

---

326 BT-Drucks. 16/194, S. 11.
327 BT-Drucks. 16/194, S. 11.
328 BT-Drucks. 16/194, S. 11.
329 BT-Drucks. 16/194, S. 12.
330 BT-Drucks. 16/691, S. 13.
331 BT-Drucks. 16/691, S. 14.

In der Beschlussempfehlung des Ausschusses für Gesundheit zu dem Gesetzentwurf heißt es:

> *„Danach wird ein Verbot der Naturalrabatte für alle (verschreibungspflichtigen oder nicht verschreibungspflichtigen) apothekenpflichtigen Arzneimittel bestimmt. Die Modifizierung dieses Verbots für Preisgestaltungen, die im Rahmen der Arzneimittelpreisverordnung zulässig sind, soll – ausweislich der Begründung – das Verbot der Naturalrabatte nicht berühren. Preisnachlässe, die die Preisregelungen der Arzneimittelpreisverordnung unterlaufen würden, sind unzulässig. Der von der Arzneimittelpreisverordnung vorgegebene Rahmen stellt das Maß erlaubter Rabatte dar. Soweit die Arzneimittelpreisverordnung keine Regelungen trifft (insbesondere für nicht verschreibungspflichtige Arzneimittel), bleiben Preisnachlässe zulässig, weil sie außerhalb und damit nicht entgegen der Preisvorschriften gewährt werden.“*[332]

Der Bundesrat hingegen wollte den Halbsatz 3 der Vorschrift insoweit modifizieren, als dass er statt *„Buchstabe b gilt nicht für Arzneimittel, deren Abgabe den Apotheken vorbehalten ist“*, *„Buchstabe b gilt nicht für Arzneimittel, deren Abgabe* ***ausschließlich den öffentlichen Apotheken*** *vorbehalten ist“* in das Gesetz einfügen wollte.[333] Als Begründung gab er an:

> *„Vom Wegfall der Naturalrabatte wären auch die Krankenhausapotheken bzw. krankenhausversorgenden öffentlichen Apotheken betroffen, in denen Naturalrabatte bisher ein wichtiges Instrument für die kostengünstige Arzneimittelversorgung der Krankenhäuser waren. Da zur Zeit nicht einzuschätzen ist, in welchem Umfang sich die Abschaffung der Naturalrabatte auf die Arzneimittelkosten im Krankenhaus auswirkt und eine Regelung zur Gegenfinanzierung im Gesetzentwurf nicht enthalten ist, sollte die Möglichkeit der Naturalrabatte für die Arzneimittelversorgung der Krankenhäuser erhalten bleiben.“*[334]

Die Empfehlung des Bundesrates ist nicht Gesetz geworden. Allerdings zeigt dies, dass es durchaus andere Stimmen gab, die nicht gänzlich auf Naturalrabatte verzichten wollten.

Der hier vorgeschlagene Entwurf soll zeigen, dass Naturalrabatte wie Barrabatte zu behandeln sind. Ferner ist nicht einzusehen, weshalb nicht verschreibungspflichtige Arzneimittel ausgenommen werden, da sie eben nicht die Krankenkassen und damit nicht das gesetzliche Gesundheitssystem belasten. Vor diesem Hintergrund erscheint es geboten, dass für Naturalrabatte die gleichen Grundsätze wie für Barrabatte gelten. Demnach müssen ein Skonto und auch ein Großhandelsrabatt in Form eines Naturalrabattes gewährt werden

332 BT-Drucks. 16/691, S. 18.
333 BR-Drucks. 113/1/106, S. 4.
334 BR-Drucks. 113/1/106, S. 4.

können. Zwar ist zuzugeben dass die Berechnung schwer fällt. Allerdings scheint dies als Gegenargument nicht überzeugend. Beispielsweise kann man in solchen Fällen, in denen ein Skonto gewährt wird, das 1 ½ Packungen umfassen würde, eine Packung genügen lassen. Dies erscheint zwar nicht exakt, allerdings kann man so verhindern, dass zu hohe Naturalrabatte vergeben werden und damit die Regelung für Barrabatte ausgehebelt wird. Dann kann man zumindest eine Packung erhalten und wird besser gestellt als zur jetzigen Rechtslage. Vor dem Verhältnismäßigkeitsgrundsatz erscheint dieses Vorgehen zwingend geboten, damit beide Interessen in ein Gleichgewicht gebracht werden können. Daher ist dem Gesetzgeber anzuraten, dass er einen solchen Vorschlag implementiert.

D. Endergebnis für das zweite Kapitel

Das Heilmittelwerbegesetz verfolgt nach der hier vertretenen Ansicht mehrere Gesetzeszwecke und hat neben den allgemeinen Vorschriften aus dem Gesetz gegen den unlauteren Wettbewerb und dem Strafgesetzbuch seinen eigenen Anwendungsbereich.

Wie gezeigt, sollen mit der Regelung des Heilmittelwerbegesetzes die Waren des Gesundheitsbereiches einen besonderen Schutz erhalten. Daher deckt der Schutzzweck des Heilmittelwerbegesetzes die Verankerung des Rabattverbotes in § 7 HWG.

Das Heilmittelwerbegesetz umfasst u.a. die Absatzwerbung von Arzneimitteln.

Es wurde die Abgrenzung zwischen produktbezogener und unternehmens- bzw. leistungsbezogener Wertreklame angesprochen. Dabei war festzuhalten, dass man Rabatte auf breite Produktbereiche in den Anwendungsbereich des § 7 Abs. 1 S. 1 Nr. 2 lit. a) HWG einbeziehen sollte, um Umgehungsmöglichkeiten sachgerecht einschränken zu können.

Ferner ist § 7 HWG als abstraktes Gefährdungsdelikt ausgestaltet worden, das nach der hier vertretenen Ansicht keinen verfassungsrechtlichen Bedenken begegnet. Bei einem so hochrangigen Gut wie der Gesundheit erscheint diese Vorgehensweise gerechtfertigt.

Ferner wurde festgestellt, dass das Prinzip der Selbstkontrolle der Wirtschaft in diesem Kontext nicht ausreichend ist, um die Einhaltung des Rabattverbotes zu konstruieren.

Darüber hinaus wurde die Tathandlung des Annehmens nunmehr in § 7 HWG kodifiziert, das die Lücke geschlossen hat. Allerdings ist der Adressatenkreis auf die Fachkreise i.S.d. § 2 HWG beschränkt, das eine Ausuferung der Norm verhindert.

Nachdem die Preisberechnung von Arzneimitteln erläutert worden ist, wurde auf die problematischen Vorschriften in diesem Zusammenhang eingegangen. Dabei wurde festgestellt, dass es sich bei dem einheitlichen Abgabepreis um den des pharmazeutischen Unternehmers handelt. Ferner war unklar, ob die Vorschrift des § 78 Abs. 3 AMG, also die Sicherstellungspflicht des pharmazeutischen Unternehmers, ebenso in die Vorschrift des § 7 HWG hineingelesen werden muss. Zwar ist die Vorschrift nicht aufgrund des Arzneimittelgesetzes ergangen, sondern vielmehr Bestandteil dessen, allerdings muss die Formulierung „aufgrund" so ausgelegt werden, dass auch § 78 Abs. 3 i.V.m. § 78 Abs. 1 AMG i.V.m. § 7 HWG i.V.m. der Arzneimittelpreisverordnung einbezogen wurde.

Der einheitliche Abgabepreis des pharmazeutischen Unternehmers ist durch die Neuregelung ohne Ausnahmen einzuhalten. Der Wille des Gesetzgebers war es jeder Rabattmöglichkeit des pharmazeutischen Unternehmers entgegenzuwirken, um diese Umsatzvolumina dem Gesundheitssystem zuzuführen. Ausnahmen, die nach alter Rechtslage erlaubt waren, solange der Herstellerabgabepreis nicht nur fiktiv galt, sind heute nicht mehr möglich. Daher existiert keine Identität zwischen dem Abgabepreis des pharmazeutischen Unternehmers und dem „alten" Herstellerabgabepreis des BGH. Im Direktgeschäft mit Apotheken ist es dem pharmazeutischen Unternehmer allerdings erlaubt einen Rabatt der maximal dem Großhandelshöchstzuschlag entspricht zu gewähren.

Hinzu kommt, dass die Sicherstellungspflicht einen einheitlichen, nicht aber einen identischen, Preis nach sich zieht. Skonti etc. sind nach wie vor zulässig, sofern das Äquivalenzverhältnis eingehalten wird. Damit muss der Verkaufspreis nicht mit dem Abgabepreis korrelieren. Der Abgabepreis des pharmazeutischen Unternehmers ist vielmehr die Berechnungsgrundlage für den Verkaufspreis.

Demnach ist es unerlässlich eine Einzelfallbetrachtung durchzuführen, sofern es sich um eine Abgrenzung zu Leistungen eines Anbieters, denen eine adäquate Gegenleistung gegenübersteht, handelt.

Darüber hinaus können die Grundsätze der Buchpreisbindung nicht übertragen werden, da die jeweiligen Zwecke der Gesetze auseinanderfallen. Im Ergebnis scheidet eine Rabattgewährungsmöglichkeit des pharmazeutischen Unternehmers mangels Heranziehungsmöglichkeit der Grundsätze über die Buchpreisbindung aus.

Handelsübliches Zubehör, handelsübliche Nebenleistungen und unselbständige Garantieversprechen sind ebenso wie Skonti zulässig, sofern die engen Voraussetzungen erfüllt sind. Ebenso bestehen keinerlei Bedenken hinsichtlich Valuta.

Ferner ist festzuhalten, dass ein generelles Naturalrabattverbot für apothekenpflichtige Produkte vorliegt. Hier besteht allerdings Handlungsbedarf. Es sollen nicht alle Marktbeteiligten darunter leiden, dass es einige „schwarze Schafe“ gibt. Die ursprüngliche Intention des Gesetzgebers, dass im Bereich der OTC-Produkte mehr Wettbewerb stattfinden sollte, müsste durch einen Rechtssetzungsakt verwirklicht werden. Dabei müsste dieser so ausgestaltet sein, dass Wettbewerb zwar stattfinden kann, aber eine Begrenzung vorgegeben sein muss, die den Preisvorschriften Rechnung trägt und gleichzeitig mit dem Verhältnismäßigkeitsgrundsatz in Einklang steht. Schließlich ist nicht ersichtlich, weshalb es in diesem Bereich zu einer Ungleichbehandlung von Bar- und Naturalrabatten kommt. Bei OTC-Produkten sind Preisnachlässe erlaubt, aber Naturalrabatte, die der Höhe nach einem solchen Preisnachlass gleich kämen nicht. Daher ist eine solche Regelung als unverhältnismäßig einzustufen.

Außerdem sollte der Gesetzgeber die Gleichbehandlung von Bar- und Naturalrabatten perpetuieren, indem er ein generelles Naturalrabattverbot ausschließt. Es wurde aufgezeigt, inwiefern sich bezüglich einer solchen Regelung Ungereimtheiten ergeben. Dies wurde vom Gesetzgeber wohl nicht gesehen. Demnach ist es anzuraten, auch hier dringend Nachbesserungsarbeiten zu leisten. Dazu wurde ein Gesetzesvorschlag unterbreitet, der eine vertretbare Formulierung zum Gegenstand hat, damit die ratio legis im Sinne des Verhältnismäßigkeitsgrundsatzes abgeändert werden kann.

Drittes Kapitel: Gemeinschaftsrecht

A. Verstoß gegen den Gemeinschaftskodex für Humanarzneimittel

Die Richtlinie 2001/83/EG wird als Gemeinschaftskodex für Humanarzneimittel bezeichnet. Er fasst alle aktuell geltenden Bestimmungen über den Verkauf, die Herstellung, die Etikettierung, die Einstufung, den Vertrieb und die Werbung für Humanarzneimittel in der Europäischen Union zusammen.

Fraglich ist nunmehr, ob evtl. eine europäische Vorgabe im Gemeinschaftskodex für Humanarzneimittel die Regelung der deutschen Arzneimittelpreisvorschriften unhaltbar macht. Dem europäischen Recht sind Zuwendungs-, Werbegaben-, Zugabe- und Rabattverbote nicht bekannt. Dies war im Jahre 2000/2001 der Grund dafür, dass das Rabattgesetz und die Zugabeverordnung in Deutschland aufgehoben wurden. Es führte zu einer Inländerdiskriminierung beim Handel im Internet, dessen Regeln durch die Richtlinie 2000/31/EG, sogenannte E-Commerce-Richtlinie, festgelegt wurden. Nach dieser Richtlinie müssen Anbieter von Waren und Dienstleitungen im Internet nur die Zugabe- und Rabattregelungen einhalten, die in ihrem Herkunftsland gelten. Aufgrund der Tatsache, dass in den anderen europäischen Mitgliedsstaaten keine ähnlichen Regelungen, wie in Deutschland vorlagen, wurden deutsche Anbieter benachteiligt, das die Aufhebung dieser Normen unausweichlich machte.

Im europäischen Recht könnten Regelungen des Gemeinschaftskodex für Humanarzneimittel, Richtlinie 2001/83/EG, den deutschen Vorschriften entgegenstehen. In dessen Art. 86 ff. sind die Regelungen der Richtlinie zur Werbung über Humanarzneimittel, Richtlinie 92/28/EG, überführt worden. In Art. 86 Abs. 1 5. Spiegelstrich der Richtlinie 2001/83/EG heißt es:

> *„… (1) Im Sinne dieses Titels gelten als ‚Werbung für Arznei-mittel' alle Maßnahmen zur Information, zur Marktuntersuchung und zur Schaffung von Anreizen mit dem Ziel, die Verschreibung, die Abgabe, den Verkauf oder den Verbrauch von Arzneimitteln zu fördern; sie umfasst insbesondere:*
>
> …
>
> > *– Anreize zur Verschreibung oder Abgabe von Arzneimitteln durch das Gewähren, Anbieten oder Versprechen von finanziellen oder materiellen Vorteilen, sofern diese nicht von geringem Wert sind …"*

Demnach fallen auch Geld- und Naturalrabatte unter den Regelungsbereich dieser Richtlinie. Ferner normiert Art. 94 der Richtlinie 2001/83/EG:

„(1) Im Rahmen der Verkaufsförderung für Arzneimittel, bei den zu ihrer Verschreibung oder Abgabe berechtigten Personen ist es verboten, diesen eine Prämie, finanzielle oder materielle Vorteile zu gewähren, anzubieten oder zu versprechen, es sei denn, sie sind von geringem Wert und für die medizinische oder pharmazeutische Praxis von Belang."

Hier handelt es sich um ein Zuwendungsverbot, dessen Adressatenkreis ausschließlich Angehörige der Fachkreise sind. Fraglich ist allerdings, ob zu den zur Abgabe berechtigten Personen auch die pharmazeutischen Großhändler zählen und damit die hier untersuchten Konstellationen betroffen sind. Dies ist mit der englischen Version zu beantworten. Hier wird der Begriff „supply" verwendet, das bedeutet, dass alle Vertriebsstufen einbezogen werden, da es darauf ankommt, ob die Personen bzw. Unternehmen befugterweise am Vertrieb von Arzneimitteln mitwirken. Damit ist auch der pharmazeutische Unternehmer in den Adressatenkreis einbezogen worden.

Ferner ist zu erwähnen, dass es in Art. 94 der Richtlinie 2001/83/EG heißt:

„(4) Die Absätze 1, 2 und 3 lassen die in den Mitgliedstaaten bestehenden Maßnahmen oder Handelspraktiken hinsichtlich der Preise, Gewinnspannen und Rabatte unberührt."

Somit erlaubt der europäische Gesetzgeber den Mitgliedsstaaten ihre bisherige Praxis bezüglich der hier untersuchten Rechtsmaterie beizubehalten. Es ist festzuhalten, dass gegen keine Regelung im Gemeinschaftskodex für Humanarzneimittel verstoßen wird und somit die deutschen Arzneimittelvorschriften anwendbar bleiben.

B. Zwischenstaatlicher Handel

Nachdem weiter oben erläutert wurde, dass die einzelnen Mitgliedsstaaten in ihren Regelungen bezüglich der Preisvorschriften frei sind, sollen im Weiteren Probleme erörtert werden, die sich gerade dann ergeben, sofern es zu einem zwischenstaatlichen Handel kommt.

Dabei wird im Rahmen der Anwendbarkeit der deutschen Arzneimittelpreisvorschriften auf den zwischenstaatlichen elektronischen Versandhandel eingegangen, da dies die heute wichtigste Form des zwischenstaatlichen Handels in diesem Kontext darstellt.

Aufgrund der Tatsache, dass in den letzten Jahren der Versandhandel von Arzneimitteln innerhalb der Europäischen Union zugenommen hat, ist es wichtig zu untersuchen, ob auch in einer zwischenstaatlichen Fallgestaltung die deutschen Preisvorschriften Anwendung finden können.

Es ist auf die Konstellation einzugehen, dass ein Versandhandel aus dem Ausland nach Deutschland stattfindet. Fraglich ist, ob in diesem Fall die deutschen Vorschriften Geltung erlangen können.

Falls man dies ablehnen würde, könnte man anführen, dass das völkerrechtliche Territorialitätsprinzip gegen eine Geltung der deutschen Preisvorschriften bei einem Versandhandel aus dem Ausland nach Deutschland spricht.[335] Das völkerrechtliche Territorialitätsprinzip besagt, dass die Wirkung von Staatshoheitsakten an den Gebietsgrenzen der tätig werdenden Staatsgewalt endet.[336] Aus diesem Umstand könnte man den Schluss ziehen, dass das Arzneimittelgesetz oder die Arzneimittelpreisverordnung keine Geltung außerhalb Deutschlands erhalten.[337] Dem kann man allerdings entgegnen, dass eine Geltung der Preisvorschriften bei einem Versandhandel mit Auslandsbezug nicht voraussetzt, dass die Rechtsquellen außerhalb Deutschlands zu beachten sind. Es handelt sich um Arzneimittel, die durch den Versandhandel nach Deutschland kommen. Durch den Absatz in Deutschland liegt ein territorialer Bezug zum Inland vor.[338] Daher können nach dem Territorialitätsprinzip die deutschen Preisvorschriften Geltung erlangen. Dies lässt sich ferner durch eine Heranziehung des § 73 Abs. 1 S. 1 Nr. 1a AMG stützen. Danach müssen ausländische Apotheken, die Arzneimittel an Endverbraucher in Deutschland versenden wollen, über eine deutsche oder eine dem deutschen Recht entsprechende Versandhandelserlaubnis verfügen. Hinzu kommt, dass die Arzneimittel entsprechend den deutschen Vorschriften zum Versandhandel oder zum elektronischen Handel versendet werden müssen.[339] Aus diesem Umstand könnte man ebenso entnehmen, dass für Arzneimittel die deutschen Preisvorschriften einschlägig sind.

Darüber hinaus soll dieses Zwischenergebnis anhand von Sinn und Zweck der deutschen Arzneimittelpreisvorschriften geprüft werden. U.a. sollen die deutschen Preisregularien dazu dienen, dass kein ruinöser Preiswettbewerb unter den Apothekern stattfindet. Vor diesem Hintergrund sei ebenso das internationale Wettbewerbsrecht erwähnt, welches das Marktortprinzip statuiert.[340] Bis

---

335 BSG Urt. v. 28.07.2008, Az.: B 1 KR 4/08 R.

336 BVerwG Urt. v. 22.08.2007, Az.: 8 C 3.07; BSG Urt. v. 28.07.2008, Az.: B 1 KR 4/08 R; Diekmann/ Idel, in: APR 2009, 93 (94). Eingehend zum Territorialitätsprinzip Bleckmann, S. 130 ff..

337 BSG Urt. v. 28.07.2008, Az.: B 1 KR 4/08 R.

338 Gemeinsamer Senat Beschl. v. 22.08.2012, Az.: GmS-OGB 1/10; von Bar/ Mankowski, IPR I, S. 240 ff.; Mankowski, in: MMR 2001, 251 (252).

339 Kloesel/ Cyran, AMG, Band V, § 73 Nr. 10.

340 BGH GRUR 2006, 513 (515); OLG Stuttgart Urt. v. 10.12.2009, Az.: 2 U 66/09.

zum Beginn der Anwendbarkeit des Art. 6 Abs. 1 der Rom II-Verordnung[341] war diese wettbewerbsspezifische Bestimmung des Tatortes auf die Ausweichklausel des Art. 41 Abs. 1 EGBGB zu stützen. Demnach ist das Recht des Ortes anwendbar, auf dem die Wettbewerbsbeziehungen oder die kollektiven Interessen der Verbraucher beeinträchtigt worden sind oder mit einer gewissen Wahrscheinlichkeit beeinträchtigt zu werden drohen.[342] Dieses wäre bei einem Versand von Arzneimitteln an Endverbraucher in Deutschland das deutsche Recht.[343] Als Begründung lässt sich anführen, dass bei der Werbung und beim Versand von Arzneimitteln nach Deutschland, der Marktort in Deutschland liegt, weil dort die von diesem Handel ausgehenden Wirkungen auftreten.[344] Dabei ist entscheidend, worauf die Internet-Apotheke ihre geschäftliche Tätigkeit ausrichtet.[345] Die Ausrichtung auf den deutschen Markt ergibt sich daraus, dass das Angebot in deutscher Sprache und an deutsche Kunden erfolgt.[346] Ferner kommt der Umstand hinzu, dass Medikamente vertrieben werden, die in Deutschland zugelassen sind.[347] Darüber hinaus kann ebenso eine Kostenerstattung durch deutsche Krankenkassen erfolgen.[348] Eine Kostenerstattung durch private Krankenversicherungen ist ebenso möglich. Eine andere Auslegung hätte negative Konsequenzen. Eine Freistellung von ausländischen Apotheken von den deutschen Preisvorschriften würde dazu führen, dass die deutschen Apotheker nicht auf diesen Preiswettbewerb eingehen könnten.[349] Auf der anderen Seite könnten die ausländischen Apotheken keine flächendeckende Akutversorgung im Notfall durchführen.[350]

---

341 Nach Art. 32 Rom II-Verordnung hat Art. 6 Rom II-Verordnung ab dem 11. Januar 2009 Geltung erlangt.

342 BGH GRUR 1998, 945 (946); BGH GRUR 2006, 513 (515); OLG Stuttgart Urt. v. 10.12.2009, Az.: 2 U 66/09.

343 OLG Stuttgart Urt. v. 10.12.2009, Az.: 2 U 66/09; Mand, in: PharmaR 2008, 582 (585).

344 Gemeinsamer Senat Beschl. v. 22.08.2012, Az.: GmS-OGB 1/10.

345 So auch OLG Hamburg Urt. v. 19.02.2009, Az.: 3 U 225/06; OLG Stuttgart Urt. v. 10.12.2009, Az.: 2 U 66/09.

346 OLG Hamburg Urt. v. 19.02.2009, Az.: 3 U 225/06; OLG Stuttgart Urt. v. 10.12.2009, Az.: 2 U 66/09.

347 OLG Hamburg Urt. v. 19.02.2009, Az.: 3 U 225/06; OLG Stuttgart Urt. v. 10.12.2009, Az.: 2 U 66/09.

348 OLG Hamburg Urt. v. 19.02.2009, Az.: 3 U 225/06; OLG Stuttgart Urt. v. 10.12.2009, Az.: 2 U 66/09.

349 Mand, in: PharmaR 2008, 582 (585).

350 Mand, in: PharmaR 2008, 582 (585).

Demnach ist bisher nicht ersichtlich, weshalb die deutschen Arzneimittelpreisvorschriften im grenzüberschreitenden Handel mit zugelassenen Medikamenten keine Geltung erlangen sollten.

I. Grundsätze des internationalen öffentlichen Rechts

Um jedoch diese Frage umfassend lösen zu können, muss man sich auch den Grundsätzen des internationalen öffentlichen Rechts annähern. Das Arzneimittelrecht ist nämlich Teil des zwingenden öffentlichen Rechts.[351] Dies ist im Weiteren zu erörtern. Dabei ist zu bedenken, dass das internationale öffentliche Recht in Fällen mit Auslandsberührung die Frage der Anwendbarkeit und des Anwendungsbereichs nationalen öffentlichen Rechts zu beantworten hat. Bereits *Savigny* kam zu der Erkenntnis, dass „bei jedem Rechtsverhältniß dasjenige Rechtsgebiet aufgesucht werde, welchem dieses Rechtsverhältniß seiner eigenthümlichen Natur nach angehört oder unterworfen ist (worin dasselbe seinen Sitz hat)".[352] Dabei fragt das internationale öffentliche Recht nach der internationalen Reichweite des deutschen öffentlich-rechtlichen Sachrechts.[353]

Beim internationalen öffentlichen Recht verhält es sich so, dass die unmittelbare Anwendung von öffentlichem Recht den Vollzug des öffentlichen Rechts und demnach die Ausübung hoheitlicher Staatsgewalt zur Folge hat. Für die Anwendung und den Vollzug fremden öffentlichen Rechts sind Behörden materiell-rechtlich nicht legitimiert und auch verfahrensrechtlich nicht zuständig.[354]

Bei grenzüberschreitenden Leistungen ist für die Leistungserbringer im Bereich des Eingriffsrechts grundsätzlich vom Marktortprinzip auszugehen[355], das insbesondere für Regelungen im gesundheitspolitischen Allgemeininteresse gilt.[356] Was unter dem Begriff Eingriffsrecht zu verstehen ist, wird in Art. 9 Abs. 1 Rom I-Verordnung legaldefiniert als:

> *„(1) Eine Eingriffsnorm ist eine zwingende Vorschrift, deren Einhaltung von einem Staat als so entscheidend für die Wahrung seines öffentlichen Interesses, insbesondere seiner politischen, sozialen oder wirtschaftlichen Organisation, angesehen wird, dass sie ungeachtet*

---

351 OLG Hamburg Urt. v. 19.02.2009, Az.: 3 U 225/06; Dettling, in: PharmaR 2003, 401 (401).

352 Von Savigny, S. 28 und S. 108.

353 Dettling, in: PharmaR 2003, 401 (402).

354 Dettling, in: PharmaR 2003, 401 (402).

355 Dettling, in: PharmaR 2003, 401 (403).

356 OLG Hamm RIW 2000, 58 (58 ff.); von Bar/ Mankowski, IPR I, S. 240 ff., 586 ff.; zur grenzüberschreitenden Rechtsberatung von Bar/ Mankowski, IPR I, S. 241.

des nach Maßgabe dieser Verordnung auf den Vertrag anzuwendenden Rechts auf alle Sachverhalte anzuwenden ist, die in ihren Anwendungsbereich fallen.“

Das öffentlich-rechtliche Eingriffsrecht ist Gegenstand eines eigenen Anknüpfungssystems, nämlich des internationalen öffentlichen Rechts, welches separat neben dem internationalen Privatrecht steht. Das Eingriffsrecht an sich ist ausschlaggebend für die Durchsetzung überindividueller staatlicher Interessen, insbesondere solche, welche staats-, wirtschafts- oder sozialpolitischer Natur sind.[357] Gem. Art. 9 Rom I-Verordnung setzt sich das öffentlich-rechtliche Eingriffsrecht unbedingt durch.[358] Die Regelungen der Arzneimittelpreisverordnung könnten ein Eingriffsrecht i.S.d. Art. 9 Rom I-Verordnung darstellen. Dabei ist zu bedenken, dass staatsinteressenbezogenes Eingriffsrecht i.S.d. Art. 9 Rom I-Verordnung überindividuelle Gemeinschaftsinteressen behandelt.[359] Sofern man an dieser Stelle daran denkt, dass nach Art. 3 Rom I-Verordnung die Vertragsparteien das ausländische Vertragsstatut wählen könnten und mithin die deutschen Preisregelungen nicht zur Anwendung kommen würden, muss man dem entgegnen, dass nach Art. 12 Rom I-Verordnung nur der Abschluss, die Auslegung des Vertrages, dessen Erfüllung und evtl. anfallende Leistungsstörungen vom Vertragsstatut erfasst werden. An die international zwingenden Vorschriften der lex fori ist gesondert anzuknüpfen.[360] Dies wird in Art. 9 Rom I-Verordnung klargestellt. Die zwingenden Normen i.S.d. Art. 9 Rom I-Verordnung sind Regelungen, die man in einfache zwingende Normen und Eingriffsnormen unterteilen kann.[361]

Die einfachen zwingenden Normen können innerhalb der eigenen Rechtsordnung zwingend sein.[362] Bei Fällen mit Auslandsberührung darf eine andere Rechtsordnung zur Anwendung kommen.[363] Dabei handelt es sich vor allem um zwingende Vorschriften des Privatrechts.[364] Solche Normen folgen durch die kollisionsrechtliche Verweisung dem Wirkungsstatut.[365] Also dem Recht, das an

---

357 Dettling, in: PharmaR 2003, 401 (403).

358 Siehe hierzu BGHZ 31, 367 (371); ferner von Bar/ Mankowski, IPR I, S. 231 f., 254 ff., 262 f., 273, 723 ff..

359 *v. Hein*, in: MüKo, BGB, Band 11, Einl. IPR, Rn 289.

360 BGH NZBau 2003, 386 (387); *Martiny*, in: MüKo, BGB, Band 12, Art. 9 Rom I-VO Rn 26 ff.; Mand, in: GRUR Int. 2005, 637 (639).

361 *Martiny*, in: MüKo, BGB, Band 12, Art. 9 Rom I-VO Rn 7 ff..

362 *Martiny*, in: MüKo, BGB, Band 12, Art. 9 Rom I-VO Rn 7 ff..

363 *Martiny*, in: MüKo, BGB, Band 12, Art. 9 Rom I-VO Rn 7 ff..

364 *Martiny*, in: MüKo, BGB, Band 12, Art. 9 Rom I-VO Rn 7 ff..

365 *Martiny*, in: MüKo, BGB, Band 12, Art. 9 Rom I-VO Rn 7 ff..

dem Ort gilt, wo der Vertrag oder die Handlung etc. seine oder ihre Wirkung entfaltet.[366]

Ferner ist zu beachten, dass es sich bei Art. 9 Rom I-Verordnung um eine Öffnungsklausel handelt.[367] Die Norm, welche eine weitergehende Regelung erlaubt, stellt hier Art. 94 Abs. 1 und Abs. 4 Gemeinschaftskodex für Humanarzneimittel dar. Wie oben erörtert, können die Mitgliedsstaaten grds. im Rahmen der Verkaufsförderung über die in Art. 94 Abs. 1 Gemeinschaftskodex für Humanarzneimittel geregelten Standards hinausgehen, sofern es sich um Preise, Gewinnspannen oder Rabatte handelt. Es sind die Rechtsanwendungsnormen zu beachten, die der Eingriffsnorm ausdrücklich oder implizit beigegeben werden.[368] Sofern es an solchen Regelungen fehlt, muss nach dem Sinn und Zweck der Vorschrift gehandelt werden.[369] Demnach handelt es sich bei deutschem Arzneimittelpreisrecht, soweit seine Sachrechtsnormen reichen, kollisionsrechtlich um öffentliches Eingriffsrecht.[370] Dies ist anwendbar auf Apotheken mit Sitz in einem Mitgliedsstaat der Europäischen Union, die im Wege des Versandhandels Arzneimittel nach Deutschland abgeben.[371] Als öffentlich-rechtliche Verordnung regelt die Arzneimittelpreisverordnung nicht reines Vertragsrecht, sondern stellt vielmehr zwingendes Preisrecht dar, indem sie den Preis zumindest für verschreibungspflichtige Arzneimittel festlegt.[372] Dies lässt sich zudem darauf stützen, dass die Arzneimittelpreisverordnung eine Gewährleistung eines einheitlichen Apothekenverkaufspreises, die Verhinderung eines ruinösen Preiswettbewerbs zwischen den Apotheken und eine flächendeckende Versorgung der Bevölkerung mit Arzneimitteln zum Gegenstand hat. Diese Zwecke der Arzneimittelpreisverordnung stellen überindividuelle Interessen als Regelungsgrund dar. Gerade diese Zwecke sollen mit den Preisvorschriften erfüllt werden. An dieser Stelle ist zu erwähnen, dass gem. § 43 Abs. 1 AMG i.V.m. § 11a Nr. 1 ApoG der Versandhandel aus einer Apotheke nach den dafür

---

366 BGH Urt. v. 16.04.1975, Az.: I ZR 40/73; OLG Frankfurt IPRax 1986, 373 (375).

367 BGH NZBau 2003, 386 (387); Roth, in: RIW 1994, 275 (277); Mand, in: GRUR Int. 2005, 637 (640).

368 *v. Hein*, in: MüKo, BGB, Band 11, Einl. IPR, Rn 295 ff.; Wenner, in: RIW 1998, 173 (177); Mand, in: GRUR Int. 2005, 637 (640).

369 BGH NZBau 2003, 386 (387); BAGE 63, 17 (31 f.); *v. Hein*, in: MüKo, BGB, Band 11, Einl. IPR, Rn 295 ff.; Junker, in: IPRax 1989, 69 (73); Schurig, in: RabelsZ 54 (1990), 217 (234); Mand, in: GRUR Int. 2005, 637 (640).

370 Gemeinsamer Senat Beschl. v. 22.08.2012, Az.: GmS-OGB 1/10.

371 Gemeinsamer Senat Beschl. v. 22.08.2012, Az.: GmS-OGB 1/10.

372 OLG Hamburg Urt. v. 19.02.2009, Az.: 3 U 225/06.

geltenden Vorschriften erfolgen muss. Wenn man diese Aussage weit auslegt, so ergibt sich, dass ebenso die Arzneimittelpreisvorschriften einzubeziehen sind und nicht nur die Vorschriften, die die Lieferung oder den Versand der Arzneimittel nach Deutschland betreffen. Dieses weite Verständnis erscheint richtig, wenn man bedenkt, dass in § 11a ApoG ebenso Anforderungen enthalten sind, die sich auf die gesamte Durchführung des Versandes beziehen. Zudem sei an dieser Stelle erwähnt, dass nach § 73 Abs. 1 S. 1 Nr. 1a AMG der Lieferant für einen Versand die deutsche Erlaubnis nach § 11a ApoG oder eine gleichzustellende ausländische Erlaubnis benötigt. Ziel der Regelung des § 11a ApoG ist es, faire Bedingungen für den Wettbewerb zwischen Versandapotheken und Präsenzapotheken zu schaffen.[373]

Ferner muss man sich vor Augen führen, dass der Gesetzgeber die Wettbewerbsbedingungen zwischen den Versand- und Präsenzapotheken angleichen wollte.[374]

Hinzu kommt, dass eine Ausrichtung des Online-Angebots durch die Abfassung der Internetseite in deutscher Sprache, der Vertrieb von Arzneimitteln, die in Deutschland zugelassen sind und eine Abrechnung mit einer deutschen Krankenkasse oder Krankenversicherung den erforderlichen Inlandsbezug nach Art. 9 Rom I-Verordnung herstellen. Damit ist nämlich der Wettbewerb im Inland unmittelbar und spürbar betroffen.

Ferner hat der Gesetzgeber § 78 Abs. 1 S. 4 AMG eingefügt, wonach die Arzneimittelpreisverordnung auch für Arzneimittel gilt, die gem. § 73 Abs. 1 S. 1 Nr. 1a AMG in den Geltungsbereich des Arzneimittelgesetzes verbracht werden. Damit wollte der Gesetzgeber klarstellen, dass der Versandhandel aus dem Ausland ebenso den nationalen Preisvorschriften unterliegt und hat auf die Gegenansicht[375] reagiert, die dies verneinte.[376] In der Gesetzesbegründung heißt es hierzu, dass feste Preise die Patienten schützen.[377] Das Gebot eines einheitlichen Apothekenabgabepreises werde durch die Regelung zum Waren- und Geldrabattverbot für verschreibungspflichtige Arzneimittel flankiert.[378] Daher könne die Geltung der Arzneimittelpreisverordnung nicht ohne den Bezug zu den

373 BT-Drucks. 15/1525, S. 75; BVerwG Urt. v. 13.03.2008, Az.: 3 C 27/07.

374 BT-Drucks. 15/1525, S. 75 und S. 165.

375 BSG Urt. v. 28.07.2008, Az.: B 1 KR 4/08 R; Diekmann/ Idel, in: APR 2009, 93 (94).

376 Rehmann, AMG, § 78 Rn 2. Der Gemeinsame Senat der obersten Gerichtshöfe des Bundes entschied zeitlich nach der Angleichung der Norm durch den Gesetzgeber ebenso. Siehe hierzu: Gemeinsamer Senat Beschl. v. 22.08.2012, Az.: GmS-OBG 1/10.

377 BT-Drucks. 17/9341, S. 66.

378 BT-Drucks. 17/9341, S. 66.

Werbevorschriften betrachtet werden.[379] Der Gesetzgeber sieht in der Geltung der Arzneimittelpreisverordnung das einzige Mittel um zu verhindern, dass ausländische Versandapotheken unbegrenzt auf verschreibungspflichtige Arzneimittel Preisnachlässe geben dürfen.[380] Der Zweck des § 7 HWG besteht fort, auch wenn die Versandapotheke ihren Sitz im Ausland hat, denn der Patientenschutz muss auch für Patienten gelten, die bei einer ausländischen Versandapotheke einkaufen.[381]

Die unionsrechtliche Notifizierungspflicht geplanter wettbewerbsverzerrender Vorschriften des nationalen Rechts nach Art. 116, 117 Abs. 1 AEUV steht dem nicht entgegen. § 78 Abs. 1 S. 4 AMG hat keine Rechtsänderung nach sich gezogen, sondern lediglich die bereits bestehende, durch Auslegung feststellbare Rechtslage klargestellt.[382]

Somit ergibt sich auch hieraus, dass die deutschen Arzneimittelpreisvorschriften anzuwenden sind und inländische Preisregularien als Eingriffsnormen zu qualifizieren sind.[383]

Im Weiteren soll die E-Commerce-Richtlinie näher betrachtet werden. Es ist fraglich, ob diese der Anwendung deutschen Rechts entgegensteht.

II. E-Commerce-Richtlinie

Die Richtlinie 2000/31/EG, auch E-Commerce-Richtlinie genannt, stellt eine solche Einschränkung der Gebiets- und Personenhoheit der Mitgliedsstaaten der Europäischen Union dar. An dieser Stelle ist darauf hinzuweisen, dass die E-Commerce-Richtlinie durch die Richtlinie 2011/83/EU „überholt“ bzw. ergänzt wurde, diese aber nicht in der hier untersuchten Arbeit gilt, da Art. 3 Abs. 3 lit. b) der Richtlinie 2011/83/EU die Geltung für Gesundheitsdienstleistungen nach der Richtlinie 2011/24/EU ausschließt. Allerdings geht es dabei um die Ausübung der Patientenrechte in der grenzüberschreitenden Gesundheitsversorgung. Zwar sind auch Arzneimittel nach Art. 3 lit. a) der Richtlinie 2011/24/EU hiervon inbegriffen, jedoch ist die Richtlinie nicht auf Arzneimittelrabatte

---

379 BT-Drucks. 17/9341, S. 66.

380 BT-Drucks. 17/9341, S. 67.

381 BT-Drucks. 17/9341, S. 67.

382 BGH Urt. v. 26.02.2014, Az.: I ZR 79/10; OLG Köln Urt. v. 19.02.2014, Az.: 6 U 113/13.

383 Zustimmend OLG Fankfurt Urt. v. 29.11.2007, Az.: 6 U 26/07; OLG Hamburg Urt. v. 19.02.2009, Az.: 3 U 225/06. Dabei sind die Preisspannen bei Architekten und Ingenieuren, siehe hierzu Honorarordnung für Architekten und Ingenieure (HOAI), gemeint. Näher hierzu Mand, in: GRUR Int. 2005, 637 (640).

innerhalb der Vertriebsstufen anzuwenden. Daher ist sie in dieser Arbeit nicht näher zu berücksichtigen.

Die E-Commerce-Richtlinie verpflichtet die Mitgliedsstaaten nach Art. 3 Abs. 1 und Abs. 2 zur Anwendung des Herkunftslandsprinzips für Dienste der Informationsgesellschaft, die online auf elektronischem Weg erbracht werden und damit in den Bereich des Geschäftsverkehrs fallen, für welchen die E-Commerce-Richtlinie geschaffen wurde. Das Herkunftslandprinzip ist heute in § 3 TMG niedergelegt, das normiert, dass Telemedienanbieter und ihre Telemedien grundsätzlich dem Recht des Landes unterliegen, in dem sie niedergelassen sind. Aufgrund der Tatsache, dass es sich hier um eine Richtlinie handelt, bedarf es der nationalen Umsetzung. Dies erfolgte durch das Gesetz über rechtliche Rahmenbedingungen für den elektronischen Geschäftsverkehr und durch Änderungen des Teledienstegesetzes[384]. Obwohl diese Richtlinie auch anderweitig umgesetzt wurde, bedürfen diese Änderungen an dieser Stelle keiner weitergehenden Erörterung, da sie die in der vorliegenden Arbeit untersuchte Materie nicht tangieren.

Nach der Aufhebung des Teledienstgesetzes (TDG), sind die Regelungen zur Umsetzung der Richtlinie nunmehr im Telemediengesetz (TMG) zu finden. Nach § 1 Abs. 1 S. 1 TMG sind Telemedien alle elektronischen Informations- und Kommunikationsdienste, soweit sie nicht Telekommunikationsdienste nach § 3 Nr. 24 des Telekommunikationsgesetzes, die ganz in der Übertragung von Signalen über Telekommunikationsnetze bestehen, telekommunikationsgestützte Dienste nach § 3 Nr. 25 des TKG oder Rundfunk nach § 2 des Rundfunkstaatsvertrages sind.

Nach Art. 3 Abs. 4 lit. a) i) Spiegelstrich 2 E-Commerce-Richtlinie können die Mitgliedsstaaten allerdings Maßnahmen ergreifen, wenn eine Abweichung vorliegt, die es erforderlich macht, dass die Maßnahmen zum Schutz der öffentlichen Gesundheit durchgeführt werden müssen. Daher wurde in § 3 Abs. 5 S. 1 Nr. 2 TMG klargestellt, dass ein Telemedienanbieter, der in einem anderen Staat im Geltungsbereich der Richtlinie 2000/31/EG niedergelassen ist, Einschränkungen des innerstaatlichen Rechts unterliegt. Dies aber nur, sofern dadurch der Schutz der öffentlichen Gesundheit gewährleistet wird und die Maßnahmen auf der Grundlage des innerstaatlichen Rechts in einem angemessenen Verhältnis zu den Schutzzielen stehen. Daher sieht das Gesetz auch hier eine Ausnahme für nationales Gesundheitsrecht vor. Somit steht es dem Gesetzgeber frei in seinem Hoheitsgebiet Maßnahmen zu ergreifen, die dem Schutz der öffentlichen

384 Heute durch das Telemediengesetz (TMG) ersetzt.

Gesundheit vor Beeinträchtigungen oder ernsthaften und schwerwiegenden Gefahren dienen. Die Arzneimittelpreisvorschriften sollen, wie bereits erörtert, diesem Ziel dienen.

Fraglich ist allerdings, ob es sich bei der Pflicht ein Rezept per Post zuzusenden um eine unmittelbare Bestellmöglichkeit handelt und damit das Telemediengesetz überhaupt Anwendung findet. Das Telemediengesetz enthält zwar keine ausdrückliche Regelung, die das Erfordernis einer unmittelbaren Bestellmöglichkeit voraussetzt, aus der Gesetzesbegründung ergibt sich allerdings, dass an dem Erfordernis der unmittelbaren Bestellmöglichkeit für Online-Angebote festgehalten werden soll, damit das Telemediengesetz anwendbar ist.[385]

Eine unmittelbare Bestellmöglichkeit sieht nach Sinn und Zweck vor, dass es sich hierbei um ein einaktiges Geschehen handeln soll. Durch eine weitere Verzögerung durch das Zusenden des Originalrezeptes, wäre ein mehraktiges Geschehen vorhanden. Demnach fehlt es an der Unmittelbarkeit und das Telemediengesetz ist nicht anwendbar. Im Ergebnis bedeutet dies, dass das Herkunftslandprinzip nicht gilt und damit deutsches Recht Anwendung findet. Soweit man entgegen der hier vertretenen Ansicht die unmittelbare Bestellmöglichkeit bejaht, findet die Öffnungsklausel des § 3 Abs. 5 S. 1 Nr. 2 TMG Anwendung. Dieser besagt, dass das Angebot und die Erbringung von Telemedien durch einen Diensteanbieter, der in einem anderen Staat im Geltungsbereich der Richtlinien 2000/31/EG oder 89/552/EWG niedergelassen ist, den Einschränkungen des innerstaatlichen Rechts unterliegt, soweit dieses dem Schutz der öffentlichen Gesundheit, vor Beeinträchtigungen oder ernsthaften und schwerwiegenden Gefahren dient und die auf der Grundlage des innerstaatlichen Rechts in Betracht kommenden Maßnahmen in einem angemessenen Verhältnis zu diesen Schutzzielen stehen. Auch hier wäre im Ergebnis die Anwendung des deutschen Rechts auf den Internetversandhandel nicht ausgeschlossen.

Demnach würde auch unter einer Einbeziehung der E-Commerce-Richtlinie die Geltung der deutschen Arzneimittelpreisvorschriften zu bejahen sein.

Nachdem die Geltung des deutschen Rechts bejaht wurde, muss nunmehr höherrangiges Recht untersucht werden. Es ist fraglich, ob es sich bei den deutschen Regelungen um eine Maßnahme gleicher Wirkung i.S. d. Art. 34 AEUV und damit um eine Beschränkung der Warenverkehrsfreiheit handelt.

---

385 BT-Drucks. 16/3078, S. 13; OLG Frankfurt Urt. v. 29.11.2007, Az.: 6 U 26/07.

III. Vereinbarkeit mit der Warenverkehrsfreiheit, Art. 34 AEUV

Da die Vorschriften über die Festsetzung der Arzneimittelpreise nicht vollharmonisiert sind, kann das deutsche Arzneimittelpreisrecht anhand der Vertragsbestimmungen über die Warenverkehrsfreiheit nach Art. 34, 36 AEUV überprüft werden.[386]

Art. 34 AEUV besagt, dass mengenmäßige Einfuhrbeschränkungen sowie alle Maßnahmen gleicher Wirkung zwischen den Mitgliedsstaaten verboten sind. Trotz der Kodifikation durch den deutschen Gesetzgeber in § 78 Abs. 1 S. 4 AMG ist es wichtig dieser Frage nachzugehen, da eine schlichte Normierung durch den nationalen Gesetzgeber einer Unionsrechtswidrigkeit nicht entgegensteht. Das OLG Düsseldorf hat dem Gerichtshof der Europäischen Union in einem Verfahren zur Vorabentscheidung Fragen hierzu vorgelegt.[387] Darin ging es darum, ob eine nationale Preisbindung bei verschreibungspflichtigen Arzneimitteln eine Maßnahme gleicher Wirkung i.S.d. Art. 34 AEUV darstellt.[388] Falls dies bejaht werden würde, so schließe sich die Frage an, ob eine Rechtfertigung zum Schutze der Gesundheit und des Lebens von Menschen gem. Art. 36 AEUV vorläge, wenn nur durch die Preisbindung eine gleichmäßig und flächendeckende Arzneimittelversorgung der Bevölkerung in ganz Deutschland, insbesondere in den ländlichen Gebieten gewährleistet werden könne.[389] Darüber hinaus sollten bei der Bejahung der Folgefrage ebenso die Anforderungen festgestellt werden, wann die o.g. Rechtfertigung nach Art. 36 AEUV zu bejahen ist.[390]

1. Maßnahme gleicher Wirkung

Dann müsste zunächst eine Maßnahme gleicher Wirkung i.S.d. Art. 34 AEUV vorliegen.

Nach der Rechtsprechung des EuGH ist eine Maßnahme gleicher Wirkung jede Handelsregelung der Mitgliedsstaaten, die geeignet ist, den innergemeinschaftlichen Handel unmittelbar oder mittelbar, tatsächlich oder potentiell zu behindern.[391]

---

386 EuGH Urt. v. 14.12.2004, Rs.: C-309/02 – Radlberger und Spitz.
387 OLG Düsseldorf Beschl. v. 24.03.2015, Az.: I-20 U 149/13.
388 OLG Düsseldorf Beschl. v. 24.03.2015, Az.: I-20 U 149/13.
389 OLG Düsseldorf Beschl. v. 24.03.2015, Az.: I-20 U 149/13.
390 OLG Düsseldorf Beschl. v. 24.03.2015, Az.: I-20 U 149/13.
391 EuGH Urt. v. 11.07.1974, Rs.: C-8/74 – Dassonville.

Fraglich ist, ob es sich bei Fixpreisen für verschreibungspflichtige Arzneimittel um eine vertriebsbezogene Verkaufsmodalität handelt. Nach der Keck-Rechtsprechung des EuGH[392] würde eine solche Konstellation aus dem Anwendungsbereich des Art. 34 AEUV fallen. Die Anwendung nationaler Bestimmungen, die bestimmte Verkaufsmodalitäten beschränken oder verbieten, auf Erzeugnisse aus anderen Mitgliedsstaaten ist nicht geeignet, den Handel zwischen den Mitgliedsstaaten zu behindern, sofern diese Bestimmungen für alle betroffenen Wirtschaftsteilnehmer gelten, die ihre Tätigkeit im Inland ausüben, und sofern sie den Absatz der inländischen Erzeugnisse und Erzeugnisse aus anderen Mitgliedsstaaten rechtlich wie tatsächlich in der gleichen Weise berühren.[393] Sind die Voraussetzungen erfüllt, so ist die Anwendung derartiger Regelungen auf den Verkauf von Erzeugnissen aus einem anderen Mitgliedsstaat, die den von diesem Staat aufgestellten Bestimmungen entsprechen, nicht geeignet, den Marktzugang für diese Erzeugnisse zu versperren oder stärker zu behindern, als sie dies für die inländischen Erzeugnisse tut.[394] Der EuGH hat die Keck-Ausnahme allerdings selten angewandt und nie klar definiert, was unter einer Verkaufsmodalität zu verstehen ist.[395] Bestimmungen über die Preisbindung bei bestimmten Erzeugnissen sind zunächst keine Vorschriften, denen Waren entsprechen müssen.[396] Anders ist es mit ihrer Bezeichnung, ihrer Form, ihren Abmessungen, ihrem Gewicht, ihrer Zusammensetzung, ihrer Aufmachung, ihrer Etikettierung und ihrer Verpackung.[397] Der EuGH hat allerdings in einem anderen Fall entschieden, dass eine nationale Buchpreisregelung soweit sie sich nicht auf die Merkmale dieser Erzeugnisse bezieht, sondern nur die Modalitäten betrifft, unter denen sie verkauft werden dürfen, als Regelung über Verkaufsmodalitäten i.S.d. Keck-Rechtsprechung anzusehen ist.[398] Allerdings sei nicht jede Preisbindung eine Verkaufsmodalität.[399] Zwar komme eine Preisbindung bei einem bestimmten Erzeugnis einer Regelung über Aufmachung Etikettierung und Verpackung sehr nahe, da Erzeugnisse oft mit einem Preisetikett auf der Verpackung versehen seien.[400] Allerdings erscheine eine Maßnahme, die

---

392 EuGH Urt. v. 24.11.1993, Rs.: C-267/91 und C-268/91 – Keck und Mithouard.
393 EuGH Urt. v. 24.11.1993, Rs.: C-267/91 und C-268/91 – Keck und Mithouard.
394 EuGH Urt. v. 24.11.1993, Rs.: C-267/91 und C-268/91 – Keck und Mithouard.
395 EuGH Schlussanträge des Generalanwalts v. 02.06.2016, Rs.: C-148/15.
396 EuGH Schlussanträge des Generalanwalts v. 02.06.2016, Rs.: C-148/15.
397 EuGH Schlussanträge des Generalanwalts v. 02.06.2016, Rs.: C-148/15.
398 EuGH Urt. v. 30.04.2009, Rs.: C-531/07 – Fachverband der Buch- und Medienwirtschaft.
399 EuGH Schlussanträge des Generalanwalts v. 02.06.2016, Rs.: C-148/15.
400 EuGH Schlussanträge des Generalanwalts v. 02.06.2016, Rs.: C-148/15.

einen der wichtigsten Aspekte regelt, namentlich den Preis, mehr zu sein als eine bloße Verkaufsmodalität.[401] Solche Maßnahmen tangierten den Wettbewerbsvorteil eines Wirtschaftsteilnehmers unmittelbar und seien aus der Sicht der Wirtschaftsteilnehmer viel einschneidender als etwa ein Verbot des Verkaufs zu einem Verlustpreis oder Regelungen betreffend Ladenöffnungszeiten, womit sie nicht als Verkaufsmodalität anzusehen seien.[402] Ob dieser Meinung zuzustimmen ist, kann offen bleiben, da der Generalanwalt bei seinen Schlussanträgen zu den Vorlagefragen des OLG Düsseldorf, in denen es um die hier untersuchten inhaltlichen Fragen ging, seine Prüfung mit der Annahme einer Verkaufsmodalität fortgeführt hat.[403]

Demnach muss die Voraussetzung erfüllt sein, dass in- und ausländische Apotheker in gleicher Weise von einer solchen Regelung betroffen sein müssen. Dies sei hier erfüllt.[404] Die Preisbindung treffe ausländische Apotheken härter, weil sie den Nachteil nur über das Internet vertreiben zu können, durch den Vorteil des Verkaufspreises ihres eigenen Mitgliedsstaates ausgleichen könnten.[405] Es gelte nämlich das Fremdbesitzerverbot, d.h. dass in Deutschland nur ein Apotheker oder eine Apothekerin eine Apotheke betreiben dürfe.[406] Die ausländischen Versender hätten einen klaren Nachteil zu verzeichnen: Sie hätten keinen Kundenstamm in dem Einfuhrstaat. D.h., dass sie diesen Nachteil demnach auch nicht durch niedrigere Preise ausgleichen könnten.[407] Die Präsenzapotheke hingegen habe durch den Versandhandel einen zusätzlichen Vertriebsweg.[408] Die Europäische Kommission vertritt ebenso die Ansicht, dass eine

401 EuGH Schlussanträge des Generalanwalts v. 02.06.2016, Rs.: C-148/15.

402 EuGH Schlussanträge des Generalanwalts v. 02.06.2016, Rs.: C-148/15.

403 EuGH Schlussanträge des Generalanwalts v. 02.06.2016, Rs.: C-148/15.

404 EuGH Schlussanträge des Generalanwalts v. 02.06.2016, Rs.: C-148/15.

405 EuGH Schlussanträge des Generalanwalts v. 02.06.2016, Rs.: C-148/15; OLG Düsseldorf Beschl. v. 24.03.2015, Az.: I-20 U 149/13.

406 EuGH Urt. v. 19.05.2009, Rs.: C-171/07 und C-172/07 – Apothekerkammer des Saarlandes u.a..

407 Zu diesem Gesichtspunkt im Kontext von Anwaltshonoraren EuGH Urt. v. 05.12.2006, Rs.: C-94/04 – Cipolla. In der Entscheidung EuGH, Rs.: C-322/01 – Deutscher Apothekerverband hat der EuGH die Warenverkehrsfreiheit sehr weit ausgelegt und explizit auch die einzelnen Vertriebsstufen im Handel in den Schutz einbezogen. Dies legt es nahe, die für grenzüberschreitende freiberufliche Dienstleistungen entwickelten Kriterien auch auf die Versendung von Waren aus dem Ausland zu übertragen. EuGH Urt. v. 19.10.2016, Rs.: C-148/15 – Deutsche Parkinson Vereinigung.

408 EuGH Schlussanträge des Generalanwalts v. 02.06.2016, Rs.: C-148/15.

Maßnahme gleicher Wirkung gegeben sei.[409] Die Vergleichsgruppe stellten die Apotheken im Allgemeinen dar.[410] Der EuGH hat bereits entschieden, dass ein Versandhandelsverbot deutsche Apotheken nicht so stark beeinträchtigt wie außerhalb Deutschlands ansässige Apotheken.[411] In einer anderen Entscheidung hat der EuGH festgestellt, dass ein Verbot über den Versandhandel von Kontaktlinsen den Wirtschaftsteilnehmern aus anderen Mitgliedsstaaten eine besonders effiziente Modalität für den Vertrieb dieser Waren vorenthält und so den Marktzugang erheblich beeinträchtigt.[412] Der Generalanwalt stellt in seinem Schlussantrag weiterhin fest:

> *„In Fällen, in denen die Maßnahme dazu führt, den Marktzugang von Internet-Apotheken, die typischerweise im Ausland ansässig sind, zu blockieren oder zumindest zu verengen, um eine lebensfähige Struktur von Präsenz-Apotheken zu erhalten, lässt sich meines Erachtens nicht von einer unterschiedslos geltenden Verkaufsmodalität sprechen. Ich bin daher der Ansicht, dass die in Rede stehende deutsche Maßnahme, in dem sie nicht deutsche Apotheken indirekt diskriminiert, keine ‚bestimmte Verkaufsmodalität' im Sinne des Urteil Keck und Mithouard ist und ein Handelshemmnis für Arzneimittel aus anderen Mitgliedstaaten darstellt."*

Demnach sei die Arzneimittelpreisbindung in keiner Weise vergleichbar mit Fällen wie dem Verkauf zu einem Verlustpreis, dem Verkauf an Sonntagen oder Werbebeschränkungen.[413]

Damit sei Art. 34 AEUV und damit die Warenverkehrsfreiheit verletzt.[414] Im Weiteren ist allerdings zu klären, ob eine Rechtfertigung gem. Art. 36 AEUV vorliegt.

2. *Rechtfertigung gem. Art. 36 AEUV*

Eine Rechtfertigung nach Art. 36 AEUV käme aus Gründen des Schutzes der Gesundheit und des Lebens von Menschen in Betracht. Die Maßnahme könnte notwendig sein, um eine gleichmäßige Versorgung der Bevölkerung in

409 OLG Düsseldorf Beschl. v. 24.03.2015, Az.: I-20 U 149/13.

410 EuGH Schlussanträge des Generalanwalts v. 02.06.2016, Rs.: C-148/15.

411 EuGH Urt. v. 11.12.2003, Rs.: C-322/01 – Deutscher Apothekerverband.

412 EuGH Urt. v. 02.12.2010, Rs.: C-108/09 – Ker-Optika.

413 EuGH Urt. v. 23.11.1989, Rs.: C-145/88 – B&Q; EuGH Urt. v. 16.12.1992, Rs.: C-169/91 – B&Q II; EuGH Urt. v. 24.11.1993, Rs.: C-267/91 und C-268/91 – Keck und Mithouard; EuGH Urt. v. 02.06.1994, Rs.: C-69/93 und C-258/93 – Punto Casa und PPV; EuGH Urt. v. 09.02.1995, Rs.: C-412/93 – Leclerc-Siplec.

414 EuGH Urt. v. 19.10.2016, Rs.: C-148/15 – Deutsche Parkinson Vereinigung.

Deutschland sicherzustellen, die Qualität dieser Versorgung zu gewährleisten und die Patienten zu schützen sowie die Kosten im Gesundheitssektor zu kontrollieren.

Der EuGH betont in seiner ständigen Rechtsprechung, dass das Gemeinschaftsrecht die Zuständigkeit der Mitgliedsstaaten zur Ausgestaltung ihrer Systeme der sozialen Sicherheit unberührt lässt.[415] Das hindert ihn allerdings nicht daran, Regelungen im Bereich der sozialen Sicherheit anhand von Art. 34 und 36 AEUV zu prüfen.[416] Art. 36 AEUV besagt, dass die Bestimmungen der Art. 34 und 35 AEUV Einfuhr-, Ausfuhr- und Durchfuhrverboten oder -beschränkungen nicht entgegenstehen, die aus Gründen der öffentlichen Sittlichkeit, Ordnung und Sicherheit, zum Schutz der Gesundheit und des Lebens von Menschen, Tieren oder Pflanzen, des nationalen Kulturguts von künstlerischem, geschichtlichem oder archäologischem Wert oder des gewerblichen und kommerziellen Eigentums gerechtfertigt sind. Wie oben erwähnt, könnte man annehmen, dass der Schutz der öffentlichen Gesundheit einschlägig wäre. Die Mitgliedsstaaten müssen die Regelung gem. Art. 168 Abs. 7 AEUV über die Festlegung der Gesundheitspolitik und die Organisation ihres Gesundheitswesens einhalten. Dabei müssen die Mitgliedsstaaten beachten, dass die Gesundheit und das Leben von Menschen den höchsten Rang einnehmen.[417] Sie müssen ferner bestimmen, auf welchem Niveau sie den Schutz der Gesundheit der Bevölkerung gewährleisten wollen und wie sie dieses Ziel erreichen wollen.[418] Das Niveau der Mitgliedsstaaten kann dabei unterschiedlich sein, womit dem jeweiligen Mitgliedsstaat bei der Ausgestaltung der nationalen Regelungen ein Wertungsspielraum zukommt.[419] Sofern eine Unsicherheit bzgl. des Vorliegens oder der Bedeutung einer Gefahr für die menschliche Gesundheit verbleibt, müssen die Mitgliedsstaaten nicht abwarten bis der Vollbeweis für das Bestehen der Gefahr erbracht worden ist.[420] Sie können vielmehr direkt handeln und somit

---

415 EuGH Urt. v. 07.02.1984, Rs.: C-238/82 – Duphar u.a.; EuGH Urt. v. 17.06.1997, Rs.: C-70/95 – Sodemare u.a.; EuGH Urt. v. 28.04.1998, Rs.: C-120/95 – Decker; EuGH Urt. v. 28.04.1998, Rs.: C-158/96 – Kohll.

416 EuGH Urt. v. 28.04.1998, Rs.: C-120/95 – Decker; EuGH Urt. v. 28.04.1998, Rs.: C-158/96 – Kohll.

417 Gemeinsamer Senat Beschl. v. 22.08.2012, Az.: GmS-OGB 1/10.

418 Gemeinsamer Senat Beschl. v. 22.08.2012, Az.: GmS-OGB 1/10.

419 EuGH Urt. v. 11.12.2003, Rs.: C-322/01 – Deutscher Apothekerverband; EuGH Urt. v. 11.09.2008, Rs.: C-141/07 – Kommission/Deutschland; EuGH Urt. v. 19.05.2009, Rs.: C-171/07 und C-172/07 – Apothekerkammer des Saarlandes u.a.; EuGH Urt. v. 19.10.2016, Rs.: C-148/15 – Deutsche Parkinson Vereinigung.

420 BGH Beschl. v. 27.01.2016, Az.: I ZR 67/14.

Schutzmaßnahmen treffen.[421] Ferner haben die Mitgliedsstaaten die Kompetenz diejenigen Maßnahmen zu ergreifen, die die Gefahr für die Gesundheit der Bevölkerung einschließlich der Gefahr für die sichere und qualitativ hochwertige Arzneimittelversorgung verringern.[422]

Das Argument die Kosten im Gesundheitssektor zu kontrollieren, sei nicht von Art. 36 AEUV gedeckt, da nur Tatbestände nicht wirtschaftlicher Art davon inbegriffen seien.[423] Es könnten daher Maßnahmen zur Reduzierung der Kosten des Systems der sozialen Sicherheit nicht unter Berufung auf die Gesundheit gem. Art. 36 AEUV gerechtfertigt werden.[424] Bei einer erheblichen Gefährdung des finanziellen Gleichgewichts des Systems der sozialen Sicherheit könnte man einen zwingenden Grund des Allgemeininteresses annehmen, der eine solche Beschränkung rechtfertigen könne.[425] Aufgrund des Ausnahmecharakters sei eine solche Annahme in der hier untersuchten Konstellation nicht anzunehmen.[426] Ferner erscheint es ebenso möglich, dass ohne eine Preisbindung niedrigere Preise angesetzt werden könnten, womit das System der sozialen Sicherung gestärkt werden könne.[427]

Ferner könnte die Maßnahme, wie oben erwähnt, nötig sein, um eine gleichmäßige Versorgung der Bevölkerung in Deutschland sicherzustellen, die Qualität dieser Versorgung zu gewährleisten und die Patienten zu schützen. Der Rechtfertigungsgrund der Gesundheit umfasst Maßnahmen, die die Erfordernisse der individuellen Beratung des Kunden und seines Schutzes bei der Abgabe von Arzneimitteln sowie der Kontrolle der Echtheit von ärztlichen Verschreibungen und der Gewährleistung einer umfassenden bedarfsgerechten Arzneimittelversorgung betreffen.[428] Allerdings muss ebenso eine Verhältnismäßigkeit der Maßnahme vorliegen.

---

421 BGH Beschl. v. 27.01.2016, Az.: I ZR 67/14.

422 EuGH Urt. v. 05.06.2007, Rs.: C-170/04 – Rosengren; EuGH Urt. v. 19.05.2009, Rs.: C-171/07 und C-172/07 – Apothekerkammer des Saarlandes u.a..

423 EuGH Urt. v. 19.12.1961, Rs.: C-7/61 – Kommission/Italien.

424 EuGH Urt. v. 28.04.1998, Rs.: C-120/95 – Decker.

425 EuGH Urt. v. 28.04.1998, Rs.: C-120/95 – Decker; EuGH Urt. v. 28.04.1998, Rs.: C-158/96 – Kohll.

426 EuGH Schlussanträge des Generalanwalts v. 02.06.2016, Rs.: C-148/15.

427 EuGH Schlussanträge des Generalanwalts v. 02.06.2016, Rs.: C-148/15.

428 Zur Warenverkehrsfreiheit: EuGH Urt. v. 11.12.2003, Rs.: C-322/01 – Deutscher Apothekerverband; EuGH Urt. v. 11.09.2008, Rs.: C-141/07 – Kommission/Deutschland. Zur Niederlassungsfreiheit: EuGH Urt. v. 19.05.2009, Rs.: C-171/07 und C-172/07 – Apothekerkammer des Saarlandes u.a.; EuGH Urt. v. 01.06.2010, Rs.: C-570/07 und C-571/07 – Blanco Pérez und Chao Gómez; EuGH Urt. v. 05.12.2013, Rs.: C-159/12 und C-161/12 – Venturini u.a.; EuGH Urt. v. 13.02.2014, Rs.: C-367/12 – Sokoll-Seebacher.

Fraglich ist, ob die Maßnahme tatsächlich verhindert, dass das Marktversagen eintritt, das zur Folgen haben würde, dass eine Apothekenkonzentration in bestimmten Gebieten vorliegen würde, das zum Schaden der Menschen in entlegenen Gebieten oder mit eingeschränkter Mobilität sowie der Schutzbedürftigen und Alten führen würde. Die Bundesrepublik Deutschland befürchtet, dass ein eingeschränkter Wettbewerb dazu führen würde, dass die traditionellen deutschen Apotheken mit ihrem hohen Grad an Professionalität bei der Information und Beratung der Kunden die Qualität ihrer Dienstleistungen vermindern müssten, um im Wettbewerb mitzuhalten.[429] Allerdings muss man hieran zweifeln. Bei einem stärkeren Wettbewerb ist es nicht vorstellbar, dass die Qualität der Dienstleistungen der Apotheker sich vermindern wird.[430] Es müsste das Gegenteil eintreten, um sich die Marktposition zu erhalten oder auszubauen.[431]

a) Geeignetheit

Die Geeignetheit für die Erreichung des Ziels setzt voraus, dass die Maßnahme dazu dient, dass das Ziel in kohärenter und systematischer Weise erreicht werden kann.[432]

Ein Preiswettbewerb zwischen den Apotheken kann einer gleichmäßigen Versorgung mit Arzneimitteln förderlich sein.[433] Entlegene Gebiete könnten besser versorgt werden, wenn es Internet-Apotheken gestattet werden würde realistisch am Wettbewerb teilzunehmen.[434] Auch Menschen mit eingeschränkter Mobilität könnten erheblich davon profitieren, indem sie ihre Bestellungen online aufgeben könnten und diese ihnen unmittelbar nach Hause geliefert werden würden.[435] Unter Zuhilfenahme einer Hilfsperson können ebenso Menschen mit Schwierigkeiten ein solches Online-Portal nutzen.[436] Bei der Notversorgung

---

429 EuGH Schlussanträge des Generalanwalts v. 02.06.2016, Rs.: C-148/15.

430 EuGH Schlussanträge des Generalanwalts v. 02.06.2016, Rs.: C-148/15.

431 EuGH Schlussanträge des Generalanwalts v. 30.09.2009, Rs.: C-570/07; EuGH Schlussanträge des Generalanwalts v. 02.06.2016, Rs.: C-148/15.

432 EuGH Urt. v. 03.03.2011, Rs.: C-161/09 – Kakavetsos-Fragkopoulos; EuGH Urt. v. 21.12.2011, Rs.: C-28/09 – Kommission/Österreich.

433 EuGH Urt. v. 19.10.2016, Rs.: C-148/15 – Deutsche Parkinson Vereinigung mit Anmerkung Ludwigs, in: NVwZ 2016, 1793 (1797 f.); EuGH Schlussanträge des Generalanwalts v. 02.06.2016, Rs.: C-148/15; Sachverständigenrat zur Begutachtung der Entwicklung im Gesundheitswesen, Bedarfsgerechte Versorgung – Perspektiven für ländliche Regionen und ausgewählte Leistungsbereiche, Gutachten 2014, S. 218 f..

434 EuGH Schlussanträge des Generalanwalts v. 02.06.2016, Rs.: C-148/15.

435 EuGH Schlussanträge des Generalanwalts v. 02.06.2016, Rs.: C-148/15.

436 EuGH Schlussanträge des Generalanwalts v. 02.06.2016, Rs.: C-148/15.

in Deutschland lässt sich auf das Apothekennotdienstsicherstellungsgesetz rekurrieren. Es hat eine umfassende und gleichmäßige Versorgung mit Arzneimitteln überall in Deutschland zum Ziel, insbesondere in den ländlichen Gebieten, außerhalb der regulären Öffnungszeiten der Apotheken. Es gewährt mithin Apotheken, die eine solche Notversorgung leisten, finanzielle Unterstützung durch einen Fonds, der vom Deutschen Apothekerverband verwaltet wird. Die Finanzierung wird durch einen Zuschlag auf verkaufte Arzneimittel gewährleistet. Auch nach Deutschland eingeführte Arzneimittel unterliegen diesem Zuschlag, sodass ausländische Apotheken finanziell den Fonds unterstützen.[437]

Demnach seien die Bestimmungen in Deutschland nicht geeignet die Sicherstellung einer gleichmäßigen Versorgung mit Arzneimitteln zu gewährleisten.[438]

Das Argument der Sicherung der Qualität der Versorgung sei ebenso nicht geeignet die Maßnahme zu rechtfertigen.[439] Die Apotheken hätten keinen unmittelbaren Einfluss auf die Höhe des Absatzes der Arzneimittel und könnten damit nicht zu einem übermäßigen Verbrauch derselben beitragen.[440] Der Preis eines Arzneimittels habe keinen Einfluss darauf, wie viele verschreibungspflichtige Arzneimittel an einen Patienten geliefert werden, da die Apotheker dies nicht in der Hand hätten.[441]

Vor dem EuGH hat die Bundesrepublik Deutschland auf die ständige Rechtsprechung des Gerichtshofs verwiesen.[442] Demnach kann der Mitgliedsstaat, wenn eine Ungewissheit wegen des Vorliegens oder der Bedeutung der Gefahren für die menschliche Gesundheit bleibt, Schutzmaßnahmen treffen, ohne abwarten zu müssen, bis der Beweis für das tatsächliche Bestehen dieser Gefahren vollständig erbracht wurde.[443] Auch das Vorsorgeprinzip wird in diesem Kontext angesprochen.[444] Bei Arzneimitteln nahm der EuGH bereits eine wichtige Qualifizierung vor.[445] Der Mitgliedsstaat kann diejenigen Maßnahmen treffen, die eine Gefahr für die Gesundheit der Bevölkerung, wozu im Einzelnen eine Gefahr für die sichere und qualitativ hochwertige Arzneimittelversorgung der Bevölkerung

---

437 Verfahrensordnung zum Fonds Abschnitt 5.8.
438 EuGH Schlussanträge des Generalanwalts v. 02.06.2016, Rs.: C-148/15.
439 EuGH Schlussanträge des Generalanwalts v. 02.06.2016, Rs.: C-148/15.
440 EuGH Urt. v. 05.12.2013, Rs.: C-159/12 und C-161/12 – Venturini u.a..
441 EuGH Schlussanträge des Generalanwalts v. 02.06.2016, Rs.: C-148/15.
442 EuGH Schlussanträge des Generalanwalts v. 02.06.2016, Rs.: C-148/15.
443 EuGH Schlussanträge des Generalanwalts v. 02.06.2016, Rs.: C-148/15.
444 EuGH Schlussanträge des Generalanwalts v. 02.06.2016, Rs.: C-148/15.
445 EuGH Urt. v. 19.05.2009, Rs.: C-171/07 und C-172/07 – Apothekerkammer des Saarlandes u.a..

gehört, weitestgehend verringert.[446] Der besondere Charakter der Arzneimittel, deren therapeutische Wirkung sie substanziell von den übrigen Waren unterscheidet, ist hervorzuheben.[447] Aufgrund dieser therapeutischen Wirkungen können Arzneimittel, wenn sie ohne Erforderlichkeit oder falsch eingenommen werden, der Gesundheit schweren Schaden zufügen, ohne dass der Patient sich dessen bewusst sein kann.[448] Eine übermäßige Einnahme oder falsche Verwendung von Arzneimitteln führt außerdem zu einer Verschwendung finanzieller Mittel, die umso schädlicher ist, als der Pharmabereich erhebliche Kosten verursacht und wachsenden Bedürfnissen entsprechen muss, während die finanziellen Mittel, die für die Gesundheitspflege bereitgestellt werden können, unabhängig von ihrer Finanzierung, nicht unbegrenzt sind.[449]

Allerdings darf man das Vorsorgeprinzip nicht in ein „Vorbeugungsprinzip" umwandeln. Bei dem Vorsorgeprinzip geht es um ein Risikomanagement in einem Umfeld wissenschaftlicher Ungewissheit.[450] Es gilt dann, wenn das Ausmaß eines Risikos unsicher ist, aber auch dann, wenn zweifelhaft ist, ob ein Risiko überhaupt besteht.[451] Hingegen ist es unbeachtlich, sofern eine Ungewissheit einer Wirksamkeit der Maßnahme vorliegt, mit der einer zuvor erkannten Gefahrenlage begegnet werden soll.[452] Auf der anderen Seite gibt es bei der Vorbeugung keinerlei Unsicherheit über das Vorhandensein oder das Ausmaß der Gefahr.[453] Bei einer Vorbeugung ist die Gefahr bekannt.[454] In der Rechtssache geht es um die Ungewissheit der Funktionsfähigkeit oder der Wirksamkeit der beabsichtigten Maßnahme.[455] Demnach ist das Vorsorgeprinzip nicht heranzuziehen. Da die Bundesrepublik Deutschland ihrer Beweispflicht nicht

---

446 EuGH Urt. v. 19.05.2009, Rs.: C-171/07 und C-172/07 – Apothekerkammer des Saarlandes u.a..

447 EuGH Urt. v. 19.05.2009, Rs.: C-171/07 und C-172/07 – Apothekerkammer des Saarlandes u.a..

448 EuGH Urt. v. 19.05.2009, Rs.: C-171/07 und C-172/07 – Apothekerkammer des Saarlandes u.a..

449 EuGH Urt. v. 19.05.2009, Rs.: C-171/07 und C-172/07 – Apothekerkammer des Saarlandes u.a..

450 EuGH Schlussanträge des Generalanwalts v. 02.06.2016, Rs.: C-148/15.

451 EuGH Schlussanträge des Generalanwalts v. 02.06.2016, Rs.: C-148/15.

452 EuGH Schlussanträge des Generalanwalts v. 02.06.2016, Rs.: C-148/15.

453 EuGH Schlussanträge des Generalanwalts v. 02.06.2016, Rs.: C-148/15.

454 Alemanno, in: Revue du Droit de l'Union Européenne 2001, 917 (929).

455 EuGH Schlussanträge des Generalanwalts v. 02.06.2016, Rs.: C-148/15.

nachgekommen ist, sind die deutschen Vorschriften zur Erreichung des Ziels des Gesundheitsschutzes als nicht geeignet einzustufen.[456]

b) Notwendigkeit

Lange Zeit hat die Bundesrepublik die Einführung eines Systems der Höchstpreise statt der Festpreise erwogen, das eine weniger einschränkende Maßnahme darstellen würde, weil diese den Versandapotheken einen Wettbewerb über den Preis erlauben würde.[457] Aus diesem Grund geht der Generalstaatsanwalt davon aus, dass keine Notwendigkeit für die hier untersuchte Maßnahme vorliegt.[458]

In casu ist die Maßnahme nicht nach Art. 36 AEUV gerechtfertigt. Daher sind die deutschen Vorschriften nicht anzuwenden. Zu dieser Feststellung des EuGH gibt es allerdings in der Bundesrepublik Deutschland kritische Stimmen.[459] Es wird darauf verwiesen, dass der EuGH seine Anforderungen an den Nachweis einer Rechtfertigung überspannt haben könnte, da es sich um prognostische Erwägungen handle, die die Bundesrepublik Deutschland zu bedenken hätte.[460] Jedoch hat der Generalanwalt in seinen Schlussanträgen hinreichend genau unterschieden, welche Formen der Unsicherheit bzgl. welcher Tatbestände die jeweiligen Anforderungen an den Beweis auslösen. Die Bundesrepublik Deutschland hätte hier die erforderliche Einlassung erbringen müssen. Dies ist wohl nicht geschehen. Demnach ist die Bundesrepublik Deutschland den Gegenbeweis schuldig geblieben. Der EuGH muss nicht die Auswirkungen für einen Staat berücksichtigen, die nicht vorgetragen bzw. nicht bewiesen worden sind. Es ist nicht dargelegt worden, weshalb eine flächendeckende Versorgung durch einen Preiswettbewerb von ausländischen Versandhandelsapotheken ernsthaft gefährdet sein sollte bzw. wie die Maßnahme dem entgegenwirken sollte. Pauschale Behauptungen können in einem Verfahren vor dem EuGH nicht Erfordernissen des Beweises genügen. Daher ist mit dem EuGH von keiner Rechtfertigung nach Art. 36 AEUV auszugehen.

---

456 EuGH Urt. v. 19.10.2016, Rs.: C-148/15 – Deutsche Parkinson Vereinigung; EuGH Schlussanträge des Generalanwalts v. 02.06.2016, Rs.: C-148/15.

457 EuGH Urt. v. 19.10.2016, Rs.: C-148/15 – Deutsche Parkinson Vereinigung; EuGH Schlussanträge des Generalanwalts v. 02.06.2016, Rs.: C-148/15.

458 EuGH Schlussanträge des Generalanwalts v. 02.06.2016, Rs.: C-148/15.

459 U.a. Doepner/ Reese, HWG, § 7 Rn 42.

460 Doepner/ Reese, HWG, § 7 Rn 42.

IV. Aktuelle Diskussion in Deutschland

Momentan wird über ein gänzliches Versandhandelsverbot bei Arzneimitteln diskutiert.

Allerdings könnte die Bundesrepublik Deutschland einer Staatshaftung wegen eines hinreichend qualifizierten Unionsrechtsverstoßes ausgesetzt sein.

Ein Verstoß gegen Unionsrecht ist hinreichend qualifiziert, wenn ein Mitgliedsstaat die Grenzen, die seinem Ermessen beim Vollzug oder bei der Umsetzung des Unionsrechts gesetzt sind, offenkundig und erheblich überschreitet.[461] Ein Verbot des Arzneimittelversandhandels hätte einen Verstoß gegen die Warenverkehrsfreiheit nach Art. 34 AEUV zur Folge.[462] Da das Bundesgesundheitsministerium, das für ein solches Verbot zuständig ist, keine tragfähigen statistisch-empirischen Befunde bzw. Prognosegrundlagen für den Eignungs- und Kohärenznachweis zur Rechtfertigung einer Einführung eines kategorischen Versandhandelsverbotes für verschreibungspflichtige Arzneimittel vorgelegt hat, noch die Erfolgsaussichten möglicher regulatorischer Alternativmittel ausgelotet hat, ist ein hinreichend qualifizierter Verstoß gegeben.[463] Daher könnten dann die ausländischen Versandapotheken ihren entgangenen Gewinn im Rahmen der Staatshaftung geltend machen.[464] Wie dieses Problem evtl. umgangen werden kann, hat das Bundesgesundheitsministerium noch nicht erklären können. Daher bleibt abzuwarten wie die deutsche Regierung dieses Problem lösen wird.

C. Gesetzliche Normierungen in anderen EU-Mitgliedsstaaten

Ein Rabatt der Großhändler an Apotheken ist in den meisten EU-Mitgliedsstaaten erlaubt. Ausnahmen bestehen in Tschechien, Finnland und Griechenland.[465] In einer Studie wurde konstatiert, dass Originator-Produkte in Deutschland den höchsten Abgabepreis des pharmazeutischen Unternehmers besitzen.[466] Der niedrigste Abgabepreis wurde in Italien festgestellt.[467] Auf der anderen Seite

---

461 EuGH Urt. v. 05.03.1996, Rs.: C-46/93 und C-48/93 – Brasserie du pecheur.

462 Koenig, in: PharmaR 2017, 85 (91).

463 Koenig, in: PharmaR 2017, 85 (91 f.).

464 Koenig, in: PharmaR 2017, 85 (92).

465 Kanavos/ Schurer/ Vogler, The Pharmaceutical Distribution Chain in the European Union: Structure and Impact on Pharmaceutical Prices, 2011, S. 26.

466 Kanavos/ Schurer/ Vogler, The Pharmaceutical Distribution Chain in the European Union: Structure and Impact on Pharmaceutical Prices, 2011, S. 39.

467 Kanavos/ Schurer/ Vogler, The Pharmaceutical Distribution Chain in the European Union: Structure and Impact on Pharmaceutical Prices, 2011, S. 39.

wurden die höchsten Abgabepreise in Apotheken in Deutschland und Belgien herausgearbeitet.[468] Die meisten EU-Mitgliedsstaaten haben die Preisspannen der Großhändler reguliert.[469] Nur Dänemark, Finnland, die Niederlande, Schweden und das Vereinigte Königreich stellen Ausnahmen hierzu dar.[470] In diesen Ländern werden Verhandlungen mit dem pharmazeutischen Unternehmer direkt vollzogen.[471] In mehreren Mitgliedsstaaten sind kommerzielle Vergünstigungen von pharmazeutischen Unternehmern an Großhändler und von Großhändlern an Apotheken erlaubt.[472] In manchen Ländern bestehen formale Verbote, die jedoch durch Handelsbräuche ergänzt werden.[473] Ein Beispiel hierfür ist, dass in Deutschland ein Barrabattverbot besteht, jedoch Skonti erlaubt sind.[474] Die höchsten Margen für Großhändler bestehen in Irland, Zypern und den Niederlanden.[475] Die Margen für Apotheker sind hingegen in den Niederlanden, Irland, Belgien, Deutschland und Griechenland am höchsten.[476] Dänemark und Deutschland haben im Vergleich den höchsten Abgabepreis des pharmazeutischen Unternehmers und den höchsten Nettoverkaufspreis zu verzeichnen.[477] Im Weiteren soll auf die rechtliche Lage einiger Mitgliedsstaaten am Beispiel des Vereinigten Königreiches, Österreichs und Spaniens eingegangen werden, um aufzuzeigen welche Möglichkeiten der Rabattregulierung bestehen. In einem darauf folgenden Schritt soll auf die Möglichkeit eingegangen werden, ob ggf.

468 Kanavos/ Schurer/ Vogler, The Pharmaceutical Distribution Chain in the European Union: Structure and Impact on Pharmaceutical Prices, 2011, S. 39.
469 Kanavos/ Schurer/ Vogler, The Pharmaceutical Distribution Chain in the European Union: Structure and Impact on Pharmaceutical Prices, 2011, S. 40.
470 Kanavos/ Schurer/ Vogler, The Pharmaceutical Distribution Chain in the European Union: Structure and Impact on Pharmaceutical Prices, 2011, S. 40.
471 Kanavos/ Schurer/ Vogler, The Pharmaceutical Distribution Chain in the European Union: Structure and Impact on Pharmaceutical Prices, 2011, S. 40.
472 Kanavos/ Schurer/ Vogler, The Pharmaceutical Distribution Chain in the European Union: Structure and Impact on Pharmaceutical Prices, 2011, S. 45, 50.
473 Kanavos/ Schurer/ Vogler, The Pharmaceutical Distribution Chain in the European Union: Structure and Impact on Pharmaceutical Prices, 2011, S. 50.
474 Kanavos/ Schurer/ Vogler, The Pharmaceutical Distribution Chain in the European Union: Structure and Impact on Pharmaceutical Prices, 2011, S. 50.
475 Kanavos/ Schurer/ Vogler, The Pharmaceutical Distribution Chain in the European Union: Structure and Impact on Pharmaceutical Prices, 2011, S. 58.
476 Kanavos/ Schurer/ Vogler, The Pharmaceutical Distribution Chain in the European Union: Structure and Impact on Pharmaceutical Prices, 2011, S. 58.
477 Kanavos/ Schurer/ Vogler, The Pharmaceutical Distribution Chain in the European Union: Structure and Impact on Pharmaceutical Prices, 2011, S. 58.

zu findende Lösungen in anderen Ländern auf die Regulierung in Deutschland übertragen werden können.

I. Vereinigtes Königreich

Zunächst soll auf die rechtliche Situation im Vereinigten Königreich eingegangen werden. Rabatte sind im Vereinigten Königreich nach der „Regulation 300" der „Human Medicines Regulations 2012" erlaubt. In dessen Absatz 6 sind sie vom Verbot des Absatzes 1 ausgenommen.

Zudem sind im Vereinigten Königreich die Margen für Großhändler nicht reguliert und werden durch Verhandlungen zwischen den pharmazeutischen Unternehmern und den Großhändlern festgelegt.[478] Ferner sind die Margen für Apotheken ebenso wenig gesetzlich reguliert.[479] Allerdings erlaubt das Vereinigte Königreich den Apotheken, wie auch die Niederlande, das Einkommen aus Rabatten.[480] Es wird zum eigentlichen Einkommen hinzugerechnet.[481] Dies hat die Konsequenz, dass die Regierung hierauf Zugriff hat.[482] Dieser Prozess ist bekannt unter dem Stichwort „clawback".[483]

Das „clawback" steht für die Abschöpfung von Profiten der Apotheken, die ihnen aufgrund von Rabatten entstehen.[484] Allerdings kann ein „clawback" auch im Verhältnis zum pharmazeutischen Unternehmer[485] entstehen, wenn ihr Umsatzvolumen weit größer ist als erwartet und mit der zuständigen Behörde

478 Kanavos/ Schurer/ Vogler, The Pharmaceutical Distribution Chain in the European Union: Structure and Impact on Pharmaceutical Prices, 2011, S. 64.

479 Kanavos/ Schurer/ Vogler, The Pharmaceutical Distribution Chain in the European Union: Structure and Impact on Pharmaceutical Prices, 2011, S. 64.

480 Kanavos/ Schurer/ Vogler, The Pharmaceutical Distribution Chain in the European Union: Structure and Impact on Pharmaceutical Prices, 2011, S. 65.

481 Kanavos/ Schurer/ Vogler, The Pharmaceutical Distribution Chain in the European Union: Structure and Impact on Pharmaceutical Prices, 2011, S. 65.

482 Kanavos/ Schurer/ Vogler, The Pharmaceutical Distribution Chain in the European Union: Structure and Impact on Pharmaceutical Prices, 2011, S. 65.

483 Kanavos/ Schurer/ Vogler, The Pharmaceutical Distribution Chain in the European Union: Structure and Impact on Pharmaceutical Prices, 2011, S. 65.

484 European Commission, Cost-containment policies in public pharmaceutical spending in the EU, S. 28.

485 Dieses Vorgehen wird in Frankreich praktiziert. Die zuständige Behörde ist dort das Wirtschaftskomitee für Gesundheitsprodukte (Comité Economique des Produits de Santé).

vereinbart.[486] Im Vereinigten Königreich stehen am Ende der Erstatterkette das Gesundheitsministerium und damit der Staat.[487]

Der „clawback" veranlasst, dass die Erstattungspreise günstiger werden, um den Anteil an weiteren Rabatten zu erhöhen und somit dem Staat und damit dem Gesundheitssystem Geld zuzuführen.[488]

Darüber hinaus ist das „Pharmaceutical Price Regulatory Scheme", kurz PPRS, im Vereinigten Königreich existent.[489] Es besagt, dass die Preise für Originator-Produkte kontrolliert und damit ab einer bestimmten Grenze nicht mehr erhöht werden können.[490] Dabei handelt es sich um einen freiwilligen Vertrag zwischen dem „National Health Service"[491] und der pharmazeutischen Industrie.[492]

II. Österreich

In Österreich gibt es zu der Materie ebenfalls spezielle gesetzliche Regelungen. Unbedingt zu nennen sind hier §§ 55a, 55b öAMG. Dabei besagt § 55a Abs. 1 öAMG, dass es verboten ist im Rahmen der Verkaufsförderung für Arzneimittel bei den zur Verschreibung oder Abgabe berechtigten Personen, diesen eine Prämie, finanzielle oder materielle Vorteile zu gewähren, anzubieten oder zu versprechen, es sei denn, diese sind von geringem Wert und für die medizinische oder pharmazeutische Praxis von Belang. Demnach sind unter speziellen Umständen Barrabatte erlaubt.

Auf der anderen Seite stellt § 55b Abs. 1 öAMG für Naturalrabatte klar, dass die Gewährung, das Anbieten und das Versprechen von Naturalrabatten an zur Verschreibung oder Abgabe berechtigte Personen verboten ist, sofern es sich dabei um Arzneimittel handelt, die im Erstattungskodex enthalten sind. Gem. § 55b Abs. 2 öAMG ist das Fordern, das sich Versprechen lassen oder das Annehmen

486 EU Pricing & Reimbursement, S. 23, 28.

487 European Commission, Cost-containment policies in public pharmaceutical spending in the EU, S. 28.

488 Kanavos/ Schurer/ Vogler, The Pharmaceutical Distribution Chain in the European Union: Structure and Impact on Pharmaceutical Prices, 2011, S. 65.

489 Siehe zu den Konditionen: EU Pricing & Reimbursement, S. 51 f. und Understanding the 2014 Pharmaceutical Price Regulation Scheme, S. 1 ff..

490 Drug Pricing, S. 2; EU Pricing & Reimbursement, S. 51.

491 Der National Health Service übernimmt im Vereinigten Königreich die Rolle der gesetzlichen Krankenversicherung.

492 Drug Pricing, S. 2.

von durch Absatz 1 erfassten Naturalrabatten durch die zur Verschreibung oder Abgabe berechtigten Personen verboten.

Bei dieser unterschiedlichen Gestaltung der Regulierung für Bar- und Naturalrabatte ging der österreichische Gesetzgeber davon aus, dass im Rahmen von § 55a öAMG der Apotheker einen geringen wirtschaftlichen Vorteil lukrieren dürfe, der unterhalb der Schwelle des in § 55a öAMG vorgesehenen geringen Maßes akzeptiert werde.[493] Die Begründung hierfür ist, dass im Rahmen einer Durchschnittsbetrachtung durch diese Zuwendungen nicht mehr Arzneimittel als medizinisch oder pharmazeutisch indiziert in Umlauf geraten würden.[494] Das Abgabeverhalten werde in wirtschaftlicher Hinsicht grundsätzlich nicht unsachlich durch diese im Wirtschaftsleben üblichen Zuwendungen beeinflusst.[495]

Bei einem Naturalrabatt hingegen würde der Apotheker zu seiner ursprünglich bestellten Warenmenge eine weitere Menge derselben Ware erhalten, ohne dass sich diese Mehrlieferung auf den ursprünglichen Gesamtpreis auswirke.[496] Damit sollen mehr Arzneimittel in Umlauf gelangen als ursprünglich benötigt.[497] Dabei werden nicht nur die nach der Arzneitaxe zulässigen Höchstaufschläge, sondern auch der gesamte Wert der Ware an den Apotheker als Vorteil gereicht.[498]

Ferner wird zu der Regelung des § 55b öAMG ausgeführt, dass die Gewährung von Geldrabatten im Wirtschaftsleben durchaus üblich sei und daher die intendierte Regelung allein auf die Gewährung von Naturalrabatten im Arzneimittelgeschäft abziele.[499] An dieser Stelle ist es wichtig zu erwähnen, dass ein Erlass zu § 55b öAMG an das österreichische Bundesamt für Sicherheit im Gesundheitswesen gerichtet ist, worin aufgeführt ist, dass Großhändler von dem Naturalrabattverbot nicht erfasst werden.[500] Sie würden nicht unter die zur Verschreibung und Abgabe berechtigten Personen i.S.d. Norm fallen.[501]

Der österreichische Verfassungsgerichtshof führt aus, dass § 55b öAMG auch zur Verhinderung der Umgehung des nunmehr in § 55a öAMG kodifizierten,

493 Österreichischer Verfassungsgerichtshof Urt. v. 04.12.2007, Az.: G 113/06 – 9.
494 Österreichischer Verfassungsgerichtshof Urt. v. 04.12.2007, Az.: G 113/06 – 9.
495 Österreichischer Verfassungsgerichtshof Urt. v. 04.12.2007, Az.: G 113/06 – 9.
496 Österreichischer Verfassungsgerichtshof Urt. v. 04.12.2007, Az.: G 113/06 – 9.
497 Österreichischer Verfassungsgerichtshof Urt. v. 04.12.2007, Az.: G 113/06 – 9.
498 Österreichischer Verfassungsgerichtshof Urt. v. 04.12.2007, Az.: G 113/06 – 9.
499 Österreichischer Verfassungsgerichtshof Urt. v. 04.12.2007, Az.: G 113/06 – 9; Hebenstreit, in: PharmaR 2006, 131 (135).
500 Hebenstreit, in: PharmaR 2006, 131 (136).
501 Hebenstreit, in: PharmaR 2006, 131 (136).

in Umsetzung des Art. 94 der Richtlinie 2001/83/EG ergangenen Verbotes solcher Vorteile diene und habe insoweit auch eine zulässige wettbewerbsrechtliche Zielsetzung.[502]

Die Regelung sieht ebenso als Rechtsfolge eine Verwaltungsstrafe nach § 84 Abs. 1 Nr. 19, 20, 20a öAMG vor, die im Wiederholungsfalle sogar bis zu 50.000 Euro betragen kann. Schon der Versuch ist gem. § 84 Abs. 2 öAMG strafbar. Damit hat der österreichische Gesetzgeber sich für eine strikte und gleichzeitig empfindliche Strafe entschieden. Die Tatsache, dass bereits der Versuch strafbar ist, zeigt, dass der österreichische Gesetzgeber die Gefahren, die von einer solchen Rabattpraxis ausgehen als hoch eingestuft hat. Zu erwähnen ist noch, dass die Regulierung der Preise in Österreich grundsätzlich ministeriell vorgenommen wird. Zentrale Normen für die Preisgestaltung befinden sich im österreichischen Preisgesetz, worauf nicht weiter einzugehen ist, da die Grundsätze für die Rabattregulierung den deutschen stark ähneln bzw. vor den Novellen der deutschen Rechtslage entsprachen und der deutsche Gesetzgeber bewusst von dieser Regulierungsoption abgesehen hat.

III. Spanien

In Spanien dürfen zwischen Großhändlern und Apotheken handelsübliche Preisnachlässe gewährt werden.[503] Zudem befindet sich auf Apothekenebene das o.g. System des „clawback" auch in Spanien.[504] Dabei verhält es sich so, dass Apotheken Geldleistungen an den Erstatter zahlen, welche aufgrund einer prozentualen Basis der von ihnen erzielten Umsatzvolumina per annum errechnet werden.[505] Bei der Berechnung der Umsatzvolumina werden allerdings nur die erstattungsfähigen Arzneimittel zum Abgabepreis des pharmazeutischen Unternehmers einbezogen.[506]

502 Österreichischer Verfassungsgerichtshof Urt. v. 04.12.2007, Az.: G 113/06 – 9.

503 Kanavos/ Schurer/ Vogler, The Pharmaceutical Distribution Chain in the European Union: Structure and Impact on Pharmaceutical Prices, 2011, S. 67.

504 Kanavos/ Schurer/ Vogler, The Pharmaceutical Distribution Chain in the European Union: Structure and Impact on Pharmaceutical Prices, 2011, S. 67.

505 Kanavos/ Schurer/ Vogler, The Pharmaceutical Distribution Chain in the European Union: Structure and Impact on Pharmaceutical Prices, 2011, S. 67.

506 Kanavos/ Schurer/ Vogler, The Pharmaceutical Distribution Chain in the European Union: Structure and Impact on Pharmaceutical Prices, 2011, S. 67.

IV. Schlussfolgerungen für Deutschland

Es lässt sich somit festhalten, dass die österreichischen Vorschriften den deutschen Vorschriften sehr ähneln. Der österreichische Gesetzgeber erlaubt allerdings die Rabattgewährung in geringem Umfang. Der deutsche Gesetzgeber hat dies auch eine lange Zeit zugelassen, das in der Praxis allerdings den Regelungszwecken zuwiderlief. Daher sah der deutsche Gesetzgeber sich gezwungen die heute geltenden Regelungen zu erlassen. Aus diesem Grund sind die österreichischen Rabattregulierungen für den deutschen Gesetzgeber nicht praktikabel.

Die Regularien, die im Vereinigten Königreich und in Spanien zur Anwendung kommen, sind hingegen abweichend. Vor allem das „clawback" stellt ein dem deutschen Recht fremdes Regelungsinstrumentarium dar.

Die Möglichkeit des „clawback" wurde vom deutschen Gesetzgeber anscheinend nicht in Erwägung gezogen. Jedenfalls lässt sich in den Gesetzesmaterialien hierzu nichts finden. Es erscheint nicht nachvollziehbar, wenn man bedenkt, dass dies eine durchaus gängige Praxis in der Europäischen Union darstellt, um die Rabattmöglichkeiten nicht strikt zu reglementieren. Auf der anderen Seite stellt der jeweilige Staat sicher, dass durch den „clawback" diese finanziellen Zuwendungen auch dem jeweiligen Gesundheitssystem zu Gute kommen, indem sie bspw. wie in Spanien durch eine prozentuale Berechnung transparent bleiben. Damit erfolgt eine Weitergabe der finanziellen Vorteile, das schlussendlich dem Patienten zu Gute kommt. Es wird ferner nicht in die wirtschaftlichen Gebräuche und Konditionen eingegriffen. Man stellt aber sicher, dass der Staat hieran beteiligt wird.

Allerdings muss vor dem Hintergrund der Gesetzeszwecke des Rabattverbotes bedacht werden, dass dann eine Bevorzugung eines Medikamentes durch einen Apotheker stattfinden kann. Er könnte somit das Arzneimittel abgeben, welches ihm den größten wirtschaftlichen Vorteil bietet. Ferner soll kein Preiswettbewerb stattfinden, der das Gesundheitssystem gefährden könnte. Es soll sichergestellt werden, dass die Arzneimittel, die benötigt werden vorhanden sind, um die Vollversorgung und Akutversorgung zu gewährleisten. Ein wirtschaftliches „Ausboten" soll in diesem Kontext verhindert werden. Daher ist ein „clawback" nicht geeignet, um die vom deutschen Gesetzgeber verfolgten Regelungszwecke zu verwirklichen. Somit ist die Vorgehensweise des deutschen Gesetzgebers wohl vorzugswürdig.

D. Endergebnis für das dritte Kapitel

Zunächst ist zu erwähnen, dass der Staat bei den Arzneimittelpreisvorschriften von seiner Kompetenz anderweitige Regelungen zu treffen, als im Gemeinschaftskodex für Humanarzneimittel festgeschrieben, Gebrauch gemacht hat.

Die deutschen Arzneimittelpreisvorschriften sind allerdings bei einem grenzüberschreitenden Versandhandel nicht anzuwenden.

Ferner stellen die Arzneimittelpreisvorschriften eine Maßnahme gleicher Wirkung i.S.d. Art. 34 AEUV dar. Nach der Keck-Rechtsprechung des EuGH ist die Warenverkehrsfreiheit tangiert.

Bei der Annahme, dass eine Maßnahme gleicher Wirkung vorliegt, kommt man zu dem Ergebnis, dass eine Rechtfertigung nach Art. 36 AEUV nicht vorliegt.

Ob der deutsche Gesetzgeber nunmehr einen Weg findet den Apothekenversand zu verbieten bleibt abzuwarten, da er sich dann generell einer Staatshaftung aussetzten würde.

Die vergleichende Untersuchung der Vorschriften im Vereinigten Königreich, Österreich und Spanien hat gezeigt, dass die deutschen Vorschriften andere Zwecke verfolgen, deren Einhaltung durch die jetzige Kodifikation sichergestellt wird. Insbesondere das „clawback", das in anderen EU-Mitgliedsstaaten praktiziert wird, stellt kein hinreichendes Instrumentarium für die Zwecke des deutschen Gesetzgebers dar. Das „clawback" führt zwar dazu, dass Umsatzvolumina durch Rabatte in das Gesundheitssystem fließen können, allerdings andere Zwecke hierdurch konterkariert werden. Zu nennen ist dabei, dass Apotheker dadurch Produkte fördern könnten, die den größtmöglichen Profit bieten. Daher könnte ein vernichtender Preiswettbewerb stattfinden. Im Ergebnis würde dies dazu führen, dass bestimmte Arzneimittel, die nur selten verschrieben werden oder keinen großen Rabatt erlauben, vom Markt verschwinden oder nicht in den Apotheken und bei den Großhändlern vorrätig sein könnten. Der deutsche Gesetzgeber wollte allerdings bei Arzneimitteln verhindern, dass die in der freien Wirtschaft ausgeübten Praktiken zu einem Wettbewerb führen, der negative Konsequenzen für das deutsche Gesundheitssystem nach sich ziehen kann.

Viertes Kapitel: Rechtsfolgen

Die Rechtsfolgen des § 7 Abs. 1 S. 1 Nr. 2 HWG sind sehr vielseitig. Im weiteren Verlauf der Untersuchung soll daher aufgezeigt werden, inwiefern der jeweils Handelnde mit Konsequenzen, sei es ordnungswidrigkeitenrechtlicher oder berufsrechtlicher Natur, zu rechnen hat. Dabei sollen die allgemeinen wettbewerbsrechtlichen Vorschriften ebenfalls erwähnt werden, damit aufgezeigt werden kann, wie weitreichend die Folgen einer solchen Handlung sein können. Hierbei kann nicht auf alle Konstellationen eingegangen werden. In den folgenden Abschnitten wird darauf einzugehen sein, welche Konstellation einschlägig ist. Allen immanent ist aber, dass sie sich auf Konstellationen beziehen, die einen reinen Inlandsbezug aufweisen. Es wird im Folgenden nicht auf Auslandstaten mit deren Rechtsfolgen eingegangen. Ferner ist nicht auf §§ 299a ff. StGB, namentlich auf die Bestechungstatbestände im Gesundheitswesen, einzugehen, da sie in der hier untersuchten Arbeit und deren Fallkonstellation keine Wirksamkeit entfalten.

Obwohl der Gesetzgeber noch keine Nachbesserungsarbeiten geleistet hat, wird im Folgenden davon ausgegangen, dass die Regelung die intendierten Rechtsfolgen auslöst.

A. Ordnungswidrigkeit, § 15 Abs. 1 Nr. 4 und Nr. 4a HWG

Zunächst ist Bezug auf die Rechtsfolgen zu nehmen, die sich konkret aus dem Heilmittelwerbegesetz ergeben. Demnach ist § 15 HWG heranzuziehen. Hierbei handelt es sich um eine Ordnungswidrigkeit. Damit soll nicht kriminelles Unrecht, sondern Verwaltungsunrecht geahndet werden.[507] Genaueres Augenmerk ist auf § 15 Abs. 1 Nr. 4 und Nr. 4a HWG zu richten. In § 15 Abs. 1 Nr. 4 HWG ist kodifiziert, dass jemand, der entgegen § 7 Abs. 1 und Abs. 3 HWG eine Zuwendung oder eine mit sonstigen Werbegaben verbundene Werbung betreibt, ordnungswidrig handelt, wenn er diese Tat vorsätzlich oder auch nur fahrlässig begeht. Ebenso ist nach § 15 Abs. 1 Nr. 4a HWG nicht erlaubt als Angehöriger der Fachkreise eine Zuwendung oder eine sonstige Werbegabe anzunehmen.

507 *Sosnitza*, in: Zipfel/ Rathke, § 15 HWG Rn 2.

Diese Tat ist ebenso als Ordnungswidrigkeit anzusehen, sobald sie vorsätzlich oder fahrlässig begangen wird.[508]

Zudem ordnet § 15 Abs. 3 HWG an, dass eine Ordnungswidrigkeit, die nach § 15 Abs. 1 HWG begangen wurde, mit einer Geldbuße bis zu 50.000 Euro geahndet werden kann.

I. Ordnungswidrigkeiten im Allgemeinen

Der weiteren Untersuchung ist vorauszuschicken, dass die Tatbestände der Ordnungswidrigkeiten, die in speziellen Gesetzen, wie hier der § 15 HWG, von den allgemeinen Tatbeständen und Verfahren des Ordnungswidrigkeitengesetzes ergänzt werden.[509]

Nach § 3 OWiG muss die Ahndung einer Ordnungswidrigkeit auf einem formellen Gesetz beruhen.

Ebenso wie im Strafrecht gilt auch hier der Grundsatz *nullum crimen, nulla poena sine lege* (kein Delikt, keine Ahndung ohne Gesetz).[510] Demnach ist das Bestimmtheitsgebot, das sich aus Art. 103 Abs. 2 GG ergibt, auch bei Ordnungswidrigkeiten anzuwenden. Eine Verletzung dessen eröffnet dem Geschädigten die Möglichkeit einer Verfassungsbeschwerde nach Art. 93 Abs. 1 Nr. 4a GG.

Weiterhin sei an dieser Stelle der Gesetzlichkeitsgrundsatz in Erinnerung gerufen, der fünf Elemente enthält: Die Grundlage der Ahndung in einem Gesetz, die Bestimmtheit des Gesetzes, das Analogieverbot, das Rückwirkungsverbot und das Verbot von Gewohnheitsrecht.[511] Sofern diese Elemente eingehalten werden, kann erst von einer rechtmäßigen Handlung der Verwaltungsbehörde ausgegangen werden.

Der Bestimmtheitsgrundsatz enthält implizit die Voraussetzung, dass die Tat genau beschrieben sein muss.[512] Der Bürger muss vorausschauend erkennen können, welches Verhalten ahndbar ist.[513]

Es sind Inlandstaten ahndbar, wobei § 7 OWiG zu beachten ist. Dessen Absätze 1 und 2 besagen, dass überall dort eine Ordnungswidrigkeit begangen

---

508 Demnach handelt es sich bei § 15 Abs. 1 Nr. 4 und Nr. 4a HWG um den in der neueren Gesetzgebung am weitesten verbreiteten Typ der Blankettverweisung. Siehe hierzu Dietmeier, S. 50.

509 Bohnert/ Bülte, § 1 Rn 6.

510 Bohnert/ Bülte, § 2 Rn 2.

511 Bohnert/ Bülte, § 2 Rn 3.

512 Bohnert/ Bülte, § 2 Rn 7.

513 Bohnert/ Bülte, § 2 Rn 7.

wird, wo der zum Tatbestand gehörende Erfolg eingetreten ist oder nach der Vorstellung des Täters oder Beteiligten eintreten sollte.

II. § 15 HWG

Nachdem nunmehr die Basis für ein Verständnis des allgemeinen Ordnungswidrigkeitenrechtes geschaffen wurde, soll im Folgenden auf die spezielle Vorschrift des § 15 HWG eingegangen werden.

1. Inhalt

Wie oben bereits erwähnt, sind die hier interessierenden Vorschriften, die des § 15 Abs. 1 Nr. 4 HWG und des § 15 Abs. 1 Nr. 4a HWG. Deren Wortlaut wurde oben bereits erörtert. Daher soll nunmehr diesbezüglich eine tiefergehende Analyse stattfinden.

Zunächst ist festzustellen, dass es sich bei der Norm des § 15 HWG um eine Blankettnorm handelt. Diese Art der Normierung ist stark umstritten. Daher soll zunächst auf die allgemeinen Probleme bei einer Blankettnorm eingegangen werden.

2. Blankettnormen

An dieser Stelle sollen zunächst die Blankettnormen im Allgemeinen dargestellt werden, wobei diejenigen Problemfelder, die in der hier untersuchten Konstellation keine Rolle spielen, ausgeblendet werden. Dies wird an erforderlicher Stelle kenntlich gemacht.

Zunächst ist zu erwähnen, dass der Ausdruck[514] „Blankettstrafgesetz“ auf *Binding* zurückgeht. Er soll Tatbestände kennzeichnen, die ein verbotenes Verhalten nicht vollständig beschreiben, sondern vom Inhalt anderer Normen abhängig

514 Binding, Die Normen und ihre Übertretung, Band I, S. 74. Zur geschichtlichen Entwicklung siehe Neumann, Das Blankostrafgesetz, S. 7 ff., für welchen die blankettartige Bezugnahme im Strafrecht „ein Produkt der französischen Revolution“ ist, das er mit Verweisen auf das Gesetz vom 16./24. August 1790 Titel XI Art. 1–5, auf das Strafgesetzbuch vom 3. Brumaire IV Art. 605, und schließlich auf den code pénal: „Nulle contravention, nul délit, nul crime ne peuvent être punis de peines qui n'étaient pas prononcés par la loi avant qu'ils fussent commis.“, belegt. Danach muss die Strafandrohung stets durch das Gesetz selbst erfolgen, wobei zu beachten ist, dass über die Rechtsquellen des unter Strafe gestellten Verhaltens nichts ausgeführt wird. Demnach konnten auch andere Rechtsquellen als das Strafgesetz in Betracht kommen, wie zu damaliger Zeit bspw. die Polizeiverordnungen.

machen. Der BGH hingegen begrenzt diese sehr weit formulierte Definition.[515] Er macht deutlich, dass ein Blankettstrafgesetz im echten oder engeren Sinn nur dann als vorliegend anzusehen ist, sofern Tatbestand und Strafandrohung derart getrennt sind, dass die Ergänzung der Strafvorschrift durch einen zugehörigen Tatbestand von einer anderen Stelle und zu einer anderen Zeit selbständig vorgenommen wird.[516]

Eine andere Definition besagt, dass Blankettstrafgesetze Gesetze sind, die die Beschreibung des Straftatbestandes ganz oder teilweise durch die Verweisung auf eine Ergänzung im gleichen oder in anderen Gesetzen oder Rechtsquellen ersetzen, die nicht von der gleichen rechtsetzenden Instanz erlassen werden müssen.[517] Beide Definitionen stehen nicht im Gegensatz zueinander, sondern ergänzen sich und sind damit zusammen zu lesen.

Darüber hinaus lässt sich im Schrifttum der Ansatz finden, dass die Blankettnorm lediglich die Strafandrohung enthält und der Tatbestand ausschließlich durch die Ausfüllungsnorm vorgegeben wird.[518]

Diese Art der Gesetzestechnik, nämlich die Formulierung der Straftatbestände in einer Art und Weise, dass der Inhalt eines Merkmals ausschließlich in der Verweisung auf andere Rechtssätze besteht, nimmt immer mehr zu. Als ein Vorteil ist anerkannt, dass die Blankettstrafgesetze äußerst flexibel sind und sich damit den schnellen gesellschaftlichen Wandlungen, die eine rasche legislative Antwort erfordern, anpassen können.[519] Hieraus resultiert, dass vor allem im Nebenstrafrecht, aber auch im Kernstrafrecht recht häufig mit dieser Verweisungstechnik gearbeitet wird.[520] Es ist jedoch nicht von der Hand zu weisen, dass diese Vorteile mit einer ganzen Reihe von rechtsdogmatischen Problemen einhergehen. Hervorzuheben sind an dieser Stelle die Probleme, die sich aus Art. 103 Abs. 2 GG ergeben, welcher das Bestimmtheitsgebot statuiert, wobei fraglich ist, ob die Blanketttatbestände diesem Kriterium genügen.

Nach dem heutigen Verständnis wird der Begriff des Blankettstrafgesetzes in formeller, als auch in materieller Hinsicht weit gefasst.[521] Als Blankettstrafgesetze

---

515 BGHSt 6, 30 (40 f.).

516 BGHSt 6, 30 (40 f.).

517 Domeier, S. 229; Karpen, S. 95; Moll, S. 26; Raabe, S. 28; Winkelbauer, S. 12 f..

518 Fischer, § 1 Rn 9 ff.; *Schmitz*, in: MüKo-StGB, § 1 Rn 60 ff.; *Eser/ Hecker*, in: Schönke/ Schröder, StGB Komm, Vorbem. § 1 Rn 3; Jescheck/ Weigend, S. 111; Otto, § 2 Rn 6.

519 Lauer, S. 13 f..

520 Dietmeier, S. 10 f..

521 Raabe, S. 28.

werden auch Normen bezeichnet, bei denen das Blankettgesetz und die Ausfüllungsnorm von derselben Rechtsetzungsinstanz erlassen werden.[522] Diese werden im Allgemeinen als unechte Blankettgesetze bezeichnet.[523] Außerdem zählen zu den Blankettnormen Strafgesetze, die nicht lediglich die Strafandrohung, sondern auch teilweise die Tatbestandsbeschreibung enthalten, das gemeinhin unter der Bezeichnung der teilweise unvollständigen Strafgesetze bekannt sein dürfte.[524]

Im Weiteren wird die Unterscheidung der einzelnen Blankettstrafgesetze näher bestimmt werden, wobei nach einer allgemeinen Ausführung direkt der Bezug zu der hier eigentlich behandelten Norm des § 15 Abs. 1 Nr. 4 und Nr. 4a HWG geschaffen werden soll.

a) Echte und unechte Blankettstrafgesetze

Um den Unterschied klarer hervorheben zu können, werden beide Alternativen zunächst definiert.

Demnach ist das Vorliegen eines unechten Blankettgesetzes zu bejahen, wenn die verweisende und die ausfüllende Norm in demselben Gesetz normiert sind, das man ebenso als Binnenverweisung bezeichnet.[525]

Demgegenüber liegt ein echtes Blankettgesetz vor, wenn auf eine Ausfüllungsnorm außerhalb des ursprünglichen Gesetzes verwiesen wird, das man als Außenverweisung versteht.[526]

Aufgrund der Tatsache, dass es sich bei § 15 Abs. 1 Nr. 4 und Nr. 4a HWG um eine Verweisung auf den § 7 HWG handelt, ist eindeutig eine Binnenverweisung zu verzeichnen. Damit soll auf Ausführungen bezüglich der Ausfüllungsnorm bei Außenverweisungen und deren Problemkreise verzichtet werden.[527]

Folglich ist festzuhalten, dass es sich bei der für die hier durchgeführte Untersuchung relevante Norm unproblematisch um ein unechtes Blankettgesetz handelt.

522 Dietmeier, S. 41 ff.; Raabe, S. 28.

523 Dietmeier, S. 41 ff.; Raabe, S. 28.

524 Raabe, S. 28.

525 Otto, § 2 Rn 6 f.; Raabe, S. 29; Otto, in: Jura 2005, 538 (538); im Gegensatz hierzu sieht *Tiedemann* Binnenverweise nicht als Blankettstrafgesetze i.e.S., sondern lediglich Außenverweise. Siehe hierzu Tiedemann, in: HWiStR, Blankettstrafgesetz, 1990, 1 (1).

526 Domeier, S. 229; Raabe, S. 30.

527 Näheres hierzu Raabe, S. 31 f..

b) Statische und dynamische Verweisungen

Als statische Verweisungen bezeichnet man Blankettnormen, die auf Vorschriften in einer ganz bestimmten Fassung Bezug nehmen.[528] Demnach bezieht sich die Verweisung auf die bei Verabschiedung der verweisenden Norm oder zu einem anderen bestimmten Zeitpunkt geltenden Fassung des Verweisungsobjektes.[529] Somit verweist der Gesetzgeber auf einen inhaltlich feststehenden Normtext, dessen nachträgliche Änderung das Blankettgesetz nicht beeinflusst.[530]

Unter einer dynamischen Verweisung bezeichnet man dagegen Verweisungen, die Bezug auf die jeweils geltende Fassung des Ausfüllungsgesetzes nehmen und für Änderungen in die Zukunft offen sind.[531]

Aufgrund der Tatsache, dass in § 15 Abs. 1 Nr. 4 und Nr. 4a HWG keinerlei Bezug zu einer bestimmten Fassung des § 7 HWG genommen wird, handelt es sich dabei um eine dynamische Verweisung, die auch auf Änderungen des § 7 HWG angewendet werden kann.

Demnach soll im Weiteren nicht auf die problematischen Fälle der qualifizierten (rückverweisenden) Blankette oder auf Verweise auf EG- bzw. EU-Verordnungen eingegangen werden, da sie hier nicht einschlägig sind.[532]

3. Blankettstrafgesetze und der Bestimmtheitsgrundsatz

Nachdem die Technik der Blankettgesetze dargestellt wurde, soll im weiteren Verlauf der Untersuchung herausgearbeitet werden, inwiefern Blankettstrafgesetze mit dem Bestimmtheitsgrundsatz zu vereinbaren sind. Dazu soll nachfolgend auf den Bestimmtheitsgrundsatz im Allgemeinen eingegangen werden.

Wichtig ist dies für die spätere Untersuchung, ob § 15 Abs. 1 Nr. 4 und Nr. 4a HWG den Anforderungen für eine Blankettnorm genügen. Dazu muss zunächst Stellung zu den allgemeinen Anforderungen genommen werden. Diese sind jedoch in Literatur und Rechtsprechung nicht unumstritten.

---

528 Ossenbühl, in: DVBl. 1967, 401 (401); Schünemann, in: FS für Lackner, 1987, 367 (374).

529 Karpen, S. 69; Kindermann, S. 73; Marburger, S. 384, 389 f.; Moll, S. 45; vgl. auch BVerfGE 5, 25 (31); BVerfGE 47, 285 (310 ff.).

530 Schenke, in: NJW 1980, 743 (744).

531 BGHSt 42, 79 (85); Enderle, S. 11; Karpen, S. 67; Weber, S. 87; Ossenbühl, in: DVBl. 1967, 401 (401).

532 Näheres zu diesen Problemfeldern lässt sich nachlesen bei Raabe, S. 33 f., der weitere Nachweise zusammenstellt.

a) Bestimmtheitsgrundsatz, Art. 103 Abs. 2 GG

Art. 103 Abs. 2 GG kodifiziert, dass eine Tat nur bestraft werden kann, wenn die Strafbarkeit gesetzlich bestimmt war, bevor die Tat begangen wurde.[533]

Die Bedeutung dieser Kodifizierung liegt darin, dass der Gesetzgeber verpflichtet wird Strafnormen so konkret zu formulieren, dass die Tragweite und der Anwendungsbereich des Tatbestandes erkennbar sind und sich somit durch Auslegung ermitteln lassen.[534] Die Normadressaten sollen erkennen können, welches Verhalten verboten und mit Strafe bedroht ist.[535] Das Verbotene muss vom Erlaubten durch die strafrechtlichen Normen klar abgegrenzt werden.[536] Daraus lässt sich erkennen, dass der Bestimmtheitsgrundsatz Ausfluss des Rechtsstaatsprinzips ist.

Auf der anderen Seite gilt es aber auch zu bedenken, dass das Gebot der Gesetzesbestimmtheit nicht bedeutet, dass sämtliche Straftatbestände ausschließlich mit rein deskriptiven, exakt fassbaren Tatbestandsmerkmalen umschrieben werden müssen.[537] Vor dem Hintergrund der Mehrdeutigkeit der Umgangs- und Rechtssprache ist dies als unmöglich einzustufen.[538] Ebenso muss der Gesetzgeber der Rechtsanwendung Entscheidungsspielräume eröffnen, so dass diese dem Einzelfall gerecht werden und den Willen des Gesetzgebers zeitgerecht weiterentwickeln können.[539] Somit bleibt also festzuhalten, dass es nicht zu beanstanden ist, wenn der Gesetzgeber sich Generalklauseln oder unbestimmter, wertausfüllungsbedürftiger Begriffe bedient, wenn die Norm mit der gängigen Auslegungsmethodik eine Grundlage für ihre Auslegung und die Anwendung bietet bzw. sie eine gefestigte Rechtsprechung übernimmt.[540] Als Konsequenz

---

533 Zur geistesgeschichtlichen Wurzel des Bestimmtheitsgrundsatzes und damit zum Thema der zentralen rechtsphilosophischen Begründungsansätze im Vernunftrecht des 17. bis 19. Jahrhunderts siehe eine Zusammenfassung bei Dietmeier, S. 85 ff..

534 BVerfGE 25, 269 (285); BVerfGE 55, 144 (152); BVerfGE 78, 374 (381 f.).

535 BVerfGE 25, 269 (285); BVerfGE 87, 363 (391).

536 BVerfGE 25, 269 (285).

537 *Dannecker*, in: LK-StGB, § 1 Rn 46.

538 *Eser/ Hecker*, in: Schönke/ Schröder, StGB Komm, § 1 Rn 16 f.; Eichelberger, in: ZBB 2004, 296 (297).

539 BVerfGE 14, 245 (251); BVerfGE 96, 68 (97); *Dannecker*, in: LK-StGB, § 1 Rn 46; *Kunig*, in: von Münch/ Kunig, Art. 103 Rn 29; *Eser/ Hecker*, in: Schönke/ Schröder, StGB Komm, § 1 Rn 16 f..

540 BVerfGE 45, 363 (371); BVerfGE 48, 48 (56 f.); BVerfGE 86, 288 (311); BVerfGE 96, 68 (97 f.).

aus dieser Rechtsprechung resultiert, dass eine hinreichende Bestimmtheit von Nöten ist.[541]

Bei den Anforderungen an die Bestimmtheit lässt sich sagen, dass auf die Besonderheit des jeweiligen Strafgesetzes und auf die Umstände abzustellen ist, die zu der gesetzlichen Regelung führen.[542] Es gilt allerdings zu bedenken, dass die Voraussetzungen der Strafbarkeit umso präziser bestimmt sein müssen, je schwerer die Strafandrohung ist.[543] Diese Regelung gilt es aber im Gleichgewicht mit der Tatsache zu halten, dass der Gesetzgeber die Gesetze nicht starr und zu kasuistisch gestalten darf, da sie dann dem Wandel der Zeit oder der Einzelfallgerechtigkeit nicht mehr gerecht werden können.[544]

Es ist zu beachten, dass der Normadressat die Strafbarkeit grds. aus der gesetzlichen Regelung ableiten können sollte.[545] In Konstellationen, die nicht eindeutig hervorgehen lassen, ob ein Verhalten unter einen gesetzlichen Tatbestand zu subsumieren ist, weil bspw. die Norm zu allgemein oder zu abstrakt gehalten wurde, erscheint es als ausreichend zumindest das Risiko einer Strafbarkeit erkennen zu können.[546] Ausschlaggebend ist in einer solchen Fallgestaltung der Wortlaut der jeweiligen zur Frage stehenden Norm.[547]

Das Bestimmtheitsgebot wurde schon vor geraumen Zeiten von *Montesquieu* gefordert, der klare, fest umrissene Strafnormen zum Schutz der Freiheit der Bürger vor richterlicher Willkür befürwortete.[548] Insbesondere sah er den Bestimmtheitsgrundsatz als einen Grundstein der Gewaltenteilung an, da er so weit ging, dass er die Aufgabe eines Richters auf die bloße Subsumtion beschränken wollte.[549]

---

541 BVerfGE 45, 363 (371); BVerfGE 48, 48 (56 f.); BVerfGE 86, 288 (311); BVerfGE 96, 68 (97 f.).

542 BVerfGE 26, 41 (43); BVerfGE 28, 175 (183); BVerfGE 41, 314 (320).

543 BVerfGE 41, 314 (320); BVerfGE 75, 329 (341).

544 BVerfGE 14, 245 (251); BVerfGE 41, 314 (320); BVerfGE 75, 329 (342 f.); BGHSt 18, 359 (362); kritisch hierzu *Schmitz*, in: MüKo-StGB, § 1 Rn 60 f..

545 BVerfGE 73, 206 (235).

546 BVerfGE 73, 206 (235).

547 BVerfGE 73, 206 (235); Roxin, § 5 Rn 75 f.; Lackner, in: FS der Heidelberger Juristischen Fakultät, 1986, 39 (54 f.); Müller-Dietz, in: FS für Lenckner, 1998, 179 (191).

548 Montesquieu, Vom Geist der Gesetze, Band 1, S. 264 ff.; zu Nachweisen siehe Kohlmann, S. 172; Krey, Rn 87 ff.; Tiedemann, Tatbestandsfunktionen, S. 174.

549 Krey, Rn 87; Als „bouche de la loi" hatte der Richter die Aufgabe durch logische Subsumtion das auszusprechen, was das Gesetz bereits abstrakt vorgegeben hatte, vgl. Tiedemann, Tatbestandsfunktionen, S. 176.

Das Bundesverfassungsgericht hat entschieden, dass die Grundsätze der bisherigen Rechtsprechung zum Bestimmtheitsgrundsatz gem. Art. 103 Abs. 2 GG zwei Funktionen dienen.[550] Nämlich dem Zweck, dass jedermann vorhersehen können soll, welches Verhalten verboten und mit Strafe bedroht ist, und auf der anderen Seite solle sichergestellt werden, dass der Gesetzgeber selbst über die Strafbarkeit entscheidet.[551] Demnach ist dem Art. 103 Abs. 2 GG ein strenger Gesetzesvorbehalt immanent, welcher es der Exekutive und der Judikative grundsätzlich verwehrt, die normativen Voraussetzungen einer Bestrafung festzulegen.[552]

b) Vereinbarkeit von Blankettstrafgesetzen mit dem Bestimmtheitsgrundsatz

Wie bereits erörtert, ist es für Blankettstrafgesetze charakteristisch einen, zumindest teilweise, unvollständigen und ausfüllungsbedürftigen gesetzlichen Tatbestand und einen Verweis auf eine ausfüllende Vorschrift zu haben. Aufgrund des Inhalts des Bestimmtheitsgrundsatzes, der soeben dargestellt wurde, ergeben sich Problemfelder, die im Weiteren Gegenstand der Untersuchung sein sollen.

aa) Bundesverfassungsgericht zur Bestimmtheit der Blankettstrafgesetze

Um der komplexen Materie näher zu kommen, sollen an dieser Stelle die Grundsätze, die das Bundesverfassungsgericht erarbeitet hat, dargestellt werden.

(1) Bestimmtheit des Tatbestandes

Das Bundesverfassungsgericht hat hierzu ausgeführt, dass der Gesetzgeber nach Art. 103 Abs. 2 GG die Verpflichtung inne hat, die Voraussetzungen für eine Strafbarkeit so konkret zu umschreiben, dass die Tragweite und der Anwendungsbereich der Straftatbestände zu erkennen sind und sich durch die Möglichkeit der Auslegung ermitteln lassen.[553] Schließlich hat es ausgeführt, dass der

550 BVerfGE 78, 374 (382); *Schulze-Fielitz*, in: Dreier, Art. 103 II Rn 38; *Remmert*, in: Maunz/ Dürig, Band VI, Art. 103 Abs. 2 Rn 4; *Lenckner/ Eser/ Stree/ Eisele/ Heine/ Perron/ Sternberg-Lieben*, in: Schönke/ Schröder, StGB Komm, § 1 Rn 16.

551 BVerfGE 78, 374 (382); *Schulze-Fielitz*, in: Dreier, Art. 103 II Rn 38; *Remmert*, in: Maunz/ Dürig, Band VI, Art. 103 Abs. 2 Rn 4; *Lenckner/ Eser/ Stree/ Eisele/ Heine/ Perron/ Sternberg-Lieben*, in: Schönke/ Schröder, StGB Komm, § 1 Rn 16. Diese beiden Funktionen werden auch als freiheitsgewährleistende bzw. verhaltensdeterminierende Funktion und kompetenzwahrende Funktion bezeichnet.

552 BVerfGE 47, 109 (120); BVerfGE 73, 206 (234); BVerfGE 75, 329 (341); BVerfGE 78, 374 (382); *Schulze-Fielitz*, in: Dreier, Art. 103 II Rn 28 f..

553 BVerfGE 75, 329 (341); BVerfGE 78, 374 (381 f.).

Normadressat vorhersehen können soll, welches Verhalten verboten und mit Strafe bedroht ist.[554] Er soll anhand des Wortlautes erkennen können, welche Voraussetzungen das gesetzliche Verbot umfassen.[555] Gleichzeitig sollen aber auch Begrifflichkeiten verwendet werden dürfen, die erst durch eine Deutung des Richters zu fassen sind, um der Vielfalt der zu regelnden Fallkonstellationen gebührend Rechnung tragen zu können.[556] Zudem soll es bei Grenzfällen unbedenklich sein, ob ein konkretes Verhalten noch unter den gesetzlichen Tatbestand fällt oder nicht.[557] Dies resultiert aus dem Umstand, dass die Strafnorm offen ist, das daher rührt, dass sie zu allgemein und zu abstrakt formuliert ist.[558] Ferner wird der Grundsatz aufgestellt, dass je schwerer die angedrohte Strafe ist, umso genauer und präziser die Voraussetzungen der Strafbarkeit in dem förmlichen Gesetz ausgearbeitet sein müssen.[559] Darüber hinaus hat das Bundesverfassungsgericht aber diese Voraussetzungen insoweit eingeschränkt, als dass es zu der Erkenntnis gelangt ist, dass das Bestimmtheitsgebot bei schweren Strafen nicht übersteigert werden darf.[560] Die Gesetze seien sonst zu starr und kasuistisch und könnten somit dem Wandel der Zeit und der Besonderheit des Einzelfalles nicht mehr gebührend Rechnung tragen.[561] Dies würde nahe liegen, wenn der Gesetzgeber stets jeden Straftatbestand bis ins Letzte ausführen müsste.[562]

Somit lässt sich festhalten, dass der Spielraum, den das Bundesverfassungsgericht hier eröffnet hat, groß ist.

(2) Gesetzesvorbehalt

Bei dem Kriterium des Gesetzesvorbehaltes macht das Bundesverfassungsgericht die Ausführungen, dass das gesetzliche Verbot so deutlich abgrenzbar formuliert sein muss, dass es der Gesetzgeber selbst ist, der abstrakt-generell über die Strafbarkeit entscheidet.[563] Damit soll gewährleistet werden, dass die Exekutive und die Judikative nicht die normativen Voraussetzungen einer Bestrafung festlegen können.[564] Die Strafe soll nach Art. 103 Abs. 2 GG aufgrund eines

---

554 BVerfGE 75, 329 (341); BVerfGE 78, 374 (382).
555 BVerfGE 75, 329 (341).
556 BVerfGE 37, 201 (208); BVerfGE 48, 48 (56); BVerfGE 75, 329 (341).
557 BVerfGE 75, 329 (341 f.).
558 BVerfGE 75, 329 (341 f.).
559 BVerfGE 14, 245 (251); BVerfGE 75, 329 (342).
560 BVerfGE 14, 245 (251); BVerfGE 48, 48 (56 f.).
561 BVerfGE 14, 245 (251); BVerfGE 48, 48 (56 f.).
562 BVerfGE 14, 245 (251); BVerfGE 48, 48 (56 f.).
563 BVerfGE 75, 329 (341); BVerfGE 78, 374 (382).
564 BVerfGE 75, 329 (341); BVerfGE 78, 374 (382).

förmlichen Gesetzes oder einer Rechtsverordnung ergehen, die im Rahmen einer nach Inhalt, Zweck und Ausmaß bestimmten gesetzlichen Ermächtigung ergangen ist.[565] Dadurch seien die Voraussetzungen der Strafbarkeit und die Art der Strafe aufgrund des Gesetzes, und nicht erst aufgrund der hierauf gestützten Verordnung, vorhersehbar.[566] Ein Verweis auf ein anderes förmliches Gesetz, ist als unproblematisch zu kategorisieren.[567] Diese Entscheidung ist auch nachzuvollziehen, wenn man bedenkt, dass der Gesetzgeber über die Strafbarkeitsvoraussetzungen selbst entscheidet, das zur Folge hat, dass der Vorbehalt des Gesetzes vollumfänglich gewahrt bleibt.

(3) Nachvollziehbarkeit der Verweisung

Zu der Nachvollziehbarkeit der Verweisung äußert sich das Bundesverfassungsgericht nur mäßig. Es stellt vielmehr fest, dass von den Normadressaten einer Vorschrift verlangt werden kann, dass sie sich über die einschlägigen Vorschriften informieren können, wenn sie sich an bestimmte Fachgruppen richten.[568] Hierbei nimmt das Gericht keinerlei Differenzierungen vor. Allerdings muss man bedenken, dass es einen unterschiedlich großen Aufwand bzw. einen unterschiedlichen Schwierigkeitsgrad der Auffindbarkeit der zusammengehörenden Normenkette gibt.[569]

bb) Bestimmtheitsgebot im Zusammenhang mit Blankettstrafgesetzen aus Sicht der Literatur

Weiterhin soll an dieser Stelle das Erfordernis der Einhaltung des Bestimmtheitsgebotes im Kontext mit Blankettstrafgesetzen aus der Sicht der Literatur erörtert werden. Wie bereits oben erwähnt, werden hier nur Konstellationen angesprochen, die im Rahmen des Gegenstandes dieser Untersuchung Relevanz entfalten können.

---

565 BVerfGE 14, 174 (185 f.); BVerfGE 14, 245 (251); BVerfGE 22, 21 (25); BVerfGE 75, 329 (342); BVerfGE 78, 374 (382).

566 BVerfGE 14, 174 (185 f.); BVerfGE 14, 245 (251); BVerfGE 22, 21 (25); BVerfGE 75, 329 (342); BVerfGE 78, 374 (382).

567 BVerfGE 75, 329 (342).

568 BVerfGE 75, 329 (345), wobei zu beachten ist, dass diese Rechtsprechung zu § 327 StGB ergangen ist.

569 So auch Raabe, S. 69.

(1) Tatbestandsbestimmtheit und die Konkretisierungsversuche der Literatur

Im Folgenden sollen die einzelnen und auch wichtigsten Theorien, die zur Ausfüllung des Bestimmtheitsgrundsatzes vorhanden sind, erörtert werden.

(a) Abwägungsverhältnis

Lenckner befürwortet die Möglichkeit der Abwägung von der Rechtssicherheit und der Gerechtigkeit.[570] Er vertritt die Meinung, dass unbestimmte Gesetzesfassungen nicht gegen das Bestimmtheitsgebot verstoßen würden, wenn die Interessen einer gerechten Einzelfallentscheidung das durch Art. 103 Abs. 2 GG geschützte Rechtssicherheitsinteresse überwiegen.[571] Dabei sei es wichtig zu bedenken, welcher Teil der Norm betroffen ist.[572] Es müsse unterschieden werden zwischen der Betroffenheit des Tatbestandskerns oder einer lediglichen Betroffenheit der Tatbestandsgrenze, oder ob es sich um ein normatives Tatbestandsmerkmal handelt, das in eine bestimmte Richtung lenkt oder um eine allgemeine Generalklausel.[573]

Bedenklich ist bei dieser Theorie, dass man wohl m.E. nicht eine Abwägung zwischen der Rechtssicherheit und der Gerechtigkeit wird vornehmen können. Zwar erkennt man, dass *Lenckner* versucht einen Hilfsmaßstab zu geben, jedoch erscheint es fragwürdig, weshalb ein Unterschied vorhanden ist, wenn ein unbestimmter Rechtsbegriff den Tatbestandskern oder die Tatbestandsgrenze berührt. Weiterhin will nicht einleuchten, weshalb er weiterhin zwischen einem normativen Tatbestandsmerkmal, welches in eine bestimmte Richtung lenkt oder einer allgemeinen Generalklausel differenziert. M.E. kann durch eine derlei vage Argumentation nicht begründet werden, dass das Bestimmtheitsgebot in manchen Konstellationen weniger zu beachten ist als in anderen. In Anbetracht der Tatsache, dass es hier um eine Grundsäule der Rechtsdogmatik geht, welche aus dem Rechtsstaatsprinzip resultiert, erscheint eine dahingehende Auslegung der Problemlösung nicht sachgerecht. Dem Normadressaten muss stets der gleiche Schutz vor richterlicher Willkür zuzugestehen sein, ohne Rücksicht darauf, welche Norm in dem konkreten Fall eine wichtige Rolle spielt. Demnach kann man einer solchen Abwägung nicht zustimmen und muss versuchen anderweitige Lösungsansätze zu finden.

---

570 Lenckner, in: JuS 1968, 304 (305).
571 Lenckner, in: JuS 1968, 304 (305).
572 Lenckner, in: JuS 1968, 304 (305).
573 Lenckner, in: JuS 1968, 304 (305).

(b) Bestimmtheit aufgrund von prozentualen Gegebenheiten

Schünemann geht den Weg, der zum Gegenstand hat, dass eine Vereinbarkeit mit dem Bestimmtheitsgrundsatz vorhanden ist, sofern der Anteil an den noch hinreichend bestimmbaren Tatbestandsmerkmalen mehr als 50 % beträgt.[574]

Dieser Ansatz ist als interessanter Lösungsvorschlag zu werten, denn es stellt sich die Frage, wie man einen Tatbestand derlei bewerten soll.[575] M.E. birgt dies noch höhere Risiken, da eigentlich bei der Annahme einer solchen Theorie auch der Normadressat in der Lage sein müsste eine solche Bewertung der Norm vornehmen zu können. Da aber davon auszugehen sein wird, dass nicht einmal zwei Richter die gleiche Meinung zu einer derartigen Bewertung einer Vorschrift nach Prozentsätzen haben werden, ist ggf. auch an einen juristischen Laien nicht eine solche Anforderung zu stellen. Sie erscheint mithin als unpraktikabel.

Auf der anderen Seite ist ebenso zu bedenken, was eine solche Theorie im Umkehrschluss zu bedeuten hat. Eine Vorschrift, die einen Unbestimmtheitsgrad von 49 % und weniger hat, würde somit nicht gegen das Bestimmtheitsgebot verstoßen.[576] Eine solche Vorgehensweise kann mit der Wahrung einer verfassungsrechtlichen Garantie nichts mehr zu tun haben. Dieser Theorie würde eine Rechtsunsicherheit folgen, welche die richterliche Willkür geradezu „anheizen" würde und mehr oder minder dazu führen würde, dass die verfassungsrechtlich gebotene Bestimmtheit von Gesetzen ausgehebelt werden würde.

(c) Größtmögliche Bestimmtheit durch Drei-Stufen-Schema

Wertausfüllungsbedürftige Begriffe sollen nicht verfassungswidrig sein, wenn dem Gesetzgeber keinerlei Möglichkeiten eröffnet werden, die ihn dazu veranlassen könnten einen Gesetzestext bestimmter zu formulieren.[577] Im Umkehrschluss bedeutet dies, dass die größtmögliche Bestimmtheit eingehalten werden muss.[578] Ob der Gesetzgeber dieses Kriterium erfüllt hat soll nach *Kohlmann* anhand eines Drei-Stufen-Schemas untersucht werden.[579] Die erste Stufe besteht darin, dass der Gesetzgeber vorrangig deskriptive Merkmale zur Tatbestandsbeschreibung verwenden müsse.[580] Falls dies nicht möglich sein sollte, so erlaubt

574 Schünemann, S. 35.

575 So auch Raabe, S. 71.

576 Den gleichen Ansatz, wie hier, verfolgt auch Raabe, S. 71.

577 *Lenckner/ Eser/ Stree/ Eisele/ Heine/ Perron/ Sternberg-Lieben*, in: Schönke/ Schröder, StGB Komm, § 1 Rn 20; Jakobs, 1. Buch, 2. Kapitel, 4. Abschnitt, Rn 25; Kohlmann, S. 266.

578 *Lenckner/ Eser/ Stree/ Eisele/ Heine/ Perron/ Sternberg-Lieben*, in: Schönke/ Schröder, StGB Komm, § 1 Rn 20; Jakobs, 1. Buch, 2. Kapitel, 4. Abschnitt, Rn 25; Kohlmann, S. 266.

579 Kohlmann, S. 267.

580 Kohlmann, S. 267.

es die zweite Stufe, dass der Gesetzgeber sich auch normativer Merkmale aus anderen Gebieten der Rechtsordnung bedienen darf, wie bspw. „verfassungsmäßige Ordnung“, „Urkunde“, „Fremdheit“.[581] Wenn ebenso die Heranziehung normativer Merkmale aus anderen Gebieten der Rechtsordnung unmöglich erscheinen sollte, so seien auch außerrechtliche normative Merkmale erlaubt, demnach solche, die auf Wertbegriffe wie Sitte oder Moral Bezug nehmen.[582] Eine Verfassungswidrigkeit sei dann zu bejahen, wenn der Gesetzgeber eine Stufe überspringt, sich also der Möglichkeit der zweiten Stufe bedient, obwohl ihm die Möglichkeit der ersten Stufe nicht verwehrt war.[583]

Allerdings erscheint es fraglich, ob diese Theorie ausreichend ist, um einfache Strafgesetze und Blankettstrafgesetze, wie sie hier in der Untersuchung relevant sind, näher zu konkretisieren.

Ein Problem ergibt sich aus dem Umstand, dass die Merkmale der dritten Stufe nur dann mit dem Bestimmtheitsgrundsatz vereinbar sein sollen, wenn sie im Gesetz durch Regelbeispiele oder Legaldefinitionen konkretisiert werden.[584] In der Regel verhält es sich allerdings bei Blankettstrafgesetzen so, dass eine solche Konkretisierung im Wege einer Verordnung und damit nicht durch die Legislative erfolgt.[585] Demnach wäre die Konsequenz, dass Blankettstrafgesetze grds. verfassungswidrig wären. Dies kann aber nicht sachgerecht sein, wenn man bedenkt, dass diese Möglichkeit der Normausfüllung gerade gewollt ist.[586] Damit bleibt festzuhalten, dass das Drei-Stufen-Schema als nicht ausreichend anzusehen ist, wenn es um Blankettstrafgesetze geht. Daher sollte man dieser Theorie in diesem Kontext nicht weiter zustimmen.

(d) Erkennbarer Schutzzweck

Roxin stellt die Theorie auf, dass eine ausreichende Bestimmtheit eines Tatbestandes vorliege, sofern sich ihm ein klarer gesetzgeberischer Schutzzweck entnehmen lasse und der Wortlaut einer beliebigen Ausdehnung der Interpretation Grenzen setze.[587] Er geht davon aus, dass eine Norm dann als nichtig anzusehen

---

581 Kohlmann, S. 267 f..

582 Kohlmann, S. 268.

583 Kohlmann, S. 266.

584 So auch Raabe, S. 76.

585 Raabe, S. 76.

586 Im Grundsatz wohl zustimmend Raabe, S. 76.

587 Roxin, § 5 Rn 75. Anscheinend in die gleiche Richtung tendierend Lemmel, S. 180 ff., welcher eine Unbestimmtheit daran festmacht, dass der Gesetzgeber eine ungenügende oder gar keine Wertung vornimmt; siehe zudem Schroth, in: Rechtskultur als Sprachkultur, 1992, 93 (107 f.).

sei, wenn eine Unbestimmtheit vorliege, die sich daraus entnehmen lasse, dass die Vorschrift nicht auf einen bestimmbaren Kern zu reduzieren sei.[588] Die konkretisierende Ausfüllung sei für ihn als Auslegung zu kategorisieren.[589] Ferner verweist *Roxin* auf die Kriterien von *Lemmel*, welcher zwischen der Unbestimmtheit von Tatbeständen aufgrund fehlender Eigenwertung des Gesetzgebers oder aufgrund mangelnder Typenbildung unterscheidet.[590]

Zum besseren Verständnis: Eine Konstellation der offenen fehlenden Eigenwertung soll gegeben sein, wenn der Gesetzgeber ganz offen auf die Festlegung der Strafbarkeit eines Verhaltens verzichtet, indem er bspw. die Strafbarkeit eines bestimmten Verhaltens dem Ermessen der Rechtsprechung überlässt.[591]

Eine Konstellation der versteckten Eigenwertung des Gesetzgebers soll hingegen bei Blankettbegriffen und Regulativen vorliegend sein, wenn diese keinerlei Wertgehalt enthalten, sondern vielmehr „leere Hülsen" darstellen würden, die der Ausfüllung durch den jeweiligen Richter bedürfen würden.[592]

Weiterhin benennt *Lemmel* die Konstellation, die ebenso als ein versteckter fehlender Fall der Eigenwertung des Gesetzgebers zu verstehen sei, nämlich die Verweisung auf nicht existierende außerstrafrechtliche Wertungen.[593] Hier macht er jedoch die Einschränkung, dass eine Verweisung auf eine außerstrafrechtliche Wertung nicht ohne Weiteres unzulässig sei.[594] Eine Unbestimmtheit sei dadurch zu verzeichnen, dass noch keinerlei allgemeines Begriffsverständnis bezüglich einer bestimmten Formulierung vorhanden sei.[595] Dem gegenüber zu stellen seien diejenigen Konstellationen, die einen Wertungsbegriff zum Gegenstand hätten, der gesellschaftlich unterschiedlich ausgelegt werden könne, aber aufgrund einer längeren Rechtsentwicklung eine klare Begriffsbestimmung enthalte.[596]

---

588 Roxin, § 5 Rn 77.

589 Raabe, S. 77.

590 Roxin, § 5 Rn 75 mit Verweis auf Lemmel, S. 180 ff.; siehe zur grds. Unterteilung Lemmel, S. 181 ff..

591 Dies ist bspw. der Fall, wenn er normiert, dass eine Bestrafung erfolgen *kann*. Vgl. Lemmel, S. 181.

592 Lemmel, S. 182, welcher hier als Beispiele die Worte Zumutbarkeit, wichtiger Grund und Billigkeit in den Raum wirft.

593 Lemmel, S. 183.

594 Lemmel, S. 183; anders sieht dies Kohlmann, S. 268.

595 Lemmel, S. 186 f..

596 Lemmel, S. 186 f..

Vor dem Hintergrund, dass das Strafrecht der Bestrafung der unerträglichsten sozialwidrigen Handlungen diene, seien aus diesem Grund Strafgesetze abzulehnen, wenn sie so weit gefasst sind, dass sie die Lückenhaftigkeit des Strafrechts aufheben würden.[597] Es gehe vielmehr darum, dass ein Straftatbestand eine Selektion unter den potentiell strafbaren Handlungen vornehmen müsse.[598]

Demnach kann festgehalten werden, dass § 15 HWG nach der Theorie von *Roxin* dem Bestimmtheitserfordernis genügt, da die Norm einen bestimmbaren Kern enthält und auch zumindest Begriffe enthält, die innerhalb der Fachkreise eindeutig ausgelegt werden können.

Welcher Ansatz schlussendlich der „Richtige" ist, ist leider an dieser Stelle nicht klar abzugrenzen. Dies ist nicht verwunderlich, da eine derartige Untersuchung den Rahmen dieser vorliegenden Arbeit „sprengen" und auch nicht mehr im Verhältnis stehen würde. Daher bleibt festzuhalten, dass die Theorie des *Roxin* m.E. zwar nicht die ideale Lösung, aber dennoch die vorzugswürdigere ist. Es bleibt allerdings zu erwähnen, dass dies eine Festlegung der äußeren Grenze der Bestimmtheit darstellt, wobei ebenso wie es *Roxin* getan hat, auf die Ausführungen von *Lemmel* zu verweisen ist. Nicht zuletzt sind ebenso einige wichtige Klarstellungen des Drei-Stufen-Schemas von *Kohlmann* wohl zutreffend. Demnach sollte man in Betracht ziehen diese Theorien in einen harmonischen Einklang miteinander zu bringen, um eine annehmbare Lösungsmöglichkeit der dargestellten Problemkreise einzuführen.[599]

(2) Gesetzesvorbehalt

Nunmehr ist auf die in dieser Arbeit relevanten Konstellationen einzugehen.

In der Literatur hat sich die Formel des Bundesverfassungsgerichtes durchgesetzt. Diese besagt, dass das Gesetz, wenn es durch ein anderes Gesetz ergänzt wird, der einfache Verweis ausreichend ist.[600]

Aufgrund der Tatsache, dass es sich bei § 15 Abs. 1 Nr. 4 und Nr. 4a HWG nicht um eine Verweisung auf eine Verordnung handelt, sollen die Probleme, die diesbezüglich in der Literatur vorherrschen, unerwähnt bleiben. Demnach erfüllt § 15 HWG auch dieses Erfordernis.

---

597 Lemmel, S. 194.

598 Lemmel, S. 194.

599 Diesem Ansatz so wohl auch zustimmend Raabe, S. 80.

600 *Dannecker*, in: LK-StGB, § 1 Rn 35; *Schmitz*, in: MüKo-StGB, § 1 Rn 60.

(3) Nachvollziehbarkeit der Verweisung

Weiterhin sei erwähnt, dass die Nachvollziehbarkeit der Verweisung, d.h., dass der Normadressat erkennen können muss, welche Normen zusammen fungieren, um den vollständigen Tatbestand erfassen zu können, vorliegen muss.[601] Dieses Merkmal ist in der Literatur nicht wirklich beachtet worden.

Von besonderem Interesse ist für die hier vorliegende Arbeit die Theorie von *Moll*, nämlich die Unterscheidung nach dem Phänotyp und dem Verweisungsumfang näher zu beleuchten. Er unterscheidet somit zur Bestimmung der Bestimmtheit der Verknüpfung grds. nach der Art des Phänotyps, nach dem Verweisungsumfang und nach einfachen und mehrfachen Verweisungen.[602]

(a) Phänotyp

Molls Theorie enthält vier phänotypische Unterscheidungsmerkmale, die er als voll-explizite, vollkommen (voll-) explizite, halb-explizite und implizite Verweisungen benennt.[603]

Für voll-explizite Verweisungen sei es charakteristisch, dass sie die Normen, auf die sie verweisen, konkret benennen würden.[604] Dem gegenüber würden vollkommen explizite Verweisungen die amtliche Fundstelle des Paragraphen benennen, auf den sie verweisen.[605] Er kategorisiert sie in die Gruppe der ausdrücklichen Verweisungen, welche seines Erachtens unter dem Gesichtspunkt der Bestimmtheit der Verknüpfung unproblematisch seien, da sie aufgrund der ausdrücklichen Bezugnahme die leichte Auffindbarkeit der in Bezug genommenen Normen sicherstellen sollen.[606]

Aufgrund der Tatsache, dass es sich bei der Norm des § 15 Abs. 1 Nr. 4 und Nr. 4a HWG um eine konkrete Benennung des § 7 HWG handelt, kann man hier von einer voll-expliziten Verweisung sprechen, die in diesem Kontext unproblematisch sein dürfte.

Weiterhin sind aber auch, um überhaupt den Gedankengang des Phänotyps verstehen zu können, die anderen näher beschrieben.

Darüber hinaus sind nach seiner Ansicht halb-explizite Verweisungen vorhanden, die die ausfüllenden Normen nicht ausdrücklich benennen.[607] Er

601 Böse, S. 438; Moll, S. 134, 151.
602 Moll, S. 32 ff..
603 Moll, S. 32 ff..
604 Moll, S. 32 f..
605 Moll, S. 33.
606 Moll, S. 154 f..
607 Moll, S. 33.

bezeichnet diese Art der Verweisung als konkludenten Verweis, der aber, wie die zuvor erörterten Konstellationen, gleichzeitig eine offengelegte Bezugnahme enthält.[608] Darüber hinaus vertritt er den Standpunkt, dass halb-explizite Verweisungen innerhalb des Kernstrafrechts unbedenklich seien.[609] Sofern allerdings das Nebenstrafrecht vorliege, welches mit seinen komplizierten Normengefügen und Verweisungen auf das Gemeinschaftsrecht verweise, sei diese Art der Verweisung abzulehnen, da dann eine Unüberschaubarkeit gegeben sei.[610]

Weiterhin benennt er den Phänotyp der impliziten Verweisung. Auch diese Art erfolgt konkludent, jedoch verhält es sich hier im Gegensatz zu der halb-expliziten Verweisung so, dass es an einer Formulierung, die die Bezugnahme indiziert, fehlt.[611] Aufgrund der Tatsache, dass diese Verweisungen keinen Anlass geben nach einem Bezugsobjekt zu suchen und die Kenntnis der Bezugnahme vielmehr vorausgesetzt wird, handelt es sich um eine verborgene Verweisung.[612] *Moll* ist in diesem Zusammenhang der Meinung, dass für die Bestimmtheit der Verweisung eine wesentliche Tatsache fehlt.[613] Dem Normadressaten muss die Ausfüllung der Vorschrift unmissverständlich vor Augen geführt werden.[614] Dies führe dazu, dass dieser Maßstab von den impliziten Verweisungen nicht erfüllt werde, weil der Normadressat diese Verknüpfung selbst vornehmen müsse.[615]

(b) Verweisungsumfang

Nach *Moll* ist es bezüglich des Verweisungsumfangs problematisch, dass die pauschale Bezugnahme auf eine Vielzahl von Normen vorhanden sei, die den Normadressaten nicht in die Lage versetzen werde alle relevanten Vorschriften zu erkennen.[616] Eine schlichte Überforderung des Normadressaten würde vorliegen, sofern die Verweisung allgemein Verordnungen der Europäischen Gemeinschaft umfasse.[617]

In der in dieser Arbeit untersuchten Norm befinden sich zwar auch weitere Verweise, diese sind aber erst in der Norm auf die verwiesen wird, § 7 HWG,

---

608 Moll, S. 32 f..
609 Moll, S. 156.
610 Moll, S. 156.
611 Moll, S. 35 f..
612 Moll, S. 35 f..
613 Moll, S. 155.
614 Moll, S. 155.
615 Moll, S. 155.
616 Moll, S. 157.
617 Moll, S. 157.

auffindbar. Daher ist es m.E. nicht der Verweisungsumfang als solcher, so wie *Moll* ihn versteht, der problematisch ist, worauf nachfolgend einzugehen sein wird.

4. *Konkretisierung der Einhaltung des Bestimmtheitsgrundsatzes bei § 15 Abs. 1 Nr. 4 und Nr. 4a HWG*

Nach dieser Darstellung von Grundwissen soll nunmehr ein konkreter Fallbezug auf die hier untersuchte Norm, § 15 HWG, hergestellt werden.

Wie bereits zwischenzeitlich festgestellt, handelt es sich bei der Vorschrift des § 15 Abs. 1 Nr. 4 und Nr. 4a HWG um ein unechtes Blankettgesetz, das dem Gesetzesvorbehalt genügt. Eine Tatbestimmtheit ist ebenso unproblematisch gegeben. Demnach erscheint die Norm bis hierhin vollkommen mit den gesetzlichen Vorgaben über die Existenz einer Blankettnorm zu korrespondieren.

§ 15 Abs. 1 Nr. 4 und Nr. 4a i.V.m. § 7 Abs. 1 S. 1 Nr. 2 HWG erfüllen das Bestimmtheitserfordernis bei Blankettnormen.

Zunächst ist festzuhalten, dass § 15 Abs. 1 Nr. 4 und Nr. 4a HWG auf den § 7 Abs. 1 HWG bzw. auch auf den § 7 Abs. 3 HWG verweisen.

Ferner verweist, in der hier untersuchten Konstellation, die Vorschrift auf die verwiesen wurde, also § 7 Abs. 1 S. 1 Nr. 2 HWG, weiter auf die Arzneimittelpreisvorschriften, die aufgrund des Arzneimittelgesetzes gelten. Vor dem Hintergrund, dass sich die Norm an die Fachkreise richtet, muss man wohl davon ausgehen, dass sich diese mit dieser Verweisung auskennen müssten. Speziell unter der hier untersuchten Bestimmtheit i.S.d. Art. 103 Abs. 2 GG ist es nicht zu viel verlangt, wenn man den Fachkreisen ein Wissen über das Zustandekommen der Arzneimittelpreise abverlangt. Demnach fehlt es nicht an der Nachvollziehbarkeit, denn die Blankettnorm, § 15 HWG, verweist auf ein förmliches Gesetz. Die spätere Verweisung durch den § 7 HWG ist unschädlich, da eine Ausfüllung des durch den Gesetzgeber vorgegebenen Rahmens durch den Verordnungsgeber üblich und ebenso rechtmäßig ist. Die Strafbarkeit wird im formellen Gesetz normiert und damit durch den Gesetzgeber.

Es bleibt somit festzuhalten, dass § 15 Abs. 1 Nr. 4 und Nr. 4a i.V.m. § 7 Abs. 1 S. 1 Nr. 2 HWG im Allgemeinen nicht gegen das Kriterium der Nachvollziehbarkeit verstößt. Demnach ist das Erfordernis der Einhaltung des verfassungsrechtlich manifestierten Bestimmtheitsgebotes zu bejahen. Folglich ist die Ausgestaltung dieser Blankettnorm nicht zu beanstanden.

5. Besonderheiten des § 15 HWG

Es ist klarzustellen, dass die Norm für Vorsatz und Fahrlässigkeit greift. Der Versuch dieser Norm ist nicht unter Strafe gestellt, da nach § 13 Abs. 2 OWiG der Versuch einer Ordnungswidrigkeit nur dann geahndet werden kann, wenn das Gesetz dies ausdrücklich bestimmt. § 15 HWG sieht eine ausdrückliche Ahndung eines Versuches nicht vor, womit er nicht weiter verfolgt werden kann. Dies ist nicht zu beanstanden, wenn man bedenkt, dass es sich bei § 7 Abs. 1 S. 1 Nr. 2 HWG um ein abstraktes Gefährdungsdelikt handelt, das oben bereits eingehend dargestellt wurde.

Die Verjährung einer Ordnungswidrigkeit nach dem Heilmittelwerbegesetz richtet sich nach § 31 OWiG, nämlich die Verfolgungsverjährung, die hinsichtlich der unterschiedlichen Fristen an das Höchstmaß der gesetzlich zu verhängenden Geldbuße anknüpft.

Zuletzt sei auf die Konkurrenzen eingegangen: Nach § 20 OWiG ist, wenn durch mehrere Handlungen mehrfach gegen die Vorschriften des Heilmittelwerbegesetzes verstoßen wird und damit mehrere Geldbußen verwirkt werden, jede gesondert festzusetzen. Gem. § 19 Abs. 2 S. 1 OWiG verhält es sich so, dass bei tateinheitlicher Verwirklichung mehrerer Tatbestände, die als Ordnungswidrigkeit geahndet werden können, nur eine einzige Geldbuße festgesetzt wird, und zwar nach dem Gesetz, welches die höchste Geldbuße androht. Auf Nebenfolgen des dadurch nicht für die Verhängung der Buße zur Anwendung kommenden Gesetzes kann nach § 19 Abs. 2 S. 2 OWiG erkannt werden.

6. Einziehung, § 16 HWG

Nach § 16 HWG können das Werbematerial und die sonstigen Gegenstände, auf die sich eine Straftat nach § 14 HWG oder eine Ordnungswidrigkeit nach § 15 HWG bezieht, eingezogen werden. Nach § 16 S. 2 HWG sind § 74a StGB und § 23 OWiG ebenso anwendbar, die die erweiterten Voraussetzungen der Einziehung konkretisieren. Die Einziehung ist als Nebenfolge der eigentlichen Rechtsfolge anzusehen und hat die Bedeutung, dass das Eigentum an der Sache nach § 75 StGB i.V.m. § 26 OWiG auf den Staat übergeht.

Nach § 74 StGB können die durch die Tat hervorgebrachten Gegenstände und die dafür gebrauchten oder bestimmten Gegenstände eingezogen werden. Weiterhin bestimmt § 22 OWiG, dass Gegenstände nur eingezogen werden, soweit das Gesetz es ausdrücklich zulässt.

Gegenstand der Einziehung nach § 16 HWG sind Sachen, auf die sich eine Straftat oder Ordnungswidrigkeit bezieht.[618] Diese Beziehungsgegenstände sind notwendige Gegenstände der Tat selbst.[619] In diesem Kontext ist zu erwähnen, dass es umstritten ist, ob nur diejenigen Sachen einziehbar sind, die unmittelbar der Tatbestandsverwirklichung dienen oder aber auch diejenigen dazu zählen, die zur Herstellung dieser verwendet worden sind.[620] Als Werbematerial sind bspw. anzusehen: Werbeprospekte, -beilagen, -briefe, Plakate etc..

Demgegenüber sind sonstige Gegenstände Zuwendungen, die der Empfänger verbotswidrig erhält.[621] Nach der Einführung des § 16 S. 2 HWG, ist es nunmehr möglich die Einziehung unter den weiteren Voraussetzungen der Vorschrift auch auf solche Gegenstände, die dem Täter nicht gehören, anzuwenden.

Demnach können in der untersuchten Konstellation bspw. Arzneimittelpackungen eingezogen werden, wenn sie gegen das Naturalrabattverbot verstoßen. Daher ist die Einziehung auch in den Konstellationen, die im Rahmen der vorliegenden Arbeit untersucht werden relevant.

7. Normen des Gesetzes gegen den unlauteren Wettbewerb, § 17 HWG

Aus § 17 HWG geht hervor, dass das Gesetz gegen den unlauteren Wettbewerb unberührt bleibt. Daher sind die Vorschriften dessen neben dem Heilmittelwerbegesetz anwendbar und ergänzen es.

B. Normen des Gesetzes gegen den unlauteren Wettbewerb

An dieser Stelle soll eine Darstellung erfolgen, welche Regelungen des Gesetzes gegen den unlauteren Wettbewerb, die nach § 17 HWG unberührt bleiben, einschlägig sein können. Es sei erwähnt, dass hier nicht jede erdenkliche Konstellation untersucht wird, sondern nur eine ausgewählte Darstellung erfolgt.

Dabei muss zunächst geprüft werden, ob ein Tatbestand der „schwarzen Klausel" gegeben ist. Eine schwarze Klausel ist eine geschäftliche Handlung i.S.d. Anhangs zu § 3 Abs. 3 UWG. Sie ist stets unzulässig.[622] Damit ist gemeint, dass diese geschäftlichen Handlungen auch dann unlauter sind, wenn sie nicht die Erheblichkeitsschwelle im Sinne einer spürbaren Beeinträchtigung von

---

618 *Bülow*, in: Bülow/ Ring, HWG, § 16 Rn 4; Doepner/ Reese, HWG, § 16 Rn 16.

619 *Bülow*, in: Bülow/ Ring, HWG, § 16 Rn 4; Doepner/ Reese, HWG, § 16 Rn 21.

620 Siehe hierzu *Bülow*, in: Bülow/ Ring, HWG, § 16 Rn 5 f..

621 *Bülow*, in: Bülow/ Ring, HWG, § 16 Rn 9.

622 *Henning-Bodewig*, in: Harte-Bavendamm/ Henning-Bodewig, UWG, Anhang zu § 3 Abs. 3 UWG, I. Vorbemerkung Rn 1; Berlit, S. 19.

Verbraucherinteressen überschreiten.[623] Da in der hier untersuchten Arbeit keine schwarze Klausel einschlägig ist, sei an dieser Stelle nicht weiter darauf eingegangen.

Systematisch muss geprüft werden, ob die Generalklausel des § 3 Abs. 1 UWG vorliegend sein kann. Dieser besagt, dass unlautere geschäftliche Handlungen unzulässig sind. Für die hier untersuchte Konstellation kann § 3a UWG herangezogen werden. Dieser konkretisiert den Begriff der Unlauterkeit in § 3 Abs. 1 UWG.[624] Im Weiteren sollen die Tatbestandsvoraussetzungen hierzu geprüft werden.

I. Wettbewerbsverstoß, §§ 3 Abs. 1, 3a UWG i.V.m. § 7 HWG i.V.m. § 78 AMG i.V.m. der Arzneimittelpreisverordnung

Zunächst ist der Wettbewerbsverstoß nach §§ 3 Abs. 1, 3a UWG Gegenstand der Untersuchung. § 3a UWG besagt, dass unlauter handelt, wer einer gesetzlichen Vorschrift zuwiderhandelt, die auch dazu bestimmt ist, im Interesse der Marktteilnehmer das Marktverhalten zu regeln, und der Verstoß geeignet ist, die Interessen von Verbrauchern, sonstigen Marktteilnehmern oder Mitbewerbern spürbar zu beeinträchtigen.

Nunmehr sind allerdings die Begriffe näher zu konkretisieren. Nach § 2 Abs. 1 Nr. 1 UWG versteht man unter einer geschäftlichen Handlung jedes Verhalten einer Person zugunsten des eigenen oder eines fremden Unternehmens vor, bei oder nach einem Geschäftsabschluss, das mit der Förderung des Absatzes oder des Bezugs von Waren oder Dienstleistungen oder mit dem Abschluss oder der Durchführung eines Vertrags über Waren oder Dienstleistungen objektiv zusammenhängt. Dabei stellt § 2 Abs. 1 Nr. 1 Hs. 2 UWG klar, dass als Waren auch Grundstücke gelten, und dass auch Rechte und Verpflichtungen als Dienstleistungen verstanden werden.

Gem. § 2 Abs. 1 Nr. 2 UWG sind Marktteilnehmer neben Mitbewerbern und Verbrauchern alle Personen, die als Anbieter oder Nachfrager von Waren oder Dienstleistungen tätig sind.

Nach § 2 Abs. 1 Nr. 3 UWG ist ein Mitbewerber jeder Unternehmer, der mit einem oder mehreren Unternehmern als Anbieter oder Nachfrager von Waren oder Dienstleistungen in einem konkreten Wettbewerbsverhältnis steht.

Ein Unternehmer, nach § 2 Abs. 1 Nr. 6 UWG, ist jede natürliche oder juristische Person, die geschäftliche Handlungen im Rahmen ihrer gewerblichen,

---

623 Henning-Bodewig, in: Harte-Bavendamm/ Henning-Bodewig, UWG, Anhang zu § 3 Abs. 3 UWG, I. Vorbemerkung Rn 1; Berlit, S. 19.

624 *Ohly*, in: Ohly/ Sosnitza, UWG, § 3a Rn 8.

handwerklichen oder beruflichen Tätigkeit vornimmt, und jede Person, die im Namen oder Auftrag einer solchen Person handelt.

§ 2 Abs. 2 UWG bestimmt, dass für den Verbraucherbegriff § 13 BGB entsprechend gilt. Dieser besagt, dass Verbraucher jede natürliche Person ist, die ein Rechtsgeschäft zu Zwecken abschließt, die überwiegend weder ihrer gewerblichen noch ihrer selbständigen beruflichen Tätigkeit zugerechnet werden können.

1. Geschäftliche Handlung

Nach der oben erwähnten Definition handelt es sich bei Rabattgewährungen des pharmazeutischen Unternehmers an den Großhändler oder an den Apotheker bzw. des Großhändlers an den Apotheker oder einer Annahme dessen in der jeweiligen Konstellation, um eine geschäftliche Handlung i.S.d. § 2 Abs. 1 Nr. 1 UWG.

2. Gesetzliche Vorschrift

Nachdem nunmehr grundlegende Begriffe geklärt wurden, soll es im Folgenden um die nähere Prüfung der Tatbestandsmerkmale, die § 3a UWG fordert, gehen. Eine gesetzliche Vorschrift i.S.d. § 3a UWG ist jede Rechtsnorm, die in Deutschland Geltung besitzt.[625] Die Vorschrift muss wirksam sein.[626]

Sofern argumentiert wird, dass § 7 HWG soweit er Werbegaben auch an nicht zur Verschreibung von Arzneimitteln berechtigte Personen verbietet, angesichts der Unvereinbarkeit mit dem Gemeinschaftskodex für Humanarzneimittel für die Arzneimittelwerbung im Wesentlichen unionsrechtswidrig sei und an sich nicht im Rahmen von Ansprüchen nach § 8 Abs. 1 UWG i.V.m. §§ 3 Abs. 1, 3a UWG angewendet werden könne[627], muss dem entgegengehalten werden, dass, wie oben erläutert, keine Unionsrechtswidrigkeit gegeben ist.[628] Der Gemeinschaftskodex für Humanarzneimittel erlaubt den Mitgliedsstaaten vielmehr nationale Regelungen bei den Preisvorschriften festzusetzen. Im Übrigen sei auf die Darstellung weiter oben verwiesen.[629]

---

625 *Köhler*, in: Köhler/ Bornkamm/ Feddersen, UWG, § 3a Rn 1.52; *Ohly*, in: Ohly/ Sosnitza, UWG, § 3a Rn 12.

626 BGH GRUR 2008, 438 (439); *Köhler*, in: Köhler/ Bornkamm/ Feddersen, UWG, § 3a Rn 1.52; *Ohly*, in: Ohly/ Sosnitza, UWG, § 3a Rn 12.

627 *Fritzsche*, in: Spickhoff, § 7 HWG Rn 2.

628 So auch OLG München Urt. v. 02.07.2009, Az.: 29 U 4587/08; OLG Hamburg PharmaR 2010, 410 (418).

629 Siehe S. 111 ff..

Bei § 7 HWG i.V.m. § 78 AMG i.V.m. der Arzneimittelpreisverordnung handelt es sich damit unproblematisch um gesetzliche Vorschriften. Daher seien weitere Ausführungen hierzu vermieden.

3. *Norminhalt*

Hinzu tritt das Erfordernis des Norminhaltes, das bedeutet, dass die Norm, der zuwidergehandelt wird auch dazu bestimmt sein muss im Interesse der Marktteilnehmer das Marktverhalten zu regeln.[630] Dabei wird eine Beschränkung dahingehend gemacht, dass der verletzten Norm zumindest eine sekundäre Schutzfunktion zugunsten des Wettbewerbs zukommen muss.[631]

Die geforderte Regelung des Marktverhaltens gibt vor, dass sich die Norm auf eine Tätigkeit am Markt, also im Bereich des Waren- oder Dienstleistungsaustausches, beziehen muss.[632] Das Tatbestandsmerkmal, dass die Vorschrift auch dazu bestimmt sein muss im Interesse der Marktteilnehmer das Marktverhalten zu regeln, verlangt allerdings nicht, dass die Vorschrift final, evtl. neben anderen Zwecken, auf die Regelung des Marktes gerichtet sein muss.[633] Eine Auswirkung auf das nach dem Schutzzweck des Gesetzes gegen den unlauteren Wettbewerb gebotene Verhalten der Mitbewerber am Markt ist als ausreichend anzusehen.[634]

Die durch die Ermächtigungsgrundlage des § 78 Abs. 1 AMG erlassene Arzneimittelpreisverordnung enthält unmittelbar das Marktverhalten im Interesse der Marktbeteiligten regelnde Vorschriften.[635] Ein Verstoß hiergegen ist ebenso unlauter i.S.v. § 3a UWG.[636] Außerdem handelt es sich bei Normen aus dem

---

630 *v. Jagow*, in: Harte-Bavendamm/ Henning-Bodewig, UWG, § 3a Rn 22; *Köhler*, in: Köhler/ Bornkamm/ Feddersen, UWG, § 3a Rn 1.61.

631 Zu § 4 Nr. 11 UWG a.F.: BT-Drucks. 15/1487, S. 19; wohl auch heute noch zustimmend: *v. Jagow*, in: Harte-Bavendamm/ Henning-Bodewig, UWG, § 3a Rn 12; Dreher/ Kulka, § 3 Rn 478.

632 *v. Jagow*, in: Harte-Bavendamm/ Henning-Bodewig, UWG, § 3a Rn 22.

633 *v. Jagow*, in: Harte-Bavendamm/ Henning-Bodewig, UWG, § 3a Rn 22; *Köhler*, in: Köhler/ Bornkamm/ Feddersen, UWG, § 3a Rn 1.62 ff..

634 *v. Jagow*, in: Harte-Bavendamm/ Henning-Bodewig, UWG, § 3a Rn 22; Ullmann, in: GRUR 2003, 817 (821).

635 *v. Jagow*, in: Harte-Bavendamm/ Henning-Bodewig, UWG, § 3a Rn 51; *Köhler*, in: Köhler/ Bornkamm/ Feddersen, UWG, § 3a Rn 1.256.

636 Teilweise noch zu § 4 Nr. 11 UWG, der im heutigen § 3 UWG aufgegangen ist: OLG Frankfurt GRUR-RR 2006, 233 (234); OLG Naumburg GRUR-RR 2006, 336 (337); OLG Oldenburg WRP 2006, 913 (916); OLG Köln WRP 2007, 471 (473); OLG Naumburg GRUR-RR 2007, 159 (159); Schmid, in: FS für Ullmann, 2006, 875 (887 f.); Peter, in: GRUR 2006, 910 (911).

Heilmittelwerbegesetz, die die Werbung für Arzneimittel regeln, um marktverhaltensbezogene Vorschriften.[637] Ein Wettbewerbsverstoß ist zu bejahen, wenn eine Gewährung von Zuwendungen entgegen § 7 HWG vorliegt.[638] Demnach ist dieses Tatbestandskriterium als erfüllt anzusehen.

4. *Keine subjektiven Voraussetzungen*

Ein objektiver Verstoß gegen die relevante Norm ist i.d.R. ausreichend, nämlich dann, wenn der Normverstoß nicht zusätzlich an subjektive Merkmale geknüpft ist.[639] Dies ist bei den hier untersuchten Normen nicht vorliegend. Damit sind keine subjektiven Voraussetzungen zu erfüllen.

5. *Eignung zur spürbaren Beeinträchtigung der Interessen von Marktteilnehmern*

Damit ein Verstoß gegen § 3a UWG vorliegt und die entsprechenden Rechtsfolgen eingreifen, müssen auch die übrigen tatbestandlichen Voraussetzungen erfüllt sein. Demnach ist fraglich, ob eine Eignung zur spürbaren Beeinträchtigung der Interessen von Marktteilnehmern gegeben ist.

a) Eignung

Eine Eignung ist dann anzunehmen, wenn eine objektive Wahrscheinlichkeit besteht, dass die konkrete Handlung zu einer spürbaren Beeinträchtigung solcher Interessen führt.[640] Dabei kommt es nur auf die Interessen von Mitbewerbern, Verbrauchern oder sonstigen Marktteilnehmern an.[641] Bei den Arzneimittelpreisregularien handelt es sich um Vorschriften, bei deren Verstoß eine solche Eignung gegeben ist. Denn diese sind notwendig, um die Gelder dem Gesundheitssystem zuzuführen, das letztendlich den Verbrauchern zu Gute

---

637 *Sosnitza*, in: Ohly/ Sosnitza, UWG, § 3a Rn 67.

638 OLG Frankfurt GRUR-RR 2005, 393 (393 f.); OLG Hamburg GRUR-RR 2005, 397 (397); OLG Stuttgart GRUR-RR 2005, 64 (64 f.); OLG Stuttgart GRUR-RR 2005, 235 (235 f.); OLG Naumburg GRUR-RR 2006, 336 (337); OLG Düsseldorf GRUR-RR 2007, 117 (117 f.); zu § 1 UWG a.F.: BGH GRUR 1990, 1041 (1042); vgl. auch BGH GRUR 2003, 624 (625 f.).

639 *Köhler*, in: Köhler/ Bornkamm/ Feddersen, UWG, § 3a Rn 1.87; Emmerich, Unlauterer Wettbewerb, § 20 Rn 25.

640 *v. Jagow*, in: Harte-Bavendamm/ Henning-Bodewig, UWG, § 3a Rn 36 f.; *Köhler*, in: Köhler/ Bornkamm/ Feddersen, UWG, § 3a Rn 1.97.

641 *Köhler*, in: Köhler/ Bornkamm/ Feddersen, UWG, § 3a Rn 1.98.

kommt. Ferner können ebenso Mitbewerber tangiert sein, indem ein pharmazeutischer Unternehmer oder ein Großhändler sich genötigt fühlen könnte, ebenso Rabatte zu vergeben, um sich im Markt halten zu können.

b) Spürbarkeit

Die Interessen der Mitbewerber können dann beeinträchtigt sein oder werden, wenn sie einen Schaden in Gestalt einer Einbuße an vorhandenen Rechten oder Rechtsgütern oder in Gestalt einer Minderung ihrer Marktchancen erleiden oder erleiden können, also mit anderen Worten wenn der Wert ihres Unternehmens gemindert wird oder werden kann.[642] Die Spürbarkeit ist gegeben, wenn sie nicht bloß theoretisch möglich ist, sondern tatsächlich eintritt oder eintreten kann.[643]

Von einer spürbaren Beeinträchtigung der Interessen der Verbraucher und der sonstigen Marktteilnehmer ist dann auszugehen, sofern sie in ihrer Fähigkeit zu einer auf einer Information beruhenden Entscheidung spürbar beeinträchtigt sind.[644] Ferner muss dieser Umstand sie veranlassen können eine geschäftliche Entscheidung in einer bestimmten Art und Weise zu treffen, die sie sonst nicht getroffen hätten.[645]

aa) Beurteilungskriterien

Mögliche Beurteilungskriterien in diesem Kontext sind die Art der Handlung, die Schwere der Handlung, die Häufigkeit oder die Dauer der Handlung, die Stoßrichtung der Handlung, die Marktmacht, die Wiederholungsgefahr, die Nachahmungsgefahr oder die behördliche Sanktion.[646]

bb) Spürbarkeit beim Rechtsbruchtatbestand

Man muss bedenken, dass die Verletzung einer Marktverhaltensregelung i.S.d. § 3a UWG nicht notwendigerweise eine spürbare Beeinträchtigung der Interessen der von der Norm geschützten Marktteilnehmer begründet. Dies hängt von

642 *Köhler*, in: Köhler/ Bornkamm/ Feddersen, UWG, § 3a Rn 1.100.
643 *Köhler*, in: Köhler/ Bornkamm/ Feddersen, UWG, § 3a Rn 1.100.
644 *Köhler*, in: Köhler/ Bornkamm/ Feddersen, UWG, § 3a Rn 1.103.
645 *Köhler*, in: Köhler/ Bornkamm/ Feddersen, UWG, § 3a Rn 1.103.
646 Siehe hierzu im Einzelnen *Köhler*, in: Köhler/ Bornkamm/ Feddersen, UWG, § 3a Rn 1.103 – 1.111. Dort findet sich eine Darstellung, was genau beachtet werden muss, um die einzelnen Kriterien entsprechend würdigen zu können.

den konkreten Auswirkungen des Rechtsverstoßes ab.[647] Bei Verstößen gegen die Gesundheit oder die medizinische Versorgung ist die Spürbarkeit nach einer Einzelfallprüfung grds. zu bejahen.[648] Dabei ist zu beachten, dass ein Verstoß gegen das Heilmittelwerbegesetz regelmäßig die Spürbarkeitsgrenze des § 3a UWG überschreitet.[649] Demnach könnte man davon ausgehen, dass auch in der hier untersuchten Konstellation eine Spürbarkeit per se zu bejahen ist. Vor dem Hintergrund, dass der Gesetzgeber jede Art von Rabattgewährung, die den Arzneimittelpreisregularien widerspricht verboten hat und dies damit begründet hat, dass es zu einem ruinösen Preiswettbewerb führen kann, der langfristig das Gesundheitssystem in Deutschland gefährdet, muss man eine Spürbarkeit bei der Marktbeeinflussung annehmen. Schließlich war es vor der Neuregelung so, dass der pharmazeutische Unternehmer in Einzelfällen vom Herstellerabgabepreis abweichen durfte. Dabei muss festgestellt worden sein, dass der pharmazeutische Unternehmer den vom Gesetzgeber eingeräumten Spielraum zu sehr ausnutzte. Ferner war es kaum möglich dieses Verhalten zu kontrollieren. Daher hat der Gesetzgeber sich für die Neufassung entschieden. Ferner ist es richtig, dass für einzelne Arzneimittel ein bestimmter Markt gegeben ist. Eine Substitution mit Arzneimitteln, die von einem anderen Hersteller stammen ist bedingt möglich. Hinzu kommt, dass Patente dem Originator eine wesentliche Zeit eine monopolartige Stellung verschaffen, die mithin eine Spürbarkeit nach sich zieht. Ferner kann eine Nachahmung der anderen Hersteller stattfinden. Daher ist eine Spürbarkeit in allen Verstößen gegen § 7 Abs. 1 S. 1 Nr. 2 HWG anzunehmen.

6. *Rechtsfolgen*

Als Rechtsfolge einer Zuwiderhandlung gegen §§ 3 Abs. 1, 3a UWG können verschuldensunabhängige Ansprüche, Unterlassungs- und Beseitigungsansprüche nach § 8 Abs. 1 UWG, begründet werden. Auch können verschuldensabhängige Ansprüche, Schadensersatz- und Gewinnherausgabeansprüche nach §§ 9, 10 UWG, geltend gemacht werden.

Falls eine Abmahnung berechtigt sein sollte, kann der Abmahner außerdem Ersatz für die erforderlichen Aufwendungen gem. § 12 Abs. 1 S. 2 UWG verlangen. Als Anspruchsberechtigter nach § 8 Abs. 3 UWG gelten Mitbewerber,

---

647 KG GRUR 2007, 515 (516 f.).

648 BGHZ 163, 265 (274); BGH GRUR 2005, 875 (876 f.); *Ohly*, in: Ohly/ Sosnitza, UWG, § 3a Rn 30a, 67.

649 OLG Oldenburg GRUR-RR 2006, 243 (244); *Ohly*, in: Ohly/ Sosnitza, UWG, § 3a Rn 67.

bestimmte Verbände, qualifizierte Einrichtungen und Industrie- und Handelskammern.

II. Mondpreis

Nach § 5 Abs. 4 S. 1 UWG ist es irreführend, wenn mit der Herabsetzung eines Preises geworben wird, sofern der Preis nur für eine unangemessen kurze Zeit gefordert worden ist. Dieser Umstand wird als „Mondpreis“ bezeichnet. Mondpreise sind Preise, die den bei verständiger ernsthafter Kalkulation vertretbaren Preis oder den auf dem Markt allgemein üblich gewordenen Durchschnittspreis für ein Produkt in der Art und Weise übersteigen, dass der Preis nur noch eine Phantasiegröße darstellt.[650] Genau diese Phantasiegröße ist es, die allein dem Zweck dient, dass der niedrigere tatsächliche Verkaufspreis dem Mondpreis gegenüber gestellt werden kann, um den Verkaufspreis als besonders günstig erscheinen zu lassen.[651]

Fraglich ist, ob eine Konstellation denkbar ist, die eine Bejahung eines derartigen Vorliegens zur Folge haben kann.

Saarländisches Oberlandesgericht, Urteil vom 26. November 2003-1 U 249/03 -62-[652]

Diese Problematik sei an einem praxisnahen Fall erläutert, nämlich dem Urteil des Saarländischen Oberlandesgerichts vom 26. November 2003.

Zunächst sei der Tatbestand kurz skizziert:

Die Beklagte, ein pharmazeutisches Unternehmen, bot den Apothekern für den Bezug ihrer Medikamente großzügige Rabatte an. Im Jahr 2000 hat sie aufgrund einer Grundlagenvereinbarung für das gesamte Jahr für alle von ihr bezogenen Arzneimittel Rabatte zwischen 1 und 3 % je nach Umsatzhöhe angeboten. Allerdings bot sie ebenso Rabatte i.H.v. 18–20 % in verschiedenen Sonderaktionen an. Die Rabatte gewährte die Beklagte auf den Apothekeneinkaufspreis bzw. damals sog. Herstellerabgabepreis. Nach Erlass einer einstweiligen Verfügung, mit der der Beklagten die Gewährung von Rabatten von 18 oder 20 % verboten wurde, bot diese den Apotheken an, zwecks Vermeidung finanzieller Nachteile eingehende Direktbestellungen über den Großhändler X abzuwickeln. Die

650 BGHZ 45, 115 (127, 129); BGH GRUR 1981, 137 (139); *Feddersen*, in: Köhler/ Bornkamm/ Feddersen, UWG, § 5 Rn 3.111.

651 *Feddersen*, in: Köhler/ Bornkamm/ Feddersen, UWG, § 5 Rn 3.111.

652 Abgedruckt in WRP 2004, 255–259.

einstweilige Verfügung wurde später zurückgenommen, das zur Folge hatte, dass ab September 2002 weiterhin Rabatte i.H.v. 20 % vergeben wurden.

Die Klägerin führte zu dem Punkt des Mondpreises aus, dass die in erheblichem Umfang gemachten Rabatte deutlich machen würden, dass der offizielle Herstellerabgabepreis von der Beklagten von Anfang an überhöht festgesetzt wurde, und nicht dem regelmäßigen Preis entspräche, wie er bei normaler Marktlage kalkuliert werden würde. Demnach wäre der in der Lauertaxe geführte Preis lediglich ein Mondpreis, der gegen das Gesetz gegen den unlauteren Wettbewerb verstoßen würde. Dadurch verschaffe sich die Beklagte gegenüber ihren Mitbewerbern einen ihr nicht zustehenden, unlauteren Vorteil, indem sie die Apotheken zum bevorzugten Bezug ihrer Präparate veranlasse.

Dies hat das OLG verneint. Es hat festgestellt, dass sobald ein pharmazeutischer Unternehmer Apothekern bei der Abnahme von Arzneimitteln zeitlich und mengenmäßig befristet Rabatte gewährt, mit denen der eigene Herstellerabgabepreis unterschritten wird, dies noch nicht dazu führe, dass der in der Lauertaxe veröffentlichte Herstellerabgabepreis nur noch als fiktiv angesehen werden könne.

An dieser Stelle sei erwähnt, dass es von Nöten ist, dass der Verkehr über die herausgestellte Sparwirkung und die besondere Preisgünstigkeit, die ihn zum Kauf anregen soll, irregeführt werden muss.[653]

Dieser Entscheidung ist vor dem Hintergrund der damaligen Rechtslage zuzustimmen. Allerdings verhielt es sich in diesem speziellen Fall so, dass eine Vorspiegelung falscher Tatsachen und eine Täuschung des Verkehrs nicht zu verzeichnen war.[654] Dies lässt sich damit begründen, dass die Apotheken, die unter Rabattkonditionen von der Beklagten Arzneimittel beziehen, die genaue Rabatthöhe kennen.[655] Zudem kennen sie den offiziellen Herstellerabgabepreis nach der Lauertaxe, welcher schriftlich gebunden oder in der EDV in jeder Apotheke vorhanden ist.[656] Die Apotheker wissen also, dass sie im Zuge dieser Sonderrabattaktion tatsächlich einen Herstellerabgabepreis entrichten, der niedriger ist als der offizielle Herstellerabgabepreis.[657] Demnach steht fest, dass die Apotheker über keines der Merkmale der Preisbildung getäuscht werden.[658]

---

653 BGH GRUR 2000, 337 (338).
654 LG Saarbrücken Urt. v. 25.03.2003, Az.: 7II O 92/02.
655 LG Saarbrücken Urt. v. 25.03.2003, Az.: 7II O 92/02.
656 LG Saarbrücken Urt. v. 25.03.2003, Az.: 7II O 92/02.
657 LG Saarbrücken Urt. v. 25.03.2003, Az.: 7II O 92/02.
658 LG Saarbrücken Urt. v. 25.03.2003, Az.: 7II O 92/02.

Auch nach heutiger Rechtslage würde so entschieden werden. Demnach wird der Anwendungsbereich dieser Norm in dieser Konstellation eher gering sein. Abgesehen hiervon darf es nunmehr, wie bereits am Anfang der Arbeit geschildert, keinerlei Ausnahmen mehr zu dem Abgabepreis des pharmazeutischen Unternehmers, wie er heute genannt wird, geben.

Damit bleibt festzuhalten, dass wenn man sich den Argumenten des LG Saarbrücken anschließt, unter den genannten Voraussetzungen ein Verstoß gem. § 5 Abs. 4 S. 1 UWG zu verneinen ist und mithin kein Mondpreis zu verzeichnen ist.

C. Kartellrecht

Im weiteren Verlauf soll das Hauptaugenmerk nunmehr auf die Rechtsfolgen, die sich aus dem Kartellrecht ergeben, gerichtet werden.

Dabei sei aber schon jetzt erwähnt, dass hier eine begrenzte Darstellung erfolgt, da nicht alle möglichen Tatbestandskonstellationen näher betrachtet werden können. Daher sei auf diejenigen Konstellationen Bezug genommen, in denen der pharmazeutische Unternehmer oder Großhändler einen Rabatt im Inland gewährt, der gegen die oben aufgestellten Grundsätze verstößt. Dies allerdings unter der Prämisse, dass er ihn an den überwiegenden Teil seiner Abnehmer gewährt. Diejenigen Konstellationen, in denen ein einzelner aufgrund seiner Marktmacht günstigere Konditionen erhält oder verlangt, seien im Weiteren ausgeklammert. Ebenso ist die Konstellation, in der einzelne als Anbieter oder Nachfrager vom pharmazeutischen Unternehmer abhängig sind nicht Gegenstand der Arbeit.

I. Verstoß nach § 19 Abs. 2 Nr. 1 GWB

Aufgrund der Tatsache, dass es sich bei § 19 Abs. 1 GWB um die Generalklausel handelt, muss zunächst an Hand der im Normtext vorgegebenen Regelbeispiele in Abs. 2 ein evtl. vorliegender Verstoß untersucht werden.

Diese Vorschrift besagt, dass die missbräuchliche Ausnutzung einer marktbeherrschenden Stellung durch ein oder mehrere Unternehmen verboten ist. Weiterhin stellt § 19 Abs. 2 Nr. 1 GWB klar, dass ein Missbrauch insbesondere dann vorliegt, wenn ein marktbeherrschendes Unternehmen als Anbieter oder Nachfrager einer bestimmten Art von Waren oder gewerblichen Leistungen ein anderes Unternehmen unmittelbar oder mittelbar unbillig behindert oder ohne sachlich gerechtfertigten Grund unmittelbar oder mittelbar anders behandelt als gleichartige Unternehmen.

In der hier untersuchten Konstellation, dass ein pharmazeutischer Unternehmer die Marktmacht besitzt und Arzneimittel entgegen den Preisregularien rabattiert, könnte er evtl. hierdurch andere pharmazeutische Unternehmer oder bei einem Direktvertrieb an Apotheken die Großhändler in ihrem geschäftlichen Dasein tangieren. Man könnte sich ebenso die Konstellation vorstellen, dass ein Großhändler, der ebenso die Marktmacht besitzt, bei einem oben beschriebenen Handeln entgegen den Arzneimittelpreisvorschriften andere Großhändler oder pharmazeutische Unternehmer, sofern diese ein Direktgeschäft mit Apotheken abwickeln, behindert. Aufgrund der Tatsache, dass die letztgenannte Konstellation wohl kaum existent sein wird, soll auf die häufige Konstellation des pharmazeutischen Unternehmers, der marktbeherrschend ist, eingegangen werden.

Im Folgenden sollen die Voraussetzungen für eine Bejahung eines Verstoßes gegen § 19 Abs. 2 Nr. 1 GWB erläutert werden.

1. Marktbeherrschende Stellung, § 18 GWB

Derjenige, dem ein Verstoß vorgeworfen wird, muss zunächst eine marktbeherrschende Stellung inne haben. Dies kann aufgrund verschiedener Umstände zu bejahen sein. Die marktbeherrschende Stellung ergibt sich aus § 18 GWB.

Gem. § 18 Abs. 1 GWB ist ein Unternehmen als marktbeherrschend anzusehen, soweit es als Anbieter oder Nachfrager einer bestimmten Art von Waren oder gewerblichen Leistungen auf dem sachlich und räumlich relevanten Markt ohne Wettbewerber ist, keinem wesentlichen Wettbewerb ausgesetzt ist oder eine im Verhältnis zu seinen Wettbewerbern überragende Marktstellung hat.

Nach dem funktionalen Unternehmensbegriff, der im Kartellrecht vorherrscht, ist ein Unternehmen jede eine wirtschaftliche Tätigkeit ausübende Einheit.[659]

Weiterhin erklärt die Norm in § 18 Abs. 3 GWB, dass dabei insbesondere sein Marktanteil, seine Finanzkraft, sein Zugang zu den Beschaffungs- oder Absatzmärkten, Verflechtungen mit anderen Unternehmen, rechtliche oder tatsächliche Schranken für den Marktzutritt anderer Unternehmen zu berücksichtigen sind. Weitere Faktoren sind der tatsächliche oder potentielle Wettbewerb durch Unternehmen, die innerhalb oder außerhalb des Geltungsbereiches des Gesetzes gegen Wettbewerbsbeschränkungen ansässig sind, die Fähigkeit sein Angebot

---

659 EuGH Urt. v. 12.07.1984, Rs.: C-170/83 – Hydrotherm; EuGH Urt. v. 16.03.2004, Rs.: C-264/01 – AOK; EuGH WuW/ E EU-R 913 (917) – Dansk Rorindustrie; Bechtold/ Bosch, GWB, § 18 Rn 3; Bunte/ Stancke, S. 66 f.; Emmerich/ Lange, KartellR, § 3 Rn 27; Lettl, § 2 Rn 4.

oder seine Nachfrage auf andere Waren oder gewerbliche Leistungen umzustellen, sowie die Möglichkeit der Marktgegenseite auf andere Unternehmen auszuweichen.

Gem. § 18 Abs. 4 GWB wird vermutet, dass ein Unternehmen marktbeherrschend ist, wenn es einen Marktanteil von mindestens 40 % hat.

Darüber hinaus stellt § 18 Abs. 5 GWB klar, dass zwei oder mehr Unternehmen marktbeherrschend sind, soweit zwischen ihnen für eine bestimmte Art von Waren oder gewerblichen Leistungen ein wesentlicher Wettbewerb nicht besteht und soweit sie in ihrer Gesamtheit die Voraussetzungen des § 18 Abs. 1 GWB erfüllen. Ferner kann nach § 18 Abs. 2 GWB der räumlich relevante Markt i.S.d. Gesetzes gegen Wettbewerbsbeschränkungen weiter sein als der Geltungsbereich des Gesetzes gegen Wettbewerbsbeschränkungen.

a) Marktabgrenzung

Als Markt bezeichnet man den idealen Ort, wo Angebot und Nachfrage aufeinander treffen, wo sich mit anderen Worten mehrere Anbieter um dieselben Kunden oder mehrere Nachfrager um dieselben Anbieter bemühen.[660] Dieser beschriebene ideale Ort hat eine sachliche, räumliche und in Ausnahmen auch eine zeitliche Dimension.[661] Diese Dimensionen dienen als Hilfe, um die Wettbewerbskräfte zu ermitteln, denen ein bestimmtes Unternehmen tatsächlich ausgesetzt ist.[662] Nur so kann man wertend feststellen, ob es schon als marktbeherrschend behandelt werden muss oder ob es noch hinreichendem Wettbewerb ausgesetzt ist, sodass eine spezielle Aufsicht der Kartellbehörde sich erübrigt.[663]

aa) Sachlich relevanter Markt

Zunächst ist auf den sachlich relevanten Markt einzugehen.

(1) Bedarfsmarktkonzept

Bei der Abgrenzung des sachlich relevanten Marktes ist auf das Bedarfsmarktkonzept zurückzugreifen. Dabei muss beantwortet werden, welche Güter oder Leistungen zu einem Markt gehören, weil zwischen ihnen spürbare Wettbewerbsbeziehungen bestehen, sodass eine gewisse Einflussnahme im Absatz

---

660 BKartA WuW/ E DE-V 275 (276); Emmerich/ Lange, KartellR, § 26 Rn 7; Dreher/ Kulka, § 6 Rn 758.

661 *Fuchs/ Möschel*, in: Immenga/ Mestmäcker, § 18 Rn 17; Bunte/ Stancke, S. 173 ff.; Emmerich/ Lange, KartellR, § 26 Rn 7.

662 BGHZ 170, 299 (305 f.); Emmerich/ Lange, KartellR, § 26 Rn 7.

663 BGHZ 170, 299 (305 f.); Emmerich/ Lange, KartellR, § 26 Rn 7.

oder bei der Nachfrage vorhanden sein könnte.[664] Das Grundlegende bei dem Bedarfsmarktkonzept ist, dass auf die Sichtweise der Marktgegenseite abgestellt wird und demnach geprüft wird, ob eine Austauschbarkeit vorliegend ist.[665] Ferner werden auf der Angebotsseite zu demselben Markt solche Güter und Leistungen gerechnet, die nach dem Urteil des durchschnittlichen, vernünftigen Verbrauchers, der sich bereits für eine bestimmte Waren- oder Leistungsart entschieden hat, geeignet sind denselben Verwendungszweck zu befriedigen.[666] Dabei müssen allein realistische Wahlmöglichkeiten berücksichtigt werden und Überschneidungen in Randbereichen unberücksichtigt bleiben.[667] Diese Überschneidungen sind schlicht unvermeidbar.[668] Zu demselben Markt werden hingegen nur Güter und Leistungen gezählt, die marktgleichwertig sind, weil die Nachfrager zwischen ihnen ohne große Überlegung und ohne besondere Anpassungslasten wählen können.[669] Wenn allerdings ein Nachfrager technische, sachliche oder auch nur psychische Hemmschwellen überwinden muss, sofern er einen Wechsel der Angebote vollziehen will, gehören die betreffenden Waren oder Leistungen nicht zu demselben Markt.[670] An dieser Stelle ist zu erwähnen, dass selbst wenn Produkte „identisch" sind, sie doch zu verschiedenen Märkten

---

664 Bechtold/ Bosch, GWB, § 18 Rn 8; Bunte/ Stancke, S. 173 f.; Emmerich/ Lange, KartellR, § 26 Rn 8; Lettl, § 1 Rn 26.

665 *Bardong*, in: Langen/ Bunte, § 18 Rn 15; Emmerich/ Lange, KartellR, § 26 Rn 8; Lettl, § 1 Rn 26.

666 BGHZ 160, 321 (326); BGHZ 170, 299 (303 ff.); BGH AG 2005, 198 (199 f.); OLG Düsseldorf AG 2005, 847 (848); BKartA AG 2007, 506 (507 f.); BKartA WUW/ E DE-V 1313 (1314 f.); BKartA WUW/ E DE-V 1365 (1369); Emmerich/ Lange, KartellR, § 26 Rn 9. *Emmerich* ist zudem der Ansicht, dass man ebenso die Angebots- und Produktionsumstellungsflexibilität anderer Hersteller in die Betrachtung einbeziehen sollte, sofern die anderen Anbieter ähnlicher Produkte tatsächlich bereit und in der Lage sind, ihre Produktion kurzfristig und mit wirtschaftlich vertretbarem Aufwand umzustellen. Siehe hierzu Emmerich/ Lange, KartellR, § 26 Rn 9.

667 BGHZ 160, 321 (326); BGHZ 170, 299 (303 ff.); BGH AG 2005, 198 (199 f.); OLG Düsseldorf AG 2005, 847 (848); BKartA AG 2007, 506 (507 f.); BKartA WUW/ E DE-V 1313 (1314 f.); BKartA WUW/ E DE-V 1365 (1369); Emmerich/ Lange, KartellR, § 26 Rn 9.

668 BGHZ 160, 321 (326); BGHZ 170, 299 (303 ff.); BGH AG 2005, 198 (199 f.); OLG Düsseldorf AG 2005, 847 (848); BKartA AG 2007, 506 (507 f.); BKartA WUW/ E DE-V 1313 (1314 f.); BKartA WUW/ E DE-V 1365 (1369); Emmerich/ Lange, KartellR, § 26 Rn 9.

669 Bechtold/ Bosch, GWB, § 18 Rn 8; *Fuchs/ Möschel*, in: Immenga/ Mestmäcker, § 18 Rn 33; Emmerich/ Lange, KartellR, § 26 Rn 10.

670 BGHZ 82, 1 (4 f.); BGHZ 101, 100 (103 f.); BGHZ 131, 107 (110 f.).

gehören können, weil sie bspw. in verschiedenen Packungen bzw. Packungsgrößen angeboten werden, die den Abnehmern ein Ausweichen auf den anderen Markt unmöglich machen.[671] Weiterhin ist die Zugehörigkeit von Produkten zu verschiedenen Preisklassen ein Indikator für die Zugehörigkeit zu verschiedenen Märkten.[672] Zudem ist zu erwähnen, dass es ebenso den Teilmarkt gibt. Dabei verhält es sich so, dass die Anbieter einer nach Preis, Menge, Qualität und Absatzwegen differenzierte Absatzstrategie auf den verschiedenen Märkten betreiben können, weil die Abnehmer unterschiedliche Interessen verfolgen.[673] Dies kann nur geschehen, weil es Überschneidungen gibt, die so sehr ins Gewicht fallen, dass die Unternehmen auf den verschiedenen Marktsegmenten unterschiedliche Strategien verfolgen können, die dann als selbständige Teilmärkte anzuerkennen sind.[674]

(2) Beschaffungsmärkte

Um den Beschaffungsmarkt der Unternehmen abzugrenzen, ist es wichtig, die Nachfrageseite des Marktes zu untersuchen.[675] Hier ist auf die Sicht der Anbieter abzustellen und zu fragen, welche Ausweichmöglichkeiten für die Anbieter bestehen, sodass aus ihrer Sicht alle Nachfrager und Produkte zu demselben Markt gehören, auf die sie ohne große Schwierigkeiten ausweichen können.[676] Dabei ist nicht nur an unterschiedliche Vertriebswege und Absatzmärkte, sondern auch an unterschiedliche Produktionslinien zu denken.[677] Die Produkte, auf die die Herstellung ohne unzumutbaren Aufwand zeitnah umgestellt werden kann, zählen mithin auf Beschaffungsmärkten zum selben Markt, sodass sich solche Märkte aus Gruppen sachlich verwandter Produkte zusammensetzen dürften.[678]

Nachdem die Grundsätze zum sachlich relevanten Markt aufgezeigt wurden, soll nunmehr auf den räumlich relevanten Markt eingegangen werden, der ebenso wichtig ist, um die Marktbeherrschung festzustellen.

---

671 BGH AG 1989, 275 (275 f.); KG AG 1986, 196 (199); KG AG 1988, 311 (311); BKartA WuW/ E DE-V 1269 (1270); Emmerich, in: AG 1988, 357 (359).

672 Bechtold/ Bosch, GWB, § 18 Rn 14; Emmerich/ Lange, KartellR, § 26 Rn 10; Lettl, § 1 Rn 29.

673 OLG Düsseldorf WuW/ E DE-R 1845 (1849).

674 BGHZ 77, 279 (287 ff.).

675 *Bardong*, in: Langen/ Bunte, § 18 Rn 20 ff.; Emmerich/ Lange, KartellR, § 26 Rn 13.

676 *Bardong*, in: Langen/ Bunte, § 18 Rn 20 ff.; Emmerich/ Lange, KartellR, § 26 Rn 13.

677 *Bardong*, in: Langen/ Bunte, § 18 Rn 20 ff.; Emmerich/ Lange, KartellR, § 26 Rn 13.

678 BGH NJW-RR 1988, 1069 (1070); BGH ZIP 2000, 426 (428); KG WuW/ E OLG 3577 (3585 f.); KG WuW/ E OLG 3917 (3927 ff.).

bb) Räumlich relevanter Markt

Weiterhin muss eine räumliche Marktabgrenzung erfolgen. Dabei muss die Frage beantwortet werden, welche Unternehmer, die sachlich vergleichbare Güter oder Leistungen anbieten oder nachfragen, auch tatsächlich miteinander konkurrieren, weil sie in demselben Gebiet tätig sind.[679] Die Tätigkeit muss sich auf demselben räumlich relevanten Markt und nicht in weit voneinander entfernten Märkten, zwischen denen nur schwache Wettbewerbsbeziehungen bestehen, vollziehen.[680] Je nach den Marktverhältnissen kann es sich dabei um lokale, regionale, nationale, mehrere Länder umfassende, europaweite oder Weltmärkte handeln.[681]

Es ist anzumerken, dass auch bei der räumlichen Marktabgrenzung die Praxis dem Bedarfsmarktkonzept folgt.[682] Demnach muss man bei Angebotsmärkten zunächst prüfen, welche anderen Anbieter für die Abnehmer des Unternehmens überhaupt als echte Versorgungsalternativen in Betracht kommen.[683] Dabei wird allein auf die aus der Sicht der Nachfrager bestehenden, realen, räumlichen Ausweichmöglichkeiten abgestellt, während bloße theoretische Ausweichmöglichkeiten vernachlässigt werden.[684] Das Bundeskartellamt hat als räumlich relevanten Markt wiederholt das Gebiet bezeichnet, in dem die jeweils betroffenen Unternehmen beim Absatz der fraglichen Produkte oder Dienstleistungen dem wirksamen Wettbewerb aktueller Konkurrenten ausgesetzt sind.[685] In dessen räumlich relevantem Markt sind die Wettbewerbsbedingungen hinreichend homogen.[686] Hinzu kommt, dass es sich von benachbarten Gebieten durch

---

679 Bechtold/ Bosch, GWB, § 18 Rn 25 ff.; Bunte/ Stancke, S. 175 f.; Emmerich/ Lange, KartellR, § 26 Rn 19.

680 Bechtold/ Bosch, GWB, § 18 Rn 25 ff.; Bunte/ Stancke, S. 175 f.; Emmerich/ Lange, KartellR, § 26 Rn 19.

681 BT-Drucks. 15/3640, S. 30, 45; grundlegend BGHZ 160, 321 (327 ff.).

682 Bechtold/ Bosch, GWB, § 18 Rn 25; *Bardong*, in: Langen/ Bunte, § 18 Rn 44; Emmerich/ Lange, KartellR, § 26 Rn 19.

683 BGHZ 166, 165 (175 ff.); BGH ZIP 2000, 426 (428); BGH WuW/ E DE-R 1301, (1302 f.); BGH WuW/ E DE-R 1726, (1728); BKartA AG 2005, 702 (704); BKartA WuW/ E DE-V 995 (999); BKartA WuW/ E DE-V 1087 (1096); BKartA WuW/ E DE-V 1365 (1369 ff.).

684 BKartA AG 2005, 702 (704).

685 BKartA WuW/ E DE-V 165 (168 f.); BKartA WuW/ E DE-V 235 (237); BKartA WuW/ E DE-V 275 (276 ff.); BKartA AG 2000, 378 (380); Emmerich/ Lange, KartellR, § 26 Rn 19.

686 BKartA WuW/ E DE-V 165 (168 f.); BKartA WuW/ E DE-V 235 (237); BKartA WuW/ E DE-V 275 (276 ff.); BKartA AG 2000, 378 (380).

spürbar unterschiedliche Wettbewerbsbedingungen unterscheidet, womit vor allem die Marktzutrittsschranken ins Visier genommen werden.[687] Dabei bleibt unberücksichtigt, dass sich in den Grenzgebieten naturgemäß alle Märkte überlappen, wobei vielmehr maßgebend ist, wo sich bei einer Gesamtwürdigung der Marktverhältnisse der Schwerpunkt des Wettbewerbsgeschehens befindet.[688]

Weiterhin sollen die Grundsätze zum zeitlich relevanten Markt kurz skizziert werden.

cc) Zeitlich relevanter Markt

Die zeitliche Komponente der Marktabgrenzung ist nur in Ausnahmesituationen von Belang, welche dadurch gekennzeichnet sind, dass ein Unternehmen aufgrund zeitlich begrenzter Umstände eine vorübergehende Machtposition erlangt.[689] Um eine gewisse Sensibilisierung zu schaffen, seien als Beispiele Messen, Volksfeste oder sonstige große Veranstaltungen wie die Olympiade oder große Fußballländerspiele genannt.[690]

Nachdem die Grundsätze für die Marktabgrenzung erläutert worden sind, soll im Weiteren näher auf die Marktbeherrschung eingegangen werden, die die andere Komponente für die Bejahung der marktbeherrschenden Stellung bildet.

b) Marktbeherrschung

Der Gesetzgeber kennt unterschiedliche Formen der Marktbeherrschung. Im Weiteren soll auf das Monopol, das Fehlen wesentlichen Wettbewerbs, die überragende Marktstellung und das Oligopol eingegangen werden.

---

687 BKartA WuW/ E DE-V 165 (168 f.); BKartA WuW/ E DE-V 235 (237); BKartA WuW/ E DE-V 275 (276 ff.); BKartA AG 2000, 378 (380).

688 BGH GRUR 1982, 439 (439 ff.); KG AG 1990, 163 (164 ff.). Allerdings ist *Emmerich* der Auffassung, dass das Bedarfsmarktkonzept bei der räumlichen Abgrenzung des Marktes wenig weiterführend ist. Er vertritt vielmehr die Auffassung, dass sich die räumliche Marktabgrenzung letztlich allein danach richten kann und darf, welche anderen Unternehmen ein bestimmtes Unternehmen als seine Konkurrenten in seinem engeren oder weiteren Umkreis ansieht, so dass es in seinen Planungen auf deren mögliche Reaktionen Rücksicht nimmt, weil es – aus seiner Sicht – allein durch diese Unternehmen in seinem Verhaltensspielraum beschränkt wird. Siehe hierzu Emmerich/ Lange, KartellR, § 26 Rn 19.

689 Bechtold/ Bosch, GWB, § 18 Rn 30; *Bardong*, in: Langen/ Bunte, § 18 Rn 54 ff.; Emmerich/ Lange, KartellR, § 26 Rn 21; Lettl, § 1 Rn 36.

690 BGHZ 52, 65 (68); BGHZ 101, 100 (103 f.); OLG Düsseldorf WuW/ E OLG 3335 (3339 f.).

aa) Monopol

Die Monopolstellung ist in § 18 Abs. 1 Nr. 1 GWB legaldefiniert, es handelt sich nämlich um ein Unternehmen, das ohne Wettbewerber ist. Bei einem Monopol ist es nicht entscheidend, ob diese Stellung rechtliche oder tatsächliche Gründe hat.[691]

bb) Fehlen wesentlichen Wettbewerbes

Das Fehlen eines wesentlichen Wettbewerbes als Indikator für eine Marktbeherrschung ist in § 18 Abs. 1 Nr. 2 GWB niedergelegt. Das Kriterium, dass kein wesentlicher Wettbewerb vorliegt ist erfüllt, wenn der Wettbewerb seine zentrale Steuerungsfunktion gegenüber dem betreffenden Unternehmen nicht mehr zu erfüllen vermag, sodass es in der Lage ist, sich weitgehend unabhängig von seinen Konkurrenten zu verhalten.[692] Diese Voraussetzung muss an Hand einer Analyse der Marktverhältnisse, wobei gleichermaßen Marktverhaltens- und Marktstrukturkriterien zu berücksichtigen sind, bejaht werden.[693]

Man muss jedoch bedenken, dass über die Marktbeherrschung eines Unternehmens letztlich nur eine Gesamtbetrachtung der relevanten Faktoren entscheiden kann.[694] Es muss somit eine zusammenfassende Würdigung der Auswirkungen der Wettbewerbsbedingungen sowie des Wettbewerbsverhaltens des betreffenden Unternehmens auf dem jeweils relevanten Markt vollzogen werden.[695] Aufgrund eines so gewonnenen Marktbildes kann entschieden werden, ob das betreffende Unternehmen wirklich die Fähigkeit zu unabhängigen Marktstrategien besitzt, die sich vor allem in der Fähigkeit manifestiert, dass es die Preise bestimmen kann.[696] Bei dem Parameter Preis muss demnach festgehalten werden, dass wer in der Lage ist der Marktgegenseite die Preise aufzuoktroyieren, den Markt beherrscht, weil er auf die Konkurrenten und die Abnehmer keine Rücksicht zu nehmen braucht.[697]

---

691 Bunte/ Stancke, S. 301; Emmerich/ Lange, KartellR, § 26 Rn 24.

692 Hoppmann, Fusionskontrolle, S. 15 ff.; Hoppmann, Die Abgrenzung des relevanten Marktes im Rahmen der Mißbrauchsaufsicht, S. 25 ff.; Mestmäcker, Das marktbeherrschende Unternehmen im Recht der Wettbewerbsbeschränkungen, S. 8 ff.; Möschel, Oligopolmissbrauch, S. 164 ff.; Möschel, Pressekonzentration und Wettbewerbsgesetz, S. 78 ff..

693 Bunte/ Stancke, S. 301 f.; Emmerich/ Lange, KartellR, § 26 Rn 25.

694 Bunte/ Stancke, S. 301 f.; Emmerich/ Lange, KartellR, § 26 Rn 26.

695 Bunte/ Stancke, S. 301 f.; Emmerich/ Lange, KartellR, § 26 Rn 26.

696 BGHZ 71, 102 (109 ff.); BGHZ 79, 62 (66 ff.); BGHZ 82, 1 (5 ff.); BGHZ 88, 284 (290 f.); BGH NJW 1996, 1820 (1821); Zimmer, in: FS für Huber, 2006, 1173 (1173 f.).

697 Emmerich/ Lange, KartellR, § 26 Rn 26.

cc) Überragende Marktstellung

Gem. § 18 Abs. 1 Nr. 3 GWB gilt ein Unternehmen als marktbeherrschend, wenn es für eine bestimmte Art von Waren oder gewerblichen Leistungen eine im Verhältnis zu seinen Wettbewerbern überragende Marktstellung besitzt. Bei der Beurteilung dessen, sind oben genannte Kriterien heranzuziehen. Der Gesetzgeber wollte bei Konstellationen einer asymmetrischen Machtverteilung auf einem Markt, in denen trotz der Größenunterschiede zwischen den Unternehmern häufig nur mit Mühe feststellbar ist, ob das herausragende Unternehmen noch wesentlichem Wettbewerb ausgesetzt ist, Klarheit schaffen.[698] Aus diesem Grund sollte Marktbeherrschung anzunehmen sein, wenn ein Unternehmen aufgrund der genannten Marktstrukturkriterien über einen besonders großen, vom Wettbewerb nicht mehr hinreichend kontrollierten Verhaltensspielraum verfügt.[699]

Diese Regelung muss man vor dem Hintergrund betrachten, dass bei einseitiger Verteilung der die Marktposition eines Unternehmens vor allem prägenden Merkmale zusätzliche Verhaltensspielräume entstehen können, die es einem Unternehmen erlauben seine Konkurrenten nachhaltig an dem normalen Einsatz seiner Aktionsparameter zu hindern.[700] In solchen Konstellationen bedeutet die Tatsache, dass auf dem Markt noch andere Konkurrenten oder ein mächtiger Nachfrager existieren nicht, dass die Annahme einer überragenden Marktstellung ausgeschlossen ist.[701] Um allerdings auf einem konkreten Markt eine asymmetrische Machtverteilung feststellen zu können, muss eine umfassende Würdigung der Marktverhältnisse stattfinden.[702] Dabei gilt es zu beachten, dass alle für einen Markt typischen Abläufe Bedeutung erlangen können.[703] Ein grundlegendes Indiz für eine überragende Marktstellung besteht, wenn ein Unternehmen zu ausdauernden Verlustpreisstrategien in der Lage ist oder wenn es über lange Zeit hinweg doppelt so hohe Preise wie seine Konkurrenten verlangen kann, ohne dass hierdurch seine führende Marktstellung tangiert werden würde.[704] Genau in einer derartigen Konstellation ist die eindeutige Fähigkeit zur

---

698 BT-Drucks. 6/2520, S. 21 ff.; Emmerich/ Lange, KartellR, § 26 Rn 27.

699 BT-Drucks. 6/2520, S. 21 ff..

700 BGHZ 77, 279 (291 f.); Ramrath, Die überragende Marktstellung als Merkmal der Fusionskontrolle, 1978, S. 60 ff..

701 KG WuW/ E OLG 2182 (2184 ff.); KG AG 1988, 311 (311 ff.).

702 BGHZ 77, 279 (291 f.); BGHZ 79, 62 (66 ff.).

703 BGHZ 77, 279 (291 f.); BGHZ 79, 62 (66 ff.).

704 KG AG 1983, 191 (192); KG AG 1983, 194 (195); BKartA WuW/ E BKartA 1709 (1713 f.).

Preisbestimmung erkennbar, welche im Allgemeinen als wesentliches Kriterium der Marktbeherrschung gilt.

dd) Oligopol

Das Oligopol, also die gemeinsame Marktbeherrschung, ist in § 18 Abs. 5 GWB kodifiziert. Die gemeinsame Marktbeherrschung ist zu bejahen, sofern zwei oder mehr Unternehmen zusammenwirken, soweit zwischen ihnen für eine bestimmte Art von Waren oder gewerblichen Leistungen kein wesentlicher Wettbewerb besteht und soweit sie in ihrer Gesamtheit marktbeherrschend i.S.d. § 18 Abs. 1 GWB sind. Dahinter verbirgt sich die Vorstellung, dass marktbeherrschende Oligopole aus wettbewerbspolitischer Sicht als besonders gefährlich einzustufen sind, da die häufig festzustellende Gleichförmigkeit des Auftretens der Oligopolmitglieder der Marktgegenseite in den meisten Fällen ein Ausweichen nahezu unmöglich macht.[705]

Sofern die Voraussetzungen eines marktbeherrschenden Oligopols vorliegen, gilt jedes einzelne Oligopolmitglied für sich allein als marktbeherrschend, da die gebündelte Macht der Unternehmensgruppe den Mitgliedern der Gruppe zugerechnet werden kann.[706] Es muss allerdings noch hinzukommen, dass ein etwaiges missbräuchliches Verhalten des betreffenden Unternehmens gerade durch das einheitliche Auftreten der Oligopolgruppe am Markt ermöglicht wird.[707] Dabei ist aber zu beachten, dass bei einem autonomen Verhalten der Oligopolmitglieder kein Raum für die Anwendung der Oligopolklausel vorhanden ist.[708] Dann treten sie nämlich einzeln in Erscheinung, wodurch die oben genannte spezifische Gefahrensituation nicht mehr existent ist.[709]

ee) Vermutungen

Die Vermutungen einer marktbeherrschenden Stellung sind in § 18 Abs. 4 und Abs. 6 GWB kodifiziert. Nach § 18 Abs. 4 GWB wird vermutet, dass ein Unternehmen marktbeherrschend ist, wenn es einen Marktanteil von mindestens 40 % hat. Weiterhin gilt nach § 18 Abs. 6 Nr. 1 GWB eine Gesamtheit von

---

705 *Bardong*, in: Langen/ Bunte, § 18 Rn 160.

706 Bechtold/ Bosch, GWB, § 18 Rn 59; *Fuchs/ Möschel*, in: Immenga/ Mestmäcker, § 18 Rn 134; Bunte/ Stancke, S. 306; Emmerich/ Lange, KartellR, § 26 Rn 38; Lettl, § 9 Rn 18.

707 BGHZ 96, 337 (345); OLG Düsseldorf WuW/ E OLG 2642 (2646 f.).

708 BGH GRUR 2003, 979 (980 f.).

709 BGH GRUR 2003, 979 (980 f.).

Unternehmen als marktbeherrschend, wenn sie aus drei oder weniger Unternehmen besteht, die zusammen einen Marktanteil von 50 Prozent erreichen. Ferner kodifiziert § 18 Abs. 6 Nr. 2 GWB, dass ein Unternehmen als marktbeherrschend gilt, wenn es aus fünf oder weniger Unternehmen besteht, die zusammen einen Marktanteil von zwei Dritteln erreichen. Die Vermutung des § 18 Abs. 6 GWB kann nach § 18 Abs. 7 GWB widerlegt werden, wenn die Unternehmen nachweisen, dass die Wettbewerbsbedingungen zwischen ihnen wesentlichen Wettbewerb erwarten lassen oder die Gesamtheit der Unternehmer im Verhältnis zu den übrigen Wettbewerbern keine überragende Marktstellung hat.

Hierbei tritt die Besonderheit zu Tage, dass die Vermutungen allein an den Marktanteil anknüpfen, obwohl dieser doch nur ein Kriterium unter anderen ist, die für die Bestimmung der Marktbeherrschung maßgebend sind.[710] Aus diesem Umstand folgt, dass die Vermutungen lediglich Aufgreifkriterien in Verbindung mit einer materiellen Beweislastregel entsprechend § 292 ZPO darstellen.[711]

Nachdem die Grundsätze, die zur Bejahung einer marktbeherrschenden Stellung nötig sind dargelegt wurden, soll nunmehr auf die eigentliche Tathandlung eingegangen werden. Dabei ist zunächst auf den Behinderungsmissbrauch einzugehen. Danach soll ebenso auf die relevante Tathandlung der Diskriminierung eingegangen werden.

2. Behinderungsmissbrauch, § 19 Abs. 2 Nr. 1 Alt. 1 GWB

Der Tatbestand ist weit gefasst, das bedeutet, dass andere Unternehmen i.S.d. § 19 Abs. 2 Nr. 1 GWB Mitbewerber auf horizontaler Ebene aber auch Unternehmen auf der Marktgegenseite, also auf vertikaler Ebene, sein können.[712] Durch diese Weite der Norm sind ebenso Mitbewerber auf einem Drittmarkt geschützt.[713] Unter einer Behinderung ist jedes Verhalten zu subsumieren, das die wettbewerbliche Betätigungsfreiheit eines anderen Unternehmers nachteilig beeinflusst.[714] Eine unmittelbare Behinderung von Konkurrenten liegt vor,

---

710 *Bardong*, in: Langen/ Bunte, § 18 Rn 210.

711 BGHZ 71, 102 (108); BGHZ 79, 62 (65); BGH NJW-RR 1988, 1069 (1070); BGH NJW 1996, 1820 (1821); OLG Düsseldorf AG 2006, 506 (507); Ittner, Die Vermutungen des GWB, S. 68 ff.; Prütting, in: FS für Vieregge, 1995, 733 (743 f.); Pohlmann, in: ZHR 164 (2000), 589 (604 ff.).

712 Bechtold/ Bosch, GWB, § 19 Rn 6 ff.; Lettl, § 9 Rn 34 f..

713 BGH GRUR 2004, 255 (256).

714 BGH Beschl. v. 22.09.1981, Az.: KVR 8/80; OLG Düsseldorf Beschl. v. 21.12.2011, Az.: VI Kart-5/11 (V); *Nothdurft*, in: Langen/ Bunte, § 19 Rn 290.

wenn direkt gegen sie gerichtete Werbemaßnahmen zu verzeichnen sind.[715] Ein Beispiel hierfür ist die Unterbietung der Preise der Konkurrenten.[716] Hierbei muss die wirtschaftliche Entfaltungsfreiheit des jeweiligen Unternehmens nach objektiven Kriterien nachteilig beeinträchtigt sein.[717] Die bloße Eignung oder ein Versuch reichen hierfür nicht aus.[718] Bei § 19 Abs. 2 Nr. 1 Alt. 1 GWB dient die Nutzung der Marktmacht ihrer eigenen Mehrung und Sicherung, womit eher das horizontale Interesse geschützt wird.[719] Langfristig dient auch der Behinderungsmissbrauch der vertikalen Ausnutzung der Marktmacht.[720] Durch die Gewährung von Rabatten kann ein Behinderungsmissbrauch bejaht werden, denn die Konkurrenten werden dadurch in ihrer wirtschaftlichen Entfaltungsfreiheit gehemmt. Hierdurch kann der Konkurrent schon am Marktzutritt gehindert werden.

3. Diskriminierungsverbot, § 19 Abs. 2 Nr. 1 Alt. 2 GWB

Unter einer Diskriminierung versteht man die unterschiedliche Behandlung gleichartiger Sachverhalte.[721] Dabei geht es um die Gleichartigkeit verschiedener Unternehmen. Die Gleichartigkeit mehrerer Unternehmen ist nach objektiven Gesichtspunkten zu bestimmen.[722] Eine Gleichartigkeit von pharmazeutischen Herstellern und Arzneimittelimporteuren wurde bereits anerkannt.[723] Das Diskriminierungsverbot dient der Marktstabilität in einem horizontalen wie auch in einem vertikalen Verhältnis.[724] Durch Arzneimittelrabatte, die nur an bestimmte Großhändler oder Apotheken vergeben werden, kann eine solche Diskriminierung zu bejahen sein.

Ferner ist das Fehlen eines sachlich gerechtfertigten Grundes festzustellen. Das Fehlen eines sachlich gerechtfertigten Grundes muss unter Abwägung der Interessen der Beteiligten unter Berücksichtigung der auf die Freiheit des Wettbewerbs gerichteten Zielsetzung des Gesetzes gegen Wettbewerbsbeschränkungen

---

715 Emmerich/ Lange, KartellR, § 26 Rn 46.

716 Emmerich/ Lange, KartellR, § 26 Rn 46.

717 Lettl, § 9 Rn 36.

718 OLG München WuW/ E OLG 1520 (1521); *Markert*, in: Immenga/ Mestmäcker, § 19 Rn 103 f.; Lettl, § 9 Rn 36.

719 *Nothdurft*, in: Langen/ Bunte, § 19 Rn 122 ff., 289 ff..

720 *Nothdurft*, in: Langen/ Bunte, § 19 Rn 122 ff., 289 ff..

721 Emmerich/ Lange, KartellR, § 26 Rn 55; Lettl, § 9 Rn 42 ff..

722 Emmerich/ Lange, KartellR, § 26 Rn 55 ff..

723 BGH WuW/ E 2990 ff.; Bechtold/ Bosch, GWB, § 19 Rn 38.

724 *Nothdurft*, in: Langen/ Bunte, § 19 Rn 122 ff., 289 ff..

beurteilt werden. Vor dem Hintergrund des Verhältnismäßigkeitsgrundsatzes muss bei einer Interessenabwägung berücksichtigt werden, dass die Grenzen des § 19 Abs. 1 GWB umso enger sind, je stärker die Marktbeherrschung und je höher der Grad der von der Handlung ausgehenden Wettbewerbsbeschränkung ist.[725] Die Attraktivität der Preisgestaltung oder eine verbesserte Produkt- und Servicequalität sind hingegen unbedenklich, da es sich hier um den Parameter des Leistungswettbewerbes handelt.[726] Freilich muss man sich zudem vor Augen führen, dass niemand dazu verpflichtet ist, einen Wettbewerber oder auch nur einen potentiellen Wettbewerber zum eigenen Schaden zu fördern.[727]

Bei einem Koppelungsgeschäft ist die Grenze zur Widerrechtlichkeit erreicht, sobald ein marktbeherrschendes Unternehmen mit Hilfe eines Koppelungsangebotes seine Marktmacht auf andere Märkte ausdehnt.[728] Dies kann schon dann erreicht sein, wenn eine Sogwirkung, also wenn die Koppelung ohne rechtlichen Zwang für die Kunden dazu führt, dass ein Großteil der auf diese Weise geworbenen Kunden für andere Anbieter praktisch verloren ist, eintritt.[729]

Bei unterschiedlich verlangten Preisen ist eine Rechtfertigung anzunehmen, sofern sie das Ergebnis von Verhandlungen der Beteiligten darstellen und der Normadressat spezifische Gründe für die Ungleichbehandlung darlegen kann.[730] Bei der Interessenabwägung muss das Gewicht des wirtschaftlichen Interesses des Behinderten gegen das Ausmaß des Eingriffs in die Handlungsfreiheit des Behindernden abgewogen werden.[731]

Demnach muss also festgehalten werden, dass in den oben genannten Konstellationen, die marktbeherrschende Stellung des Rabattgewährenden eine große Rolle spielt. Dabei ist anzumerken, dass diese Stellung aufgrund von Patenten an einem Arzneimittel entstehen kann. Außerdem ist es ebenso denkbar, dass ein Generikahersteller eine marktbeherrschende Stellung bei einem Medikament besitzt. Es lässt sich also festhalten, dass eine Fülle von Konstellationen in Betracht kommt, die die Bejahung einer marktbeherrschenden Stellung nach sich ziehen können.

---

725 BGH BB 1981, 383 (384).

726 Bunte/ Stancke, S. 312 f..

727 BGH WuW/ E BGH 2755 (2759).

728 Bunte/ Stancke, S. 313.

729 Bunte/ Stancke, S. 313.

730 Lettl, § 9 Rn 47 f..

731 BGH WuW/ E 2990 ff.; OLG Düsseldorf WuW/ E DeE-R 3974 (3977); *Nothdurft*, in: Langen/ Bunte, § 19 Rn 316.

Zudem ist eine sachliche Rechtfertigung grds. nicht ersichtlich. Ob Behinderungen anderer Unternehmen im Wettbewerb als unbillig und deren ungleiche Behandlung als sachlich nicht gerechtfertigt zu beurteilen sind, ist nach dem einheitlichen Maßstab der Abwägung der Interessen der Beteiligten unter Berücksichtigung der auf die Freiheit des Wettbewerbs gerichteten Zielsetzung des Gesetzes gegen Wettbewerbsbeschränkungen zu entscheiden.[732] Auf der Seite der behindernden oder ungleich behandelnden Normadressaten können für die Interessenabwägung alle Interessen Berücksichtigung finden, die nicht auf einen gesetzeswidrigen Zweck gerichtet sind oder gegen rechtliche Wertungen des Gesetzes gegen Wettbewerbsbeschränkungen oder anderer Rechtsvorschriften verstoßen und schon aus diesen Gründen von vornherein nicht berücksichtigungsfähig sind. Bei einer Rabattgewährung, die entgegen den Arzneimittelpreisvorschriften stattfindet, kann das Interesse des pharmazeutischen Unternehmers, der marktbeherrschend ist nicht berücksichtigt werden. Zum einen liegt ein Verstoß gegen diese Rechtsvorschriften vor und zum anderen ist schon der Zweck gesetzeswidrig. Es soll nach dem Willen des Gesetzgebers kein Preiswettbewerb stattfinden.

Demnach kann in den beschriebenen Konstellationen von einem Verstoß gegen § 19 Abs. 2 Nr. 1 Alt. 1 GWB sowie gegen § 19 Abs. 2 Nr. 1 Alt. 2 GWB und damit auch gegen § 19 Abs. 1 GWB ausgegangen werden.

II. Rechtsfolgen

Die Rechtsfolgen bei § 19 GWB ergeben sich aus den §§ 33 ff. GWB und können damit evtl. einen Beseitigungs- und/oder Unterlassungsanspruch bzw. einen Schadensersatzanspruch darstellen. Zudem kann ein Bußgeld nach § 81 Abs. 2 Nr. 1 und Abs. 4 GWB erfolgen. Darüber hinaus kann es im Einzelfall zu einer Verpflichtung zum Abstellen der Zuwiderhandlung nach § 32 GWB durch die Kartellbehörde kommen. Das Unternehmen kann somit verpflichtet werden das gegen § 19 Abs. 2 Nr. 1 GWB verstoßende Verhalten abzustellen. Die zuständige Kartellbehörde kann nach Beendigung des Verstoßes diesen durch Verfügung feststellen. Die Einleitung und Durchführung des Verfahrens steht dann im pflichtgemäßen Ermessen der Kartellbehörde.[733] Unter Umständen können sogar Rechtsfolgen nach §§ 134, 138 BGB, also ein gesetzliches Verbot, das die

---

732 BGH Urt. v. 27.09.1962, Az.: KZR 6/61; BGH WuW/ E DE-R 3446 (3451).

733 *Markert*, in: Immenga/ Mestmäcker, § 19 Rn 220.

Nichtigkeit nach sich zieht, oder in extremen Ausnahmen die Sittenwidrigkeit, die Konsequenz sein.

Ferner können andere Maßnahmen nach §§ 32a ff. GWB erfolgen.

D. Standesregeln

Darüber hinaus sind Standesregeln zu beachten. Dabei ist anzumerken, dass diese oftmals nur innerhalb des jeweiligen Metiers Geltung erlangen, allerdings den jeweiligen Betroffenen erheblich in seiner Berufsausübung tangieren können. Mangels spezieller Regelungen für den pharmazeutischen Unternehmer, kommen hier das Apothekengesetz und die Apothekenbetriebsordnung für den Normadressaten des Apothekers in Betracht.

Aufgrund des Umstandes, dass die Einschränkungen bezüglich der Werbung als Eingriff in die freie Berufsausübung nach Art. 12 Abs. 1 GG zu sehen sind, ist mehr als nur eine einheitliche Standesauffassung von Nöten, um diesen Eingriff zu rechtfertigen.

Gem. Art. 12 Abs. 1 S. 2 GG ist vielmehr eine Regelung durch den Gesetzgeber nötig. Demnach können Berufsausübungsregelungen entweder unmittelbar durch Gesetz oder aufgrund eines Gesetzes, das die Exekutive zu entsprechenden Regelungen durch Rechtsverordnungen oder Verwaltungsakte ermächtigt, getroffen werden. Dies führt in der Konsequenz dazu, dass eine satzungsgemäße Einschränkung nur dann zulässig ist, wenn sie von einer mit Autonomie ausgestatteten Körperschaft aufgrund einer hinreichend bestimmten gesetzlichen Ermächtigung getroffen wurde.[734] Bei der formellen Verfassungsmäßigkeit des Gesetzes sind die Beachtung der Gesetzgebungskompetenz und die Beachtung des Gesetzgebungsverfahrens zu untersuchen. Das Apothekengesetz erfüllt dieses Erfordernis.

Auf der anderen Seite hat der Gesetzgeber in § 21 ApoG kodifiziert, dass das Bundesministerium für Gesundheit ermächtigt wird durch Rechtsverordnung mit der Zustimmung des Bundesrates eine Apothekenbetriebsordnung zu erlassen, um einen ordnungsgemäßen Betrieb der Apotheke, Zweigapotheken und Krankenhausapotheken zu gewährleisten. Zudem soll hierdurch die Qualität der dort herzustellenden und abzugebenden Arzneimittel sichergestellt werden. Daher ist auch hier eine standesrechtliche Regelung getroffen worden, die den Erfordernissen des Art. 12 Abs. 1 S. 2 GG entspricht.

Eine Legitimation solcher Werberestriktionen ergibt sich, sofern sie durch hinreichende Gründe des Gemeinwohls gerechtfertigt sind und dem Grundsatz

---

734 BVerfG GRUR 1986, 382 (384 f.); BGH GRUR 1989, 827 (827).

der Verhältnismäßigkeit entsprechen.[735] Nach der Dreistufentheorie müssen Berufsausübungsregelungen durch vernünftige Erwägungen des Gemeinwohls gedeckt sein.[736] Bei der Berufsgruppe der Apotheker gilt es zu beachten, dass die standesrechtlichen Werbebeschränkungen allein an dem Ziel zu messen sind, dem Arzneimittelfehlgebrauch entgegenzuwirken und die ordnungsgemäße Berufsausübung zu stärken.[737] Dabei steht der Vertrauenserhalt der Bevölkerung in die berufliche Integrität der Apotheker und die Förderung dessen im Vordergrund.[738] Ein etwaiger Eingriff nach Art. 14 GG wäre mit den gleichen Argumenten gerechtfertigt, womit eine abschließende Klärung dieser Frage nicht nötig ist. Ferner kann es bei der Fülle der möglichen Fallkonstellationen an dieser Stelle nicht abschließend beantwortet werden, ob und welche Art des Eingriffs in Art. 14 GG vorliegt. Allerdings liegt diese Konstellation bei der Betrachtung der Rabattgewährung nicht vor, da keine zukünftigen Gewinn- und Erwerbschancen von Art. 14 GG geschützt werden.[739] Die Berufsfreiheit schützt den Erwerb, die Eigentumsgarantie schützt das Erworbene.[740]

Bei Pharmaunternehmen und anderen gewerblichen Unternehmen verhält es sich so, dass das Standesrecht der Heilberufe keine Gültigkeit entfaltet, wobei sie trotzdem wettbewerbsrechtliche Vorschriften verletzen können, indem sie die Förderung fremder Berufsstandsvergessenheit oder eine Ausnutzung derselbigen auslösen.[741] Sie versuchen ihre Wettbewerbsposition zu verbessern, indem sie mit Angehörigen der Heilberufe zusammenarbeiten, die dann gegen berufsrechtliche Werbeverpflichtungen verstoßen.[742]

Bei der Frage der berufsrechtlichen Rechtsverfolgung sei anzumerken, dass das Heilmittelwerberecht für den Bereich der Heilmittelwerbung keine abschließende, d.h. berufs- bzw. standesrechtliche werbliche Beschränkung und Sanktion

---

735 BVerfG GRUR 1986, 382 (384); BVerfG GRUR 1986, 387 (390); BGH GRUR 1999, 1104 (1105 f.) jeweils auf ärztliche Werbung bezogen; BVerfG GRUR 1996, 899 (903) Werbeverbot für Apotheker.

736 BVerfG Urt. v. 11.06.1958, Az.: 1 BvR 596/56.

737 BVerfG GRUR 1996, 899 (903).

738 BVerfG GRUR 1996, 899 (903).

739 BVerfGE 68, 193 (222); BVerfG Urt. v. 30.07.2008, Az.: 1 BvR 3262/07, 1 BvR 402/08, 1 BvR 906/08.

740 BVerfGE 68, 193 (222); BVerfGE 88, 366 (377); BGHZ 111, 343 (357 f.); BGHZ 134, 30 (33); BGH Urt. v. 13.07.2000, Az.: III ZR 131/99.

741 BGH GRUR 1999, 1009 (1010); BGH GRUR 1999, 1104 (1105); OLG Hamburg GRUR 1988, 141 (141); OLG Stuttgart NJWE-WettbR 1997, 43 (44).

742 BGH GRUR 1999, 1009 (1010); BGH GRUR 1999, 1104 (1105); OLG Hamburg GRUR 1988, 141 (141); OLG Stuttgart NJWE-WettbR 1997, 43 (44).

beinhaltet.[743] Wenn ein Apotheker gegen Vorschriften des Heilmittelwerbegesetzes oder des Arzneimittelgesetzes verstößt, so ist dem ein Verstoß gegen seine Berufspflichten immanent.[744]

I. Problem des Doppelbestrafungsverbotes

Bei diesen Vorgängen drängt sich die Frage auf, ob ein zusätzlicher Verstoß gegen berufsrechtliche Bestimmungen nicht dem Grundsatz „ne bis in idem", welcher in Art. 103 Abs. 3 GG kodifiziert ist, widerspricht.

Dieser Grundsatz besagt, dass die Verfolgbarkeit von Ordnungswidrigkeiten und Straftaten verbraucht ist, wenn ein rechtskräftiger Verfahrensabschluss vorliegt.[745] Sofern eine Ordnungswidrigkeit im Bußgeldverfahren verfolgt worden ist, tritt materielle Rechtskraft in diesem Sinne ein, wenn die Bußgeldentscheidung formell rechtskräftig geworden ist, also von den Verfahrensbeteiligten nicht oder nicht mehr mit ordentlichen Rechtsbehelfen angegriffen werden kann.[746] An dieser Stelle ist zu erwähnen, dass ein rechtskräftiger Bußgeldbescheid gem. § 84 Abs. 1 OWiG der Verfolgung derselben Tat im prozessualen Sinne als Ordnungswidrigkeit entgegensteht.[747] Dabei ist eine Konstellation denkbar, die zum Gegenstand hat, dass in einer Werbemaßnahme nachträglich ein weiterer Verstoß gegen eine in § 15 HWG sanktionierte Werbeform gesehen werden kann.[748] Wegen der eingeschränkten Rechtskraft des Bußgeldbescheides steht der rechtskräftige Bußgeldbescheid allerdings nicht der Verfolgung als Straftat entgegen.[749] Dabei ist jedoch zu beachten, dass eine Verfolgung unter diesem Gesichtspunkt gem. § 84 Abs. 2 S. 1 OWiG nur dann gehindert ist, wenn über die Tat als Ordnungswidrigkeit ein Gericht durch Urteil und nicht eine Verwaltungsbehörde durch Bußgeldbescheid entschieden hat.[750] Gem. § 84 Abs. 2 S. 2 OWiG stehen

743 BVerfG PZ 1980, 315 (315); OVG Münster PZ 1980, 806 (808).

744 OVG Münster PZ 1980, 983 (984 f.); Berufsgericht für Heilberufe beim VG Mainz PZ 1979, 661 (661).

745 Doepner/ Reese, HWG, Vor §§ 14, 15 Rn 181; *Seitz/ Bauer*, in: Göhler, OWiG, § 66 Rn 56a; *Kurz*, in: KK, OWiG, § 66 Rn 70.

746 Doepner/ Reese, HWG, Vor §§ 14, 15 Rn 181; *Seitz/ Bauer*, in: Göhler, OWiG, § 84 Rn 1 f..

747 Doepner/ Reese, HWG, Vor §§ 14, 15 Rn 181; *Lutz*, in: KK, OWiG, § 84 Rn 3.

748 Doepner/ Reese, HWG, Vor §§ 14, 15 Rn 181.

749 Doepner/ Reese, HWG, Vor §§ 14, 15 Rn 181; *Seitz/ Bauer*, in: Göhler, OWiG, § 84 Rn 3, 13.

750 *Seitz/ Bauer*, in: Göhler, OWiG, § 84 Rn 2 ff.; *Lutz*, in: KK, OWiG, § 84 Rn 2 ff.; Göhler, in: wistra 1991, 91 (95).

dem rechtskräftigen Urteil der Beschluß nach § 72 OWiG und der Beschluß des Beschwerdegerichts über die Tat als Ordnungswidrigkeit gleich.

Es gelten die allgemeinen Regeln des Strafgesetzbuches zum Berufsverbot (§§ 70 ff. StGB) und zum vorläufigen Berufsverbot (§ 132a StPO).

Wenn allerdings ein Apotheker gegen Vorschriften des Heilmittelwerbegesetzes verstößt, mit anderen Worten also eine Ordnungswidrigkeit verübt, kommt zudem eine berufsgerichtliche Bestrafung in Betracht, ohne dass das verfassungsrechtliche Verbot der Doppelbestrafung, ne bis in idem (Art. 103 Abs. 3 GG), eingreift.[751] Dies lässt sich darauf stützen, dass die Intention der Standesregeln ist, das Ansehen des Berufsstandes zu schützen. Demgegenüber soll das Heilmittelwerberecht das Fehlverhalten an sich sanktionieren. Demnach sind die Regelungsziele verschieden. Allerdings ist die jeweils vorangegangene Strafe, entweder im Ordnungswidrigkeitenrecht oder Berufsrecht, bei der anderen Art der Bestrafung zu berücksichtigen.[752]

II. § 10 ApoG

In Betracht kommt, dass eine Verletzung des § 10 ApoG zu bejahen sein könnte. Gem. § 10 ApoG darf sich der Erlaubnisinhaber nicht verpflichten, bestimmte Arzneimittel ausschließlich oder bevorzugt anzubieten oder abzugeben oder anderweitig die Auswahl der von ihm abzugebenden Arzneimittel auf das Angebot bestimmter Hersteller oder Händler oder von Gruppen von solchen zu beschränken.

Demnach ist die Ratio der Norm, dass verhindert werden soll, dass ein Apotheker seine berufliche Verantwortlichkeit und Entscheidungsfreiheit schädigt.[753] Dies soll vor allem auch gegenüber anderen am Arzneimittelverkehr beteiligten Kreisen, d.h. gegenüber Herstellern, Vertriebsunternehmern und Großhändlern geschehen.[754] Aufgrund der Tatsache, dass die Gründung von Apotheken mit finanziellen Aufwendungen und Risiken verbunden ist, werden in solchen Situationen von potentiellen Lieferanten der Apotheke Kredite zur Verfügung gestellt, Bürgschaften geleistet oder sonstige Maßnahmen getroffen, die zumindest die Gründung erheblich fördern.[755] Davon geht ein erhebliches

751 BVerfG Urt. v. 29.10.1969, Az.: 2 BvR 545/68 mit kritischer Anmerkung Kreuzer, in: NJW 1970, 507 (507 f.).

752 BVerfG Urt. v. 29.10.1969, Az.: 2 BvR 545/68.

753 Schiedermair/ Pieck, Apothekengesetz, § 10 Rn 2.

754 Schiedermair/ Pieck, Apothekengesetz, § 10 Rn 2.

755 Schiedermair/ Pieck, Apothekengesetz, § 10 Rn 3.

Risiko gegen § 10 ApoG zu verstoßen aus. Dabei ist allerdings zu beachten, dass § 10 ApoG nur insoweit in die Vertragsfreiheit der Beteiligten eingreift, als dies zur Wahrung sowohl der Unabhängigkeit des Apothekers als auch der Funktionstüchtigkeit der Apotheke erforderlich ist.[756]

Es ist ferner zu beachten, dass dieses Verbot auch formlose Abmachungen betrifft.[757] Das Verbot greift ein, sofern die Verpflichtung bestimmt, dass einige Arzneimittel ausschließlich oder bevorzugt abzugeben sind.[758] Darüber hinaus ist es verboten Verpflichtungen einzugehen, die darauf abzielen, dass bestimmte Arzneimittel überhaupt nicht zu führen sind, d.h., dass diese in solchen Konstellationen auch auf Wunsch des Kunden oder nach Vorlage einer Verschreibung nicht abgegeben werden.[759] Ferner ist es dem Erlaubnisinhaber verboten rechtlich relevante Bindungen an Lieferanten von Arzneimitteln einzugehen, sofern diese Bindung dazu führt, dass die Auswahl der von ihm abzugebenden Arzneimittel beschränkt wird.[760]

Die Rechtsfolgen eines solchen Verstoßes sind, dass die Behörde verpflichtet ist die Betriebserlaubnis zurückzunehmen, wenn der Verstoß bereits bei Erteilung der Betriebserlaubnis vorgelegen hat.[761] Wenn die Vereinbarungen nachträglich erfolgt sind, so kann die Erlaubnis zurückgenommen werden, das eine Ermessensentscheidung der Behörde darstellt.[762] Ferner können zivilrechtliche Rechtsfolgen nach § 12 ApoG zu verzeichnen sein, welcher besagt, dass Rechtsgeschäfte, die ganz oder teilweise gegen § 10 ApoG verstoßen nichtig sind. Damit handelt es sich bei § 10 ApoG ebenso um ein gesetzliches Verbot i.S.d. § 134 BGB.[763] Darüber hinaus hat § 10 ApoG eine wettbewerbsrechtliche Relevanz, indem ein Verstoß hiergegen ebenso einen Verstoß nach § 3 Abs. 1 i.V.m. § 3a UWG darstellt.[764]

---

756 Schiedermair/ Pieck, Apothekengesetz, § 10 Rn 3; *Sieper*, in: Spickhoff, § 10 ApoG Rn 1.

757 *Senge/ Hadamitzky*, in: Erbs/ Kohlhaas, § 10 ApoG Rn 2; Schiedermair/ Pieck, Apothekengesetz, § 10 Rn 7; a.A. *Rixen*, in: Rixen/ Krämer, § 10 Rn 9.

758 Schiedermair/ Pieck, Apothekengesetz, § 10 Rn 9.

759 Schiedermair/ Pieck, Apothekengesetz, § 10 Rn 11.

760 KG Berlin Urt. v. 11.09.2012, Az.: 5 U 57/11; Schiedermair/ Pieck, Apothekengesetz, § 10 Rn 13; *Sieper*, in: Spickhoff, § 10 ApoG Rn 1.

761 Schiedermair/ Pieck, Apothekengesetz, § 10 Rn 14.

762 Schiedermair/ Pieck, Apothekengesetz, § 10 Rn 15.

763 *Sieper*, in: Spickhoff, § 10 ApoG Rn 1.

764 KG Berlin Urt. v. 11.09.2012, Az.: 5 U 57/11; *v. Jagow*, in: Harte-Bavendamm/ Henning-Bodewig, UWG, § 3a Rn 44; *Sieper*, in: Spickhoff, § 10 ApoG Rn 1; Meyer, in: PharmaR 2013, 39 (41).

Außerdem können nach § 25 Abs. 1 Nr. 2, Abs. 3 ApoG Verstöße gegen die hier besprochene Norm mit einer Geldbuße bis zu 20.000 Euro geahndet werden.

Eine denkbare Konstellation wäre es, wenn ein Apotheker sich gegenüber einem pharmazeutischen Unternehmer verpflichten würde nur von ihm einen bestimmten Wirkstoff zu beziehen, woraufhin dieser ihm großzügige Rabatte einräumen würde. Diese Fallgestaltung wäre auch denkbar, wenn statt des pharmazeutischen Unternehmers ein Großhändler diese Vereinbarung eingehen würde. Dabei ist allerdings anzumerken, dass die Bindung an einen Großhändler nicht unwirksam ist, sofern nicht ausgeschlossen wird, dass Arzneimittel, die dieser Großhändler nicht liefern kann, auch bei anderen Großhändlern bezogen werden können.[765] Anstatt eines bestimmten Wirkstoffpräparates könnte ebenso eine Vereinbarung die ganze Produktpalette eines pharmazeutischen Unternehmers oder eines Großhändlers umfassen. Wie erwähnt, könnte dann die Betriebserlaubnis entzogen und/oder eine Geldbuße verhängt werden.

III. § 20 ApBetrO – Information und Beratung

Ebenso kann ein standesrechtlicher Verstoß nach § 20 ApBetrO zu verzeichnen sein. Gem. § 20 Abs. 1 S. 1 ApBetrO hat der Apothekenleiter sicherzustellen, dass Patienten und andere Kunden und die zur Ausübung der Heilkunde, Zahnheilkunde oder Tierheilkunde berechtigten Personen hinreichend über Arzneimittel und apothekenpflichtige Medizinprodukte informiert und beraten werden. § 20 Abs. 1a S. 1 ApBetrO bestimmt, dass durch die Information und Beratung der Patienten und anderen Kunden die Therapie der zur Ausübung der Heilkunde, Zahnheilkunde oder Tierheilkunde berechtigten Personen nicht beeinträchtigt werden darf. Nach § 20 Abs. 1a S. 2 ApBetrO hat der Apotheker dem Patienten oder anderen Kunden die zur sachgerechten Anwendung erforderlichen Informationen zu geben, soweit Arzneimittel ohne Verschreibung abgegeben werden.

In § 20 Abs. 3 Hs. 1 ApBetrO ist kodifiziert, dass der Apothekenleiter einschlägige Informationen bereitstellen muss, um Patienten und anderen Kunden zu helfen eine sachkundige Entscheidung zu treffen, das auch in Bezug auf Behandlungsoptionen, Verfügbarkeit, Qualität und Sicherheit der von ihm erbrachten Leistungen geschehen muss.

Ferner bestimmt § 20 Abs. 4 S. 1 ApBetrO, dass dem Leiter einer krankenhausversorgenden Apotheke oder dem von ihm beauftragten Apotheker die

---

765 *Senge/ Hadamitzky*, in: Erbs/ Kohlhaas, § 10 ApoG Rn 3; *Rixen*, in: Rixen/ Krämer, § 10 Rn 13; Schiedemair/ Pieck, Apothekengesetz, § 10 Rn 13; a.A. Hoffmann, § 10 Rn 9.

Information und Beratung der Ärzte des Krankenhauses über Arzneimittel und apothekenpflichtige Medizinprodukte obliegt. Er ist vielmehr gem. § 20 Abs. 4 S. 2 ApBetrO Mitglied der Arzneimittelkommission des Krankenhauses.

Um dieser Materie näher zu kommen, muss zunächst auf die einzelnen Begriffe eingegangen werden. Die Information stellt die wertungsfreie zumeist knappe Weitergabe objektiven pharmazeutischen evtl. auch pharmakologischen Wissens über Arzneimittel dar.[766]

Demgegenüber erfasst die Beratung über den Kernbestand objektiver Information hinaus, das Eingehen auf die individuelle Situation des einzelnen Kunden.[767] Bei der Beratung wird im Rahmen eines Gesprächs, an dem der Kunde durch Fragen oder Rückfragen aktiv teilnimmt und auch bereit ist dem Apotheker Informationen zu liefern, die Pflicht des Apothekers erfüllt den Kunden qualitativ hochwertig zu beraten.[768]

Eine Bejahung der Norm wäre denkbar, wenn der Apotheker, wie bereits oben erwähnt, nur ein bestimmtes Arzneimittel abgibt, weil dies zu der Vereinbarung mit dem pharmazeutischen Unternehmer oder dem Großhändler gehört. Daher kommt eine objektive Information und Beratung des Kunden zu kurz. Demnach könnte der Kunde sich nicht darauf verlassen, dass ein Apotheker ihm für seine persönliche Lage unabhängig das adäquate Präparat abgibt. Er müsste sich vielmehr fragen, ob ein Arzneimittel empfohlen wurde, weil der Apotheker hier einen größeren Gewinn erwirtschaften konnte.

Als Rechtsfolge kommt eine berufsordnungsrechtliche Ahndung in Betracht, da ein Verstoß gegen § 20 ApBetrO keine Ordnungswidrigkeit i.S.v. § 36 ApBetrO darstellt.[769] Ferner ist ein schadensrechtlicher Anspruch des Kunden gegenüber dem Apotheker denkbar.

E. Kodizes

Die Rabattregelungen für Arzneimittel sind nicht nur Gegenstand gesetzgeberischer Vorgaben und Restriktionen, sondern unterliegen zudem einer freiwilligen Selbstkontrolle der Arzneimittelwirtschaft.[770]

---

766 Cyran/ Rotta, Apothekenbetriebsordnung, § 20 Rn 23; Pfeil/ Pieck/ Blume, Apothekenbetriebsordnung, § 20 Rn 17.

767 Cyran/ Rotta, Apothekenbetriebsordnung, § 20 Rn 23; Pfeil/ Pieck/ Blume, Apothekenbetriebsordnung, § 20 Rn 18.

768 Cyran/ Rotta, Apothekenbetriebsordnung, § 20 Rn 23 f.; Pfeil/ Pieck/ Blume, Apothekenbetriebsordnung, § 20 Rn 18.

769 Cyran/ Rotta, Apothekenbetriebsordnung, § 20 Rn 117.

770 *Zimmermann*, in: Fuhrmann/ Klein/ Fleischfresser, § 28 Rn 152.

Innerhalb der Selbstregulierung der Wirtschaft gibt es verschiedene Verhaltenskodizes. § 2 Nr. 5 UWG definiert den Begriff des Verhaltenskodexes als Vereinbarungen oder Vorschriften über das Verhalten von Unternehmern, zu welchem diese sich in Bezug auf Wirtschaftszweige oder einzelne geschäftliche Handlungen verpflichtet haben, ohne dass sich solche Verpflichtungen aus Gesetzes- oder Verwaltungsvorschriften ergeben. Die Richtlinie über unlautere Geschäftspraktiken (UGP-Richtlinie) erwähnt Verhaltenskodizes in ihrem Erwägungsgrund 20, der lautet:

> *„Es ist zweckmäßig, die Möglichkeit von Verhaltenskodizes vorzusehen, die es Gewerbetreibenden ermöglichen, die Grundsätze dieser Richtlinie in spezifischen Wirtschaftsbranchen wirksam anzuwenden. In Branchen, in denen es spezifische zwingende Vorschriften gibt, die das Verhalten von Gewerbetreibenden regeln, ist es zweckmäßig, dass aus diesen auch die Anforderungen an die berufliche Sorgfalt in dieser Branche ersichtlich sind. Die von den Urhebern der Kodizes auf nationaler oder auf Gemeinschaftsebene ausgeübte Kontrolle hinsichtlich der Beseitigung unlauterer Geschäftspraktiken könnte die Inanspruchnahme der Verwaltungsbehörden oder Gerichte unnötig machen und sollte daher gefördert werden. Mit dem Ziel, ein hohes Verbraucherschutzniveau zu erreichen, könnten Verbraucherverbände informiert und an der Ausarbeitung von Verhaltenskodizes beteiligt werden.“*

Aus der Existenz eines Verhaltenskodex lässt sich entnehmen, ob innerhalb bestimmter Verkehrskreise bestimmte tatsächliche Übungen gegeben sind.[771] Allerdings kann man von einer tatsächlichen Übung nicht auf ein unlauteres Verhalten schließen.[772] Ein Verhaltenskodex darf nicht gegen zwingendes nationales oder europäisches Lauterkeitsrecht verstoßen.[773] Auch dürfen keinerlei Verbote geschaffen werden, die über die UGP-Richtlinie oder das nationale Recht hinausgehen.[774]

An dieser Stelle kann keine umfassende Untersuchung erfolgen. Daher wird im Weiteren auf den Kodex „Freiwillige Selbstkontrolle für die Arzneimittelindustrie e.V.“ (FSA-Kodex) und den europäischen EFPIA-Code eingegangen.

---

771 *Keller*, in: Harte-Bavendamm/ Henning-Bodewig, UWG, § 2 Rn 167.

772 BGH Urt. v. 09.09.2010, Az.: I ZR 157/08; *Keller*, in: Harte-Bavendamm/ Henning-Bodewig, UWG, § 2 Rn 167.

773 *Keller*, in: Harte-Bavendamm/ Henning-Bodewig, UWG, § 2 Rn 172.

774 *Keller*, in: Harte-Bavendamm/ Henning-Bodewig, UWG, § 2 Rn 172.

I. EFPIA

EFPIA steht für „European Federation of Pharmaceutical Industries and Associations". Es handelt sich bei dem EFPIA-Code um denjenigen, der als „EFPIA Code on the Promotion of Prescription-only medicines to, and interactions with, healthcare professionals"[775] bezeichnet wird.

Der Code macht Vorgaben zu Arzneimittelwerbung, Geschenken etc.. Dabei handelt es sich um grobe Strukturen, die jeweils von den Mitgliedern national aufgegriffen werden. Daher stellt der EFPIA-Code eine Art „Richtlinie" dar, die national in den jeweiligen Kodizes umgesetzt wird. Es kommt dabei vor, dass die Regelungen der jeweiligen nationalen Vereine weiter gehen als die nationalen gesetzlichen Vorschriften.

Artikel 11 des EFPIA-Code besagt, dass es den Mitgliedern untersagt ist den Institutionen, Organisationen oder Verbänden der Fachkreise Spenden und anderweitige Geldzuwendungen zukommen zu lassen, sofern sie u.a. eine Gegenleistung für die Empfehlung, die Verschreibung, den Kauf, den Vertrieb, den Verkauf oder das Verabreichen eines bestimmten Arzneimittels darstellen. Spenden oder anderweitige Geldzuwendungen an Individuen der Fachkreise sind gänzlich nach Artikel 11 des EFPIA-Code verboten.

II. FSA-Kodex

Um eine vollständige Darstellung der möglichen Rechtsfolgen aufzeigen zu können soll nunmehr auf den FSA-Kodex[776] eingegangen werden, der die nationale Umsetzung des EFPIA-Code darstellt.

Hintergrund für eine solche Regelung ist neben einer Anti-Korruptions-Strategie, dass eine stärkere Verhandlungsposition gegenüber den Kooperationspartnern eröffnet wird. Damit wird sichergestellt, dass ein Abnehmer nicht erpresserische Rabatte oder andere Vorteile erlangen kann. Es handelt sich bei dieser Facette demnach um eine Art Selbstschutz der Industrie.

Der FSA als Verein nahm im Jahre 2004 seine Tätigkeit auf. Es gab mehrere Anpassungen bzgl. des Kodex.

---

775 Abrufbar unter: https://www.efpia.eu/media/24302/3a_efpia-hcp-code-2014.pdf, zuletzt abgerufen am 22.10.2018.

776 Abrufbar unter: http://www.fsa-pharma.de/verhaltenskodizes/fachkreise/, zuletzt abgerufen am 22.10.2018.

Der FSA-Kodex wurde vom Bundeskartellamt als Wettbewerbsregel anerkannt.[777] Der Verein besteht aus 55 Mitgliedern.[778] Demnach ist er nicht zu unterschätzen im Bezug auf seinen Einfluss und die Regulierungsmöglichkeiten. Schließlich hat der Verein eine Schiedsstelle, welche aus zwei Instanzen besteht.[779] Bei Verstößen gegen den Kodex kann der Spruchkörper 1. Instanz Geldstrafen bis zu 200.000 Euro gegen Unternehmen verhängen.[780] Demgegenüber kann der Spruchkörper 2. Instanz, in welchem Ärzte, Patienten und ein unabhängiger Richter gegenüber der Industrie die Mehrheit bilden Geldstrafen bis zu 400.000 Euro verhängen.[781] Ferner besteht die Möglichkeit bei besonders gravierenden Fällen eine öffentliche Rüge durch beide Instanzen auszusprechen. Verstöße können von jedermann und jedweder Institution angezeigt werden.[782]

§ 17 FSA-Kodex normiert, dass es unzulässig ist, Angehörigen der Fachkreise oder Dritten für die Verordnung und die Anwendung eines Arzneimittels oder die Empfehlung eines Arzneimittels gegenüber dem Patienten ein Entgelt oder einen sonstigen geldwerten Vorteil anzubieten, zu gewähren oder zu versprechen. Dies stellt die Umsetzung der Vorgaben des Artikel 11 EFPIA-Code dar. Demnach verstößt der pharmazeutische Unternehmer, der Rabatte an Apotheken vergibt, um die Anwendung oder die Empfehlung eines verschreibungspflichtigen Medikaments zu bewirken, gegen den FSA-Kodex. Dies stellt das Pendant zu § 10 ApoG und § 20 ApBetrO dar, denn diese Regelungen sanktionieren das Verhalten des Apothekers. Bei § 17 FSA-Kodex hingegen wird das Fehlverhalten des pharmazeutischen Unternehmers sanktioniert. Aufgrund der freiwilligen Verpflichtung im Rahmen des FSA-Kodex ist dies mit höherrangigem Recht vereinbar. Zudem handelt es sich um einen eingetragenen Verein, der sich im Rahmen der gesetzlichen Vorgaben selbst verwalten kann.

---

777 Mand, in: PharmaR 2014, 393 (396); vgl. auch: http://www.fsa-pharma.de/verhaltenskodizes/, zuletzt abgerufen am 22.10.2018.

778 Siehe hierzu: http://www.fsa-pharma.de/der-fsa/auf-einen-blick/, zuletzt abgerufen am 22.10.2018.

779 Vgl. http://www.fsa-pharma.de/schiedsstelle/verfahrensordnung/#c213, zuletzt abgerufen am 22.10.2018.

780 Vgl. http://www.fsa-pharma.de/schiedsstelle/verfahrensordnung/#c213, zuletzt abgerufen am 22.10.2018.

781 Vgl. http://www.fsa-pharma.de/schiedsstelle/verfahrensordnung/#c213, zuletzt abgerufen am 22.10.2018.

782 Vgl. http://www.fsa-pharma.de/schiedsstelle/verfahrensordnung/#c213, zuletzt abgerufen am 22.10.2018.

Abschließend ist anzumerken, dass der Kodex keinerlei Gültigkeit gegenüber Nichtmitgliedern hat.[783]

F. Endergebnis für das vierte Kapitel

Das vierte Kapitel hat sich ausschließlich mit den Rechtsfolgen eines Verstoßes gegen § 7 Abs. 1 S. 1 Nr. 2 HWG befasst.

Es ist festzuhalten, dass das allgemeine Ordnungswidrigkeitenrecht den § 15 HWG ergänzt.

Ferner wurde festgestellt, dass die Blankettnorm eine komplizierte Regelungsmaterie ist. Hierbei ist zu unterscheiden, ob es sich um eine echte oder eine unechte Blankettnorm handelt. Eine Legitimation dieser Rechtsverweisung ergibt sich aus den vielseitigen Funktionen, wobei immer der Bestimmtheitsgrundsatz einzuhalten ist.

Der Bestimmtheitsgrundsatz, der in Art. 103 Abs. 2 GG kodifiziert ist, wird als Teil des Gesetzlichkeitsprinzips angesehen. Dieser wiederum ist Ausfluss der Formel nullum crimen, nulla poena sine lege scripta, praevia, certa, stricta.

Dabei ist in Erinnerung zu rufen, dass es viele Möglichkeiten gibt die Bestimmtheit von Blankettstrafgesetzen zu begründen, jedoch sind die diesbezüglich gemachten Theorien sich einig, dass es Elemente, wie die Tatbestandsbestimmtheit, den Gesetzesvorbehalt und die Nachvollziehbarkeit der Verweisung geben muss. Gerade bei der Tatbestandsbestimmtheit herrschen eine Vielzahl von Theorien vor, wobei m.E. die Theorie von *Roxin* vorzugswürdig erscheint. Sie besagt, dass eine Erkennbarkeit des Schutzzwecks vorhanden sein muss. Diese Theorie wird ergänzt von den Ausführungen von *Lemmel* und *Kohlmann*, dessen Drei-Stufen-Schema nicht ganz von der Hand zu weisen ist.

Sofern man sich die Norm des § 15 Abs. 1 Nr. 4, 4a HWG näher betrachtet, stellt man fest, dass die Verweisung auf § 7 HWG, welcher wiederum auf die Arzneimittelpreisregularien verweist, als unproblematisch anzusehen ist.

Ferner bleibt festzuhalten, dass zu den Rechtsfolgen des Heilmittelwerbegesetzes, diejenigen des Gesetzes gegen den unlauteren Wettbewerb hinzukommen. § 7 HWG i.V.m. § 78 AMG i.V.m. der Arzneimittelpreisverordnung sind Vorschriften i.S.d. § 3 i.V.m. § 3a UWG.

Die Rechtsfolgen bestimmen sich nach §§ 8 Abs. 1, 9, 10 UWG, das bedeutet, dass man einen Unterlassungs- und Beseitigungsanspruch sowie einen

783 Ausführlicher hierzu: Mand, in: PharmaR 2014, 393 (395 ff.); von Czettritz, in: FS für Sander, 2008, 387 (388 ff.).

Schadensersatz- und Gewinnabschöpfungsanspruch haben kann. Zudem ist es dem Abmahner nach § 12 Abs. 1 S. 2 UWG möglich einen Ersatz der erforderlichen Aufwendungen zu beanspruchen.

Eine Irreführung nach § 5 Abs. 4 S. 1 UWG und damit das Vorliegen eines Mondpreises ist abzulehnen, da den Beteiligten die Umstände, die zu einem Rabatt führen in der Regel bekannt sein dürften.

Im Rahmen der kartellrechtlichen Untersuchung wurde die Konstellation analysiert, dass ein pharmazeutischer Unternehmer die Marktmacht besitzt und Arzneimittel entgegen den Preisregularien rabattiert, womit er evtl. hierdurch andere pharmazeutische Unternehmer oder bei einem Direktvertrieb an Apotheken die Großhändler in ihrem geschäftlichen Dasein tangieren könnte.

Ein Verstoß sowohl nach § 19 Abs. 2 Nr. 1 Alt. 1 GWB als auch nach § 19 Abs. 2 Nr. 1 Alt. 2 GWB kommen grds. in Betracht, wenn die entsprechenden Kriterien erfüllt sind. Eine marktbeherrschende Stellung kann bejaht werden, wenn Patente an einem Arzneimittel vorliegen. Ebenso ist es denkbar, dass ein Generikahersteller eine marktbeherrschende Stellung bzgl. eines Medikamentes besitzt.

Es wurde festgestellt, dass eine erhebliche Behinderung der Wettbewerbsmöglichkeiten vorliegt, wenn ein großzügiger Rabatt die Großhändler oder die Apotheker dazu verleiten lässt, bei dem jeweiligen pharmazeutischen Unternehmer oder dem Großhändler seine Medikamente zu beziehen. Dies kann dazu führen, dass kleine pharmazeutische Unternehmer oder Großhändler keine Chance mehr zu einem Marktzutritt oder einer weiteren Marktbelieferung haben und demnach der Wettbewerb – im schlimmsten Fall – zum Erliegen kommen kann. Dies hat einen Verstoß gegen § 19 Abs. 2 Nr. 1 Alt. 1 GWB zur Konsequenz.

Zudem ist eine sachliche Rechtfertigung einer Diskriminierung nach § 19 Abs. 2 Nr. 1 Alt. 2 GWB bei der Rabattgewährung durch den pharmazeutischen Unternehmer grds. nicht möglich, da die Interessen des pharmazeutischen Unternehmers oder Großhändlers, der eine solche Tat vornimmt nicht zu berücksichtigen sind. Schließlich wird gegen die Arzneimittelvorschriften verstoßen und dem Zweck des Rabattverbotes zuwidergehandelt. Daher sind solche Interessen im Rahmen einer sachlichen Rechtfertigung nach § 19 Abs. 2 Nr. 1 Alt. 2 GWB nicht zu berücksichtigen.

Standesregeln spielen ebenso eine wichtige Rolle bei der Gesetzestreue der Fachkreise. Sie können einschneidende Auswirkungen haben.

Das Doppelbestrafungsverbot, welches in Art. 103 Abs. 3 GG kodifiziert ist, greift nicht ein, wenn ein Apotheker gegen das Heilmittelwerberecht verstößt und zudem nach berufsgerichtlichen Grundsätzen bestraft werden soll.

Bei der Konstellation, dass der Apotheker sich gegenüber einem pharmazeutischen Unternehmer verpflichten würde nur von ihm einen bestimmten Wirkstoff zu beziehen, woraufhin dieser ihm großzügige Rabatte einräumen würde, könnte wegen des Verstoßes gegen § 10 ApoG die Entziehung der Betriebserlaubnis und/oder eine Geldbuße nach sich ziehen. Gleiches gilt, wenn statt des pharmazeutischen Unternehmers ein Großhändler diese Vereinbarung eingehen würde, bzw. der Apotheker sich als Gegenleistung dazu verpflichten würde vorderrangig nur noch das eine Präparat abzugeben.

Eine Bejahung des § 20 ApBetrO wäre denkbar, wenn der Apotheker nur eine bestimmte Art von Medikament abgeben würde, weil dies zu der Vereinbarung mit dem pharmazeutischen Unternehmer oder dem Großhändler gehört. Demnach würde eine objektive Information und Beratung des Kunden zu kurz kommen. Der Kunde könnte sich nicht darauf verlassen, dass ein Apotheker ihm für seine persönliche Lage das beste Präparat abgibt, sondern müsste sich fragen, ob ein Medikament empfohlen wurde, weil der Apotheker hier einen größeren Gewinn erwirtschaften konnte. Als Rechtsfolge kommt eine berufsordnungsrechtliche Ahndung in Betracht. Ferner ist ein schadensrechtlicher Anspruch des Kunden gegenüber dem Apotheker denkbar.

Darüber hinaus sind die Kodizes, die Ausfluss der freiwilligen Selbstkontrolle der Arzneimittelwirtschaft sind, zu erwähnen. Es wurde allerdings von einer umfassenden Darstellung abgesehen. Der EFPIA-Code und dessen nationale Umsetzung, namentlich der FSA-Kodex, wurden untersucht. Für die hier relevante Fragestellung ist der Artikel 11 des EFPIA-Code heranzuziehen, der besagt, dass Geldzuwendungen an Angehörige der Fachkreise untersagt sind. Nach § 17 des FSA-Kodex, der die nationale Umsetzung des Artikel 11 des EFPIA-Code darstellt, ist es unzulässig Angehörigen der Fachkreise für die Empfehlung eines Arzneimittels oder die Anwendung dessen ein Entgelt oder einen sonstigen geldwerten Vorteil anzubieten, zu gewähren oder zu versprechen. Hervorzuheben ist, dass diese Regelung das Pendant zu § 10 ApoG und § 20 ApBetrO darstellt. Die Vorschrift sanktioniert mithin das Verhalten des pharmazeutischen Unternehmers, sofern das Verhalten des Apothekers nach § 10 ApoG und/oder § 20 ApBetrO sanktioniert wird. Nichtmitglieder sind von den Kodizes nicht betroffen.

Fünftes Kapitel: Zusammenfassung und Bewertung der Untersuchungsergebnisse

A. Ergebnisse

Nach alldem können folgende Erkenntnisse festgehalten werden:

1. Regelungsziel des Heilmittelwerbegesetzes ist das Publikum vor unrichtiger bzw. unsachlicher Beeinflussung zu bewahren. Ferner verfolgt es den Schutz vor wirtschaftlicher Übervorteilung der privaten Verbraucher, der gewerblichen Verbraucher und der Wiederverkäufer.
2. Es ist festzuhalten, dass die produktbezogene Wertreklame unzulässig ist, wohingegen die unternehmens- bzw. leistungsbezogene Wertreklame als zulässig zu klassifizieren ist. Rabatte auf breite Produktsegmente sollten m.E. in den Anwendungsbereich des § 7 Abs. 1 S. 1 Nr. 2 lit. a) HWG einbezogen werden.
3. Die Ausgestaltung der untersuchten Vorschrift als abstraktes Gefährdungsdelikt ist als verfassungsrechtlich gerechtfertigt einzustufen.
4. Nunmehr ist ebenso das Verbot der Empfangnahme eines solchen Rabattes in § 7 HWG kodifiziert.
5. Trotz des misslungenen Wortlautes, ist § 78 Abs. 3 AMG dahingehend auszulegen, dass er in den Gesamtkontext des Rabattverbotes hineingelesen wird. Hinzu kommt, dass der persönliche Anwendungsbereich des § 7 Abs. 1 S. 1 Nr. 2 HWG nicht auf den persönlichen Anwendungsbereich der Arzneimittelpreisverordnung beschränkt ist. Demnach ist ebenso festzuhalten, dass der pharmazeutische Unternehmer eindeutig in den Anwendungsbereich der Norm fällt. Der Gesetzgeber sollte hier Nachbesserungsarbeiten leisten. Dabei ist zu erwägen, ob eine Klarstellung in § 78 AMG eingefügt werden sollte.

   Bei dem einheitlichen Abgabepreis handelt es sich um denjenigen des pharmazeutischen Unternehmers, das sich aus der Änderung der Arzneimittelpreisverordnung und der Gesetzesbegründung ergibt.
6. M.E. ist den Begriffen Herstellerabgabepreis und einheitlicher Abgabepreis des pharmazeutischen Unternehmers nicht derselbe Sinngehalt immanent. Vor dem Hintergrund der geschichtlichen Entwicklung, ist davon

auszugehen, dass der Gesetzgeber eine Stringenz in die Preisberechnung einführen wollte.

7. Ferner kann die Apotheke weiterhin das Arzneimittel, das auch über den Großhandel beziehbar wäre, zu einem Preis beziehen, der maximal der Summe des bei Belieferung des Großhandels geltenden Abgabepreises des pharmazeutischen Unternehmers und des darauf entfallenden Großhandelszuschlags entspricht, wobei er auch nach wie vor darunter liegen kann. Ein Rabatt in Höhe des disponiblen Großhandelszuschlages ist mithin erlaubt. Demnach bedeutet „einheitlich" nicht „identisch".
8. Handelsübliche Skonti sind als zulässig anzusehen. Zudem ist i.d.R. eine Valuta nicht als Umgehung zu werten. Eine Koppelung von Zuwendungen, wie bspw. Skonti und Valuta mit Barrabatten ist zulässig. Bei der Koppelung eines Rx-Produkts mit einem OTC-Präparat ist hingegen eine Unzulässigkeit anzunehmen.
9. Die Grundsätze der Buchpreisbindung sind nicht heranzuziehen, da sich die Intention des Gesetzgebers und die konkrete Lage in der sich der Buchhandel und der Handel mit Arzneimitteln befinden zu stark unterscheiden.
10. Geschäfte, wo einer Leistung des Anbieters eine adäquate Gegenleistung gegenübersteht, sollten unter einer Einzelfallbetrachtung gewissenhaft geprüft werden. Dem pharmazeutischen Unternehmer, der sich im Bereich des rechtlich Möglichen bewegt, sollte der Weg zur Aufrechterhaltung guter Geschäftsbeziehungen nicht versperrt werden.
11. Bei der Abgrenzung zu handelsüblichem Zubehör, handelsüblichen Nebenleistungen und unselbständigen Garantieversprechen muss ein erhöhtes Maß an Aufmerksamkeit vorherrschend sein, da ansonsten rechtlich Zulässiges und Unzulässiges nicht klar unterschieden werden können.
12. Wenn man sich die Regelung in Bezug auf Naturalrabatte näher betrachtet, muss man zugeben, dass auch hier leider Ungereimtheiten zu verzeichnen sind. Bei der Einbeziehung von OTC-Arzneimitteln muss bedacht werden, dass dadurch alle Marktbeteiligten betroffen sind und nicht nur diejenigen, die tatsächlich contra legem handeln.
13. Sobald es darum geht, dass im Bereich der OTC-Arzneimittel Naturalrabatte anders behandelt werden als Barrabatte, muss man sich dazu bekennen, dass der Gesetzgeber hier fehlerhaft gehandelt hat. Diese Ungleichbehandlung sollte er im Rahmen des Verhältnismäßigkeitsgrundsatzes abändern. Auch hierzu wurde in der vorliegenden Arbeit ein Gesetzesvorschlag unterbreitet, der dem Gesetzgeber als Grundlage dienen soll den § 7 HWG zu überarbeiten.

14. Der Begriff der Werbung wird in Art. 86 Abs. 1 des Gemeinschaftskodex für Humanarzneimittel so definiert, dass alle Maßnahmen zur Information, zur Marktuntersuchung und zur Schaffung von Anreizen mit dem Ziel, die Verschreibung, die Abgabe, den Verkauf oder den Verbrauch von Arzneimitteln zu fördern unter den Werbebegriff fallen. Diese Definition fordert demnach eine objektive und eine subjektive Komponente.
15. § 78 Abs. 3 AMG verstößt daher nicht gegen europäisches Recht. Nach Art. 94 Abs. 4 der Richtlinie 2001/83/EG erlaubt der europäische Gesetzgeber den Mitgliedsstaaten ihre bisherige Praxis beizubehalten. Es steht vielmehr fest, dass es keine europäischen Regelungen gibt, die eine Gesetzgebung, wie sie in § 78 Abs. 3 AMG erfolgt ist, verbietet.
16. Die Frage, ob die deutschen Preisregularien bei einem grenzüberschreitenden Apothekenversandhandel Anwendung finden, ist zu verneinen. Der EuGH hat entschieden, dass Art. 34 AEUV tangiert ist und nicht durch eine Rechtfertigung nach Art. 36 AEUV gedeckt ist. Die Bundesrepublik ist im Verfahren den Beweis für eine Notwendigkeit der Arzneimittelpreisvorschriften im zwischenstaatlichen Handel schuldig geblieben.
17. Nachdem die europäischen Regelungen untersucht wurden und insbesondere die Lage im Vereinigten Königreich, Österreich und Spanien im Fokus stand, wurde herausgearbeitet, dass manche Modelle der Regulierung von Arzneimittelpreisen und Rabatten innerhalb der Vertriebsstufen den Gesetzeszwecken des deutschen Gesetzgebers nicht dienlich sein können. Vor allem das „clawback" stellt keine hinreichende Alternative dar, da hierdurch dennoch ein Preiswettbewerb stattfinden kann, der aber ausdrücklich verhindert werden soll.
18. Die Rechtsfolge des § 15 Abs. 1 Nr. 4, 4a HWG ist als Ordnungswidrigkeit verabschiedet worden. Dabei ist allerdings zu bedenken, dass das allgemeine Ordnungswidrigkeitenrecht ergänzend heranzuziehen ist.
    Ferner handelt es sich bei o.g. Vorschrift um eine Blankettnorm. Die Blankettnorm an sich ist äußerst umstritten, wenn es um die Voraussetzungen geht, die erfüllt sein müssen, wenn sie als verfassungskonform eingestuft werden soll. Allerdings wurde herausgearbeitet, dass eine Verfassungskonformität des § 15 HWG vorliegt.
19. Hinzu kommen Rechtsfolgen, die sich aus Vorschriften des Gesetzes gegen den unlauteren Wettbewerb ergeben. Dabei ist zu erwähnen, dass § 7 HWG i.V.m. § 78 AMG i.V.m. der Arzneimittelpreisverordnung Vorschriften i.S.d. § 3 Abs. 1 i.V.m. § 3a UWG sind. Ein Verstoß gegen Lauterkeitsrecht liegt mithin vor. Die Rechtsfolgen bestimmen sich nach §§ 8 Abs. 1, 9, 10 UWG.

Eine Irreführung nach § 5 Abs. 4 S. 1 UWG und damit das Vorliegen eines Mondpreises ist abzulehnen, da den Beteiligten die Umstände, die zu einem Rabatt führen i.d.R. bekannt sein dürften.
Aufgrund der Tatsache, dass die Wettbewerber nicht anstreben werden die Begünstigten in zivilgerichtliche Auseinandersetzungen zu involvieren, ist die Norm des § 7 HWG nötig, auch wenn die Vorschriften des Gesetzes gegen den unlauteren Wettbewerb einschlägig sein können.

20. Bei der kartellrechtlichen Untersuchung in dieser Arbeit wurde folgende Konstellation erörtert: Ein pharmazeutischer Unternehmer oder ein Großhändler besitzen die Marktmacht und rabattieren entgegen den Arzneimittelvorschriften ihre Arzneimittel.
Dabei kommen Verstöße gegen § 19 Abs. 2 Nr. 1 GWB in Betracht.

21. Standesregeln sind wichtig für die Überprüfung der Gesetzestreue der Fachkreise, wobei diese einschneidende Auswirkungen haben können.
Dabei ist zu beachten, dass das Doppelbestrafungsverbot, welches in Art. 103 Abs. 3 GG niedergelegt ist, nicht eingreift, wenn ein Apotheker gegen das Heilmittelwerbegesetz verstößt und zudem nach berufsgerichtlichen Grundsätzen bestraft werden soll.

22. § 10 ApoG kann einschlägig sein, wenn der Apotheker sich gegenüber einem pharmazeutischen Unternehmer verpflichtet nur von ihm einen bestimmten Wirkstoff zu beziehen, woraufhin dieser ihm großzügige Rabatte einräumt. Ferner kann § 10 ApoG zu bejahen sein, wenn statt des pharmazeutischen Unternehmers ein Großhändler diese Vereinbarung eingehen würde. Zudem ist es denkbar, dass der Apotheker sich verpflichtet nur noch das eine Präparat abzugeben, womit ebenso die Rechtsfolgen des § 10 ApoG eingreifen würden. Konkret kann eine Rechtsfolge eines solchen Verhaltens die Entziehung der Betriebserlaubnis und/oder eine Geldbuße darstellen.

23. § 20 ApBetrO ist relevant, wenn der Apotheker nur ein Medikament abgeben würde, weil dies zu der Vereinbarung mit dem pharmazeutischen Unternehmer oder dem Großhändler gehört. Eine objektive Information und Beratung würde innerhalb einer solchen Konstellation nicht stattfinden. Die Rechtsfolge könnte eine berufsordnungsrechtliche Ahndung sein. Darüber hinaus ist ein schadensrechtlicher Anspruch des Kunden gegenüber dem Apotheker denkbar.

24. Die Kodizes, die Ausfluss der freiwilligen Selbstkontrolle der Arzneimittelwirtschaft sind, werden u.U. ebenso verletzt. Sofern der pharmazeutische Unternehmer ein Vereinsmitglied ist, kann er den FSA-Kodex und damit den EFPIA-Code verletzt haben. Dann kann die Schiedsstelle Geldbußen aussprechen. Bei dem § 17 FSA-Kodex und dem Artikel 11 des EFPIA-Code handelt es sich um die Sanktionierung des pharmazeutischen Unternehmers, sofern er den Apotheker veranlasst eine Empfehlung oder Anwendung eines Arzneimittels vorzunehmen. Darüber hinaus stellt es das Pendant zu § 10 ApoG und § 20 ApBetrO dar. Somit muss nicht nur der Apotheker, sondern auch der pharmazeutische Unternehmer eine Sanktionierung hinnehmen. Dies erscheint nur gerecht, wenn man bedenkt, dass beide zusammenwirken müssen, um den Tatbestand zu erfüllen.

B. Bewertung und Ausblick

Die Regularien bei einer Rabattgewährung des pharmazeutischen Unternehmers an die Großhändler oder an die Apotheken bzw. von Großhändlern an Apotheken sind noch Bedenken ausgesetzt. Die komplizierte Regelungstechnik in diesem Bereich tut ihr Übriges. Die gesetzliche Regelung des § 7 Abs. 1 S. 1 Nr. 2 HWG i.V.m. § 78 AMG i.V.m. der Arzneimittelpreisverordnung muss als teilweise misslungen angesehen werden.

Es konnte an Hand dieser Arbeit aufgezeigt werden, dass der Bereich der Arzneimittelpreisregulierung noch Schwächen ausgesetzt ist.

Die zahlreichen Novellierungen in diesem Bereich schaffen leider oftmals neue Probleme. M.E. sind die in dieser Arbeit gefundenen Ergebnisse weiterführend und verdeutlichen dem Gesetzgeber die Tragweite der misslungenen Gesetzeslage.

Sinn und Zweck dieser Regelungsmaterie ist die Stabilisierung der Finanzierungsmöglichkeiten des Gesundheitssystems. Um dieses Ziel erreichen zu können, sollte der Gesetzgeber den Wortlaut des § 7 HWG ändern.

Ferner sollte der Gesetzgeber Rabatte auf breite Produktsegmente verbieten, da hierdurch eine Umgehungsmöglichkeit konterkariert werden kann.

Bei apothekenpflichtigen OTC-Produkten sollte das Naturalrabattverbot verhältnismäßig sein. Der Gesetzgeber sollte das strikte Verbot abändern, damit er seiner ursprünglichen Intention, nämlich in diesem Produktbereich den Wettbewerb zu fördern, näher kommt. Hierfür sollte der Gesetzgeber § 78 AMG abändern.

Schließlich sollte festgehalten werden, dass die komplexe Regelung innerhalb der Arzneimittelpreisvorschriften heute unbefriedigend ist und daher Handlungsbedarf seitens des Gesetzgebers besteht. Die Regelungen müssen klarer und nachvollziehbarer werden.

Die vorgeschlagene Änderung berücksichtigt diese Kriterien und soll deshalb als Vorbild für ein künftiges Tätigwerden des Gesetzgebers in diesem Bereich dienen.

Literaturverzeichnis

Alemanno, Alberto „Le principe de précaution en droit communautaire, stratégie de gestion des risques ou risque d'atteinte au Marché intérieur?", in Revue du Droit de l'Union Européenne, 2001, 917–953 (*zit.*: Alemanno, in: Revue du Droit de l'Union Européenne, 2001, 917 (S.)).

Angehrn, Otto „Sinn und Unsinn der Wertreklame", in Markenartikel 1972, 177–194 (*zit.*: Angehrn, in: MA 1972, 177 (S.)).

Association of the British Pharmaceutical Industry (Hrsg.)„Understanding the 2014 Pharmaceutical Price Regulation Scheme", London 2014 (*zit.*: Understanding the 2014 Pharmaceutical Price Regulation Scheme, S.).

Baumbach, Wolfgang/ Hefermehl, Adolf Wettbewerbsrecht, Gesetz gegen den unlauteren Wettbewerb, Zugabeverordnung, Rabattgesetz und Nebengesetze, 22. Aufl., München 2001 (*zit.*: Baumbach/ Hefermehl, §).

Bechtold, Rainer/ Bosch, Wolfgang GWB, Kartellgesetz, Gesetz gegen Wettbewerbsbeschränkungen, (§§ 1–96, 185, 186), Kommentar, 9. Aufl., München 2018 (*zit.*: Bechtold/ Bosch, GWB, §).

Berlit, Wolfgang Wettbewerbsrecht, Eine Gesamtdarstellung für die Praxis, 10. Aufl., München 2017 (*zit.*: Berlit, S.).

Bernhardt, Fritz Gesetz über die Werbung auf dem Gebiete des Heilwesens, Berlin usw. 1966 (*zit.*: Bernhardt, S.).

Binding, Karl Die Normen und ihre Übertretung, Eine Untersuchung über die rechtmäßige Handlung und die Arten des Delikts, Erster Band, Normen und Strafgesetze, Leipzig 1872 (*zit.*: Binding, Die Normen und ihre Übertretung, Band I, S.).

Bleckmann, Albert Grundgesetz und Völkerrecht, Berlin 1975 (*zit.*: Bleckmann, S.).

Bohnert, Joachim/ Bülte, Jens Ordnungswidrigkeitenrecht, 5. Aufl., München 2016 (*zit.*: Bohnert/ Bülte, §).

Borck, Hans-Günther „Aus dem Umfeld der Zugabeverordnung, Einige Anmerkungen zum Einfluß dieses Umfeldes auf Umfang und Auslegung des Zugabeverbotes", in Wettbewerb in Recht und Praxis 1971, 397–408 (*zit.*: Borck, in: WRP 1971, 397 (S.)).

Borck, Hans-Günther Zugaberecht, Ein Wegweiser durch die Zugabeverordnung, Frankfurt am Main 1974 (*zit.*: Borck, S.).

Böse, Martin Strafen und Sanktionen im Europäischen Gemeinschaftsrecht, Göttingen, Univ., Diss., 1996, Köln usw. 1996 (*zit.*: Böse, S.).

Bundesfachverband der Heilmittelindustrie und der ihr verbundenen Werbewirtschaft e.V., Köln (Hrsg.) Schriftenreihe zur Heilmittelwerbung, Heft 8, Gesetz über die Werbung auf dem Gebiet des Heilwesens vom 11. Juli 1965, Rechtsprechung, Materialien und Kommentare zum Heilmittelwerberecht, Uelzen 1966 *(zit.:* SRH VIII, S.).

Bundesministerium der Justiz (Hrsg.) Handbuch der Rechtsförmlichkeit, Empfehlungen zur Gestaltung von Gesetzen und Rechtsverordnungen, Empfehlungen des Bundesministeriums der Justiz für die rechtsförmliche Gestaltung von Gesetzen und Rechtsverordnungen nach § 42 Absatz 4 und § 62 Absatz 2 der Gemeinsamen Geschäftsordnung der Bundesministerien, 3. Aufl., Köln 2008 (*zit.*: Handbuch der Rechtsförmlichkeit, Rn).

Bundesverband der Arzneimittelhersteller e.V. Die neue Preisbildung gemäß § 78 Abs. 3 AMG unter Berücksichtigung der Rabattregelungen des § 7 HWG, in Arzneimittel & Recht 2007, 201–207 (*zit.*: BAH, in: A&R 2007, 201 (S.)).

Bunte*, *Hermann-Josef (Hrsg.) Langen • Bunte, Kartellrecht, Kommentar, Band 1, Deutsches Kartellrecht, 13. Aufl., Köln 2018 (*zit.*: *Bearbeiter*, in: Langen/ Bunte, §).

Bunte*, *Hermann-Josef/ Stancke*, *Fabian Kartellrecht, mit Vergaberecht und Beihilfenrecht, Lehrbuch für Studium und Praxis, 3. Aufl., München 2016 (*zit.*: Bunte/ Stancke, S.).

Burmann*, *Hans Franz Grundlagen und Praxis des Wirtschaftsrechts, Band 2, Das Recht der Wertreklame, Werbegeschenke und Werbegaben, Werbelieferungen, Werbeprämien, Waren- und Leistungsproben, Zugaben, Erläutert nach der neuesten Rechtsprechung, Berlin 1965 (*zit.*: Burmann, II).

Bülow*, *Peter „Das Tatbestandsmerkmal der zumindest mittelbaren Gesundheitsgefährdung im Heilmittelwerberecht, Verfassungskonforme und richtlinienkonforme Auslegung“, in Gewerblicher Rechtsschutz und Urheberrecht 2005, 482–487 (*zit.*: Bülow, in: GRUR 2005, 482 (S.)).

Bülow*, *Peter/ Ring*, *Gerhard/ Artz*, *Markus/ Brixius*, *Kerstin Heilmittelwerbegesetz, Gesetz über die Werbung auf dem Gebiete des Heilwesens (HWG), Kommentar, 5. Aufl., Köln usw. 2016 (*zit.*: *Bearbeiter*, in: Bülow/ Ring, HWG, §).

Byok*, *Jan/ Csaki*, *Alexander „Aktuelle Entwicklungen bei dem Abschluss von Arzneimittelrabattverträgen“, in Neue Zeitschrift für Sozialrecht 2008, 402–408 (*zit.*: Byok/ Csaki, in: NZS 2008, 402 (S.)).

Carone*, *Guiseppe/ Schwierz*, *Christoph/ Xavier*, *Ana European Commission, European Economy, Economic Papers 461, September 2012, Cost-containment policies in public pharmaceutical spending in the EU, Brüssel 2012 (*zit.*: European Commission, Cost-containment policies in public pharmaceutical spending in the EU, S.).

Dettling*, *Heinz-Uwe „Die internationale Anwendbarkeit des deutschen Arzneimittelrechts", in Pharma Recht 2003, 401–408 (*zit.*: Dettling, in: PharmaR 2003, 401 (S.)).

Deutsch*, *Erwin/ Lippert*, *Hans-Dieter (Hrsg.) Kommentar zum Arzneimittelgesetz (AMG), 3. Aufl., Heidelberg usw. 2011 (*zit.*: *Bearbeiter*, in: Deutsch/ Lippert, AMG, §).

Diekmann*, *Moritz/ Idel*, *Johanna „Der einheitliche Apothekenabgabepreis für verschreibungspflichtige Arzneimittel, – Preisbindung auch für ausländische Versandapotheken innerhalb der EU? –", in Apotheken-Recht 2009, 93–100 (*zit.*: Diekmann/ Idel, in: APR 2009, 93 (S.)).

Dietmeier*, *Frank Blankettstrafrecht, – Ein Beitrag zur Lehre vom Tatbestand, Marburg, Univ., Diss., 2000/01, Marburg 2002 (*zit.*: Dietmeier, S.).

Doepner*, *Ulf „Abgrenzung produktspezifischer Absatzwerbung von allgemeiner Unternehmenswerbung, Anmerkung zu den BGH-Entscheidungen ‚Femovan' und ‚Pharma-Werbespot'", in Wettbewerb in Recht und Praxis 1993, 445–448 (*zit.*: Doepner, in: WRP 1993, 445 (S.)).

Doepner*, *Ulf Heilmittelwerbegesetz, Kommentar, 2. Aufl., München 2000 (*zit.*: Doepner, HWG, 2. Aufl., §).

Doepner*, *Ulf/ Reese*, *Ulrich „Produktbezogene Patienteninformation im Internet-Zeitalter – eine kritische Bestandsaufnahme nach deutschem und europäischem Heilmittelwerberecht –, Rechtsgutachten erstellt im Auftrag des Verbandes Forschender Arzneimittelhersteller e. V. (VFA)", in Pharma Recht 2001, Sonderdruck I – XX (*zit.*: Doepner/ Reese, in: PharmaR 2001, Sonderdruck I (S.)).

Doepner*, *Ulf/ Reese*, *Ulrich „Heilmittelwerbegesetz, Kommentar, 3. Aufl., München 2018 (*zit.*: Doepner/ Reese, HWG, §).

Domeier*, *Danja Gesundheitsschutz und Lebensmittelstrafrecht, Zur Konkretisierung der Verkehrspflichten und ihrer Strafbewehrung, insbesondere mit Blick auf §§ 8 ff. LMBG, Marburg, Univ., Diss., 1998, Frankfurt am Main usw. 1999 (*zit.*: Domeier, S.).

Dreher*, *Meinrad/ Kulka*, *Michael Wettbewerbs- und Kartellrecht, Eine systematische Darstellung des deutschen und europäischen Rechts, 9. Aufl., Heidelberg usw. 2016 (*zit.*: Dreher/ Kulka, §).

Dreier*, *Horst (Hrsg.) Grundgesetz, Kommentar, Band III, Artikel 83–146, 3. Aufl., Tübingen 2018 (*zit.*: *Bearbeiter*, in: Dreier, Art.).

Eichelberger*, *Jan „Zur Verfassungsmäßigkeit von § 20 WpHG", in Zeitschrift für Bankrecht und Bankwirtschaft 2004, 296–302 (*zit.*: Eichelberger, in: ZBB 2004, 296 (S.)).

Emmerich*, *Volker „Fusionskontrolle 1987/ 88“, in Die Aktiengesellschaft 1988, 357–369 (*zit.*: Emmerich, in: AG 1988, 357 (S.)).

Emmerich*, *Volker Unlauterer Wettbewerb, Ein Studienbuch, 10. Aufl., München 2016 (*zit.*: Emmerich, Unlauterer Wettbewerb, §).

Emmerich*, *Volker*/ *Lange*, *Knut Werner Kartellrecht, Ein Studienbuch, 14. Aufl., München 2018 (*zit.*: Emmerich/ Lange, KartellR, §).

Enderle*, *Bettina Blankettstrafgesetze, Verfassungs- und strafrechtliche Probleme von Wirtschaftsstraftatbeständen, Freiburg (Breisgau), Univ., Diss., 1999, Frankfurt am Main usw. 2000 (*zit.*: Enderle, S.).

Engler*, *Cornelia*/ *Geserich*, *Stephan*/ *Räpple*, *Thilo*/ *Rieger*, *Hans-Jürgen Werben und Zuwenden im Gesundheitswesen, Eine Einführung in vier Teilen, 2. Aufl., Heidelberg 2000 (*zit.*: *Bearbeiter*, in: Engler/ Geserich/ Räpple/ Rieger, Rn).

Feiden*, *Karl*/ *Pabel*, *Hermann Josef*; *begründet von Kloesel*, *Arno*/ *Cyran*, *Walter Arzneimittelrecht, Kommentar, Mit amtlichen Begründungen, weiteren Materialien und einschlägigen Rechtsvorschriften sowie Sammlung gerichtlicher Entscheidungen, Loseblatt-Kommentar, Band IV, 3. Aufl., Stuttgart 2018, mit 134. Aktualisierungslieferung, Stand 1. März 2018 (zit.: Kloesel/ Cyran, AMG, Band IV, §).

Feiden*, *Karl*/ *Pabel*, *Hermann Josef*; *begründet von Kloesel*, *Arno*/ *Cyran*, *Walter Arzneimittelrecht, Kommentar, Mit amtlichen Begründungen, weiteren Materialien und einschlägigen Rechtsvorschriften sowie Sammlung gerichtlicher Entscheidungen, Loseblatt-Kommentar, Band V, 3. Aufl., Stuttgart 2018, mit 134. Aktualisierungslieferung, Stand 1. März 2018 (zit.: Kloesel/ Cyran, AMG, Band V, §).

Fikentscher*, *Wolfgang „Der Werkverschaffungsvertrag“, in Archiv für die civilistische Praxis 190 (1990), 34–111 (*zit.*: Fikentscher, in: AcP 190 (1990), 34 (S.)).

Fischer*, *Thomas Strafgesetzbuch, mit Nebenstrafgesetzen, 65. Aufl., München 2018 (*zit.*: Fischer, §).

Frister*, *Helmut Strafrecht, Allgemeiner Teil, Ein Studienbuch, 8. Aufl., München 2018 (*zit.*: Frister, Kap.).

Fuhrmann*, *Stefan*/ *Klein*, *Bodo*/ *Fleischfresser*, *Andreas (Hrsg.) Arzneimittelrecht, Handbuch für die pharmazeutische Rechtspraxis, 2. Aufl., Baden-Baden 2014 (*zit.*: *Bearbeiter*, in: Fuhrmann/ Klein/ Fleischfresser, §).

Gabriel*, *Marc „Vom Festbetrag zum Rabatt:, Gilt die Ausschreibungspflicht von Rabattverträgen auch im innovativen Bereich patentgeschützter Arzneimittel?“, in Neue Zeitschrift für Sozialrecht 2008, 455–460 (*zit.*: Gabriel, in: NZS 2008, 455 (S.)).

Geiger*, *Daniel „Das Erfordernis einer mittelbaren Gesundheitsgefahr bei § 7 HWG, zugleich Besprechung von BGH, Urt. v. 06.11.2014 – I ZR 26/13 – Kostenlose Zweitbrille“, in Medizin Produkte Recht 2015, 131–139 (*zit.*: Geiger, in: MPR 2015, 131 (S.)).

Göhler*, *Erich „Zur Rechtskraftwirkung von Bußgeldentscheidungen“, in Zeitschrift für Wirtschaft • Steuer • Strafrecht 1991, 91–95 (*zit.*: Göhler, in: wistra 1991, 91 (S.)).

Göhler*, *Erich Ordnungswidrigkeitengesetz, Kommentar, 17. Aufl., München 2017 (*zit.*: *Bearbeiter*, in: Göhler, OWiG, §).

Grunewald*, *Benno Die Vollzugsdefizite des Heilmittelwerberechts und ihre privatrechtliche Kompensation am Beispiel der Publikumswerbung, Bremen, Univ., Diss., 1990, Frankfurt am Main usw. 1991 (*zit.*: Grunewald, S.).

Hamm*, *Ludwig*/ *Bücker*, *Joseph Gesetz über die Werbung auf dem Gebiet des Heilwesens, (Heilmittelwerbegesetz), Kommentar, Köln usw. 1966 (*zit.*: Hamm/ Bücker, S.).

***Harte-Bavendamm*, *Henning*/ *Henning-Bodewig*, *Frauke* (Hrsg.)** UWG, Gesetz gegen den unlauteren Wettbewerb, Mit Preisangabenverordnung, Kommentar, 4. Aufl., München 2016 (*zit.*: *Bearbeiter*, in: Harte-Bavendamm/ Henning-Bodewig, UWG, §).

***Häberle*, *Peter* (Hrsg.)** Erbs/Kohlhaas, Strafrechtliche Nebengesetze, mit Straf- und Bußgeldvorschriften des Wirtschafts- und Verwaltungsrechts, Band 2, 220. Ergänzungslieferung: Juli 2018, München 2018 (*zit.*: *Bearbeiter*, in: Erbs/ Kohlhaas, §).

Hebenstreit*, *Sonja „Neue Regeln für die Arzneimittelwerbung im österreichischen AMG“, in Pharma Recht 2006, 131–139 (*zit.*: Hebenstreit, in: PharmaR 2006, 131 (S.)).

***Heermann*, *Peter W.*/ *Schlingloff*, *Jochen* (Hrsg.)** Münchener Kommentar zum Lauterkeitsrecht, Band 2, §§ 5–20 UWG, 2. Aufl., München 2014 (*zit.*: *Bearbeiter*, in: MüKo, Lauterkeitsrecht, §).

Herzog*, *Roman*/ *Scholz*, *Rupert*/ *Herdegen*, *Matthias*/ *Klein*, *Hans H.* (Hrsg.); *begründet von Maunz*, *Theodor*/ *Dürig*, *Günter Grundgesetz, Kommentar, Band VI, Art. 86–106 b, München, Stand: Lfg. 83. April 2018 (*zit.*: *Bearbeiter*, in: Maunz/ Dürig, Band VI, Art.).

Hoffmann*, *Heinrich Gesetz über das Apothekenwesen, Kommentar, 1961 (*zit.*: Hoffmann, §).

***Hogan Lovells* (Hrsg.)** EU Pricing & Reimbursement, Pricing & reimbursement schemes in major European countries, November 2014 (*zit.*: EU Pricing & Reimbursement, S.).

Hoppmann*, *Erich Fusionskontrolle, Tübingen 1972 (*zit.*: Hoppmann, Fusionskontrolle, S.).

Hoppmann*, *Erich Die Abgrenzung des relevanten Marktes im Rahmen der Mißbrauchsaufsicht über marktbeherrschende Unternehmen, dargestellt am Beispiel der Praxis des Bundeskartellamtes bei Arzneimitteln, Baden-Baden 1974 (*zit.*: Hoppmann, Die Abgrenzung des relevanten Marktes im Rahmen der Mißbrauchsaufsicht, S.).

Hoth*, *Jürgen*/ *Gloy*, *Wolfgang Zugabe und Rabatt, Kommentar zur Zugabeverordnung und zum Rabattgesetz, Berlin usw. 1973 (*zit.*: Hoth/ Gloy, S.).

Houses of Parliament (Hrsg.) Parliamentary Office of Science & Technology, Postnote, Number 364 October 2010, Drug Pricing, London 2010, abrufbar unter: http://www.parliament.uk/documents/post/postpn_364_Drug_Pricing.pdf, zuletzt abgerufen am 22.10.2018 (*zit.*: Drug Pricing, S.).

Höpker*, *Jost „Das neue Heilmittelwerbegesetz“, in Wettbewerb in Recht und Praxis 1965, 424–427 (*zit.*: Höpker, in: WRP 1965, 424 (S.)).

Immenga*, *Ulrich*/ *Mestmäcker*, *Ernst-Joachim (Hrsg.) Wettbewerbsrecht, Band 2, GWB, Kommentar zum Deutschen Kartellrecht, 5. Aufl., München 2014 (*zit.*: *Bearbeiter*, in: Immenga/ Mestmäcker, §).

Ipsen*, *Jörn Staatsrecht II, Grundrechte, 21. Aufl., München 2018 (*zit.*: Ipsen, Rn).

Ittner*, *Dirk Die Vermutungen des GWB, Köln, Univ., Diss., 1997, Berlin 1998 (*zit.*: Ittner, Die Vermutungen des GWB, S.).

Jakobs*, *Günther Strafrecht, Allgemeiner Teil, Die Grundlagen und die Zurechnungslehre, Lehrbuch, 2. Aufl., Berlin usw. 2011 (*zit.*: Jakobs, 1. Buch).

Jarass*, *Hans D.*/ *Pieroth*, *Bodo GG, Grundgesetz für die Bundesrepublik Deutschland, Kommentar, 15. Aufl., München 2018 (*zit.*: *Bearbeiter*, in: Jarass/ Pieroth, Art.).

Jescheck*, *Hans-Heinrich*/ *Weigend*, *Thomas Lehrbuch des Strafrechts, Allgemeiner Teil, 5. Aufl., Berlin 1996 (*zit.*: Jescheck/ Weigend, S.).

Joecks*, *Wolfgang*/ *Miebach*, *Klaus (Hrsg.) Münchener Kommentar zum Strafgesetzbuch, Band 1, §§ 1–37, 3. Aufl. München 2017 (*zit.*: *Bearbeiter*, in: MüKo-StGB, §).

Junker*, *Abbo „Die ‚zwingenden Bestimmungen‘ im neuen internationalen Arbeitsrecht“, in Praxis des Internationalen Privat- und Verfahrensrechts 1989, 69–75 (*zit.*: Junker, in: IPRax 1989, 69 (S.)).

Kanavos*, *Panos*/ *Schurer*, *Willemien*/ *Vogler*, *Sabine „The Pharmaceutical Distribution Chain in the European Union: Structure and Impact on Pharmaceutical Prices“, Brüssel 2011, abrufbar unter: http://eprints.lse.ac.uk/51051/1/Kanavos_pharmaceutical_distribution_chain_2007.pdf, zuletzt abgerufen am 22.10.2018 (*zit.*: Kanavos/ Schurer/ Vogler, The Pharmaceutical Distribution

Chain in the European Union: Structure and Impact on Pharmaceutical Prices, 2011, S.).

Karpen, Hans-Ulrich Die Verweisung als Mittel der Gesetzgebungstechnik, Berlin 1970 (*zit.*: Karpen, S.).

Kern, Bernd-Rüdiger „Die zivilrechtliche Beurteilung von Schwarzarbeitsverträgen", in Festschrift für Joachim Gernhuber zum 70. Geburtstag, herausgegeben von Hermann Lange, Knut Wolfgang Nörr und Harm Peer Westermann, Tübingen 1993, 191–206 (*zit.*: Kern, in: FS für Gernhuber, 1993, 191 (S.)).

Kern, Bernd-Rüdiger „Der geprellte Schwarzarbeiter - BGHZ 111, 308", in Juristische Schulung 1993, 193–195 (*zit.*: Kern, in: JuS 1993, 193 (S.)).

Kindermann, Harald Ministerielle Richtlinien der Gesetzestechnik, Vergleichende Untersuchung der Regelungen in der Bundesrepublik Deutschland, in Österreich und der Schweiz, Berlin usw. 1979 (*zit.*: Kindermann, S.).

Kleist, Holde/ Hess, Gertrud/ Hoffmann, Hans-Georg Heilmittelwerbegesetz, Kommentar zu den Bestimmungen des Gesetzes über die Werbung auf dem Gebiete des Heilwesens, Loseblattsammlung, 6. Ergänzungslieferung, Frankfurt am Main September 1998 (*zit.*: Kleist/ Hess/ Hoffmann, §).

Koenig, Christian „Versandhandelsverbot für verschreibungspflichtige Arzneimittel? Ein Frontalzusammenstoß mit der Rechtsprechung des EuGH!", in: Pharma Recht 2017, 85–92 (*zit.*: Koenig, in: PharmaR 2017, 85 (S.)).

Kohlhaas, Max „Das neue Heilmittelwerbegesetz", in Deutsche Apotheker-Zeitung 1965, 1041–1047 (*zit.*: Kohlhaas, in: DAZ 1965, 1041 (S.)).

Kohlmann, Günter Der Begriff des Staatsgeheimnisses (§ 93 StGB und § 99 Abs. 1 StGB a.F.) und das verfassungsrechtliche Gebot der Bestimmtheit von Strafvorschriften (Art. 103 Abs. 2 GG), Köln-Marienburg 1969 (*zit.*: Kohlmann, S.).

Kozianka, Wolfgang „Beinhalten §§ 7 HWG und 78 Abs. 3 AMG wirklich ein generelles Geldrabattverbot für verschreibungspflichtige Arzneimittel?", in Festschrift für Axel Sander zum 65. Geburtstag, herausgegeben von Herbert Wartensleben, Hans-Georg Hoffmann, Norbert Klapszus und Thomas Porstner, Frankfurt am Main 2008, 177–185 (*zit.*: Kozianka, in: FS für Sander, 2008, 177 (S.)).

Köhler, Helmut/ Bornkamm, Joachim/ Feddersen, Jörn Gesetz gegen den unlauteren Wettbewerb, UWG, Preisangabenverordnung, Unterlassungsklagengesetz, Dienstleistungs-Informationspflichten-Verordnung, 36. Aufl., München 2018 (*zit.*: *Bearbeiter*, in: Köhler/ Bornkamm/ Feddersen, UWG, §).

Köhler*, *Helmut/ Piper*, *Henning Gesetz gegen den unlauteren Wettbewerb, mit Zugabeverordnung, Rabattgesetz und Preisangabenverordnung, 2. Aufl., München 2001 (*zit.*: *Bearbeiter*, in: Köhler/ Piper, §).

Kreuzer*, *Arthur Anmerkung zu BVerfG Beschluss vom 29.10.1969 - 2 BvR 545/68, in Neue Juristische Wochenschrift 1970, 507–508 (*zit.*: Kreuzer, in: NJW 1970, 507 (S.)).

Krey*, *Volker Keine Strafe ohne Gesetz, Einführung in die Dogmengeschichte des Satzes „nullum crimen, nulla poena sine lege", Berlin usw. 1983 (*zit.*: Krey, Rn).

Kroeber-Riel*, *Werner „Werbung", in Handelsblatt, Wirtschaftslexikon, Das Wissen der Betriebswirtschaftslehre, Band 12, Währungsmanagement – Zwischenprüfung, Abkürzungsverzeichnis, Sachregister, Stuttgart 2006 (*zit.*: *Kroeber-Riel*, in: Handelsblatt, Wirtschaftslexikon, Bd. 12, Stichwort).

Kunig*, *Philip (Hrsg.) von Münch/ Kunig, Grundgesetz-Kommentar, Band 2, (Art. 70 bis Art. 146), 6. Aufl., München 2012 (*zit.*: *Bearbeiter*, in: von Münch/ Kunig, Art.).

Kügel*, *J. Wilfiried/ Müller*, *Rolf-Georg/ Hofmann*, *Hans-Peter (Hrsg.) Arzneimittelgesetz, Kommentar, 2. Aufl., München 2016 (zit.: Bearbeiter, in: Kügel/ Müller/ Hofmann, AMG, §).

Lackner*, *Karl „Zu den Grenzen der richterlichen Befugnis, mangelhafte Strafgesetze zu berichtigen", in Richterliche Rechtsfortbildung, Erscheinungsformen, Auftrag und Grenzen, Festschrift der Juristischen Fakultät zur 600-Jahr-Feier der Ruprecht-Karls-Universität Heidelberg, herausgegeben von den Hochschullehrern der Juristischen Fakultät der Universität Heidelberg, Heidelberg 1986, 39–63 (*zit.*: Lackner, in: FS der Heidelberger Juristischen Fakultät, 1986, 39 (S.)).

Lackner*, *Karl/ Kühl*, *Kristian StGB, Strafgesetzbuch, Kommentar, 29. Aufl., München 2018 (*zit.*: *Bearbeiter*, in: Lackner/ Kühl, StGB Komm,).

Lauer*, *Eva Der Irrtum über Blankettstrafgesetze am Beispiel des § 106 UrhG, Bonn, Univ., Diss., 1996, Bonn 1997 (*zit.*: Lauer, S.).

Laufhütte*, *Heinrich Wilhelm/ Rissing-van Saan*, *Ruth/ Tiedemann*, *Klaus (Hrsg.) Strafgesetzbuch, Leipziger Kommentar, Großkommentar, Erster Band, Einleitung; §§ 1 bis 31, 12. Aufl., Berlin 2007 (*zit.*: *Bearbeiter*, in: LK-StGB, §).

Lehmann*, *Michael Die Werbung mit Geschenken, Eine juristische Analyse der abstrakten Wertreklame unter besonderer Berücksichtigung der wettbewerbsrechtlichen Beurteilung, München, Univ., Diss., 1973, Köln usw. 1974 (*zit.*: Lehmann, S.).

Lemmel*, *Hans-Peter Unbestimmte Strafbarkeitsvoraussetzungen im Besonderen Teil des Strafrechts und der Grundsatz nullum crimen sine lege, Hamburg, Univ., Diss., 1969, Berlin 1970 (*zit.*: Lemmel, S.).

Lenckner*, *Theodor „Wertausfüllungsbedürftige Begriffe im Strafrecht und der Satz ‚nulla poena sine lege' ", in Juristische Schulung 1968, 304–310 (*zit.*: Lenckner, in: JuS 1968, 304 (S.)).

Lettl*, *Tobias Kartellrecht, 4. Aufl., München 2017 (*zit.*: Lettl, §).

Lietz*, *Christine/ Natz*, *Alexander „Vergabe- und kartellrechtliche Vorgaben für Rabattverträge über patentgeschützte Arzneimittel", in Arzneimittel & Recht 2009, 3–10 (*zit.*: Lietz/ Natz, in: A&R 2009, 3 (S.)).

Ludwigs*, *Markus Anmerkung zu EuGH Urteil vom 19.10.2016 – C-148/15, in Neue Zeitschrift für Verwaltungsrecht 2016, 1793–1798 (*zit.*: Ludwigs, in: NvWZ 2016, 1793 (S.)).

Mand*, *Elmar „Internationaler Versandhandel mit Arzneimitteln, Das Ende der einheitlichen Apothekenverkaufspreise gemäß AMPreisV?", in Gewerblicher Rechtsschutz und Urheberrecht/Internationaler Teil 2005, 637–647 (*zit.*: Mand, in: GRUR Int. 2005, 637 (S.).

Mand*, *Elmar „Das Rabattverbot gemäß § 7 Abs. 1 Heilmittelwerbegesetz (HWG)", in Arzneimittel & Recht 2006, 54–59 (*zit.*: Mand, in: A&R 2006, 54 (S.)).

Mand*, *Elmar „Internationaler Anwendungsbereich des deutschen Preisrechts für Arzneimittel gemäß AMG, AMPreisV und § 130a SGB V, – Zugleich eine Anmerkung zu BSG, Urt. v. 28.7.2008, Az. B 1 KR 4/08 R -", in Pharma Recht 2008, 582–589 (*zit.*: Mand, in: PharmaR 2008, 582 (S.)).

Mand*, *Elmar „Arzneimittelpreisrecht und Absatzförderung mit Rabatten und Zuwendungen", in Arzneimittel & Recht 2014, 147–155 (*zit.*: Mand, in: A&R 2014, 147 (S.)).

Mand*, *Elmar „Healthcare Compliance, Teil 2: Zuwendungsbeschränkungen im Berufs- und Kodexrecht und Compliance-Organisation im Pharmasektor", in Pharma Recht 2014, 393–403 (*zit.*: Mand, in: PharmaR 2014, 393 (S.)).

Mand*, *Elmar „Wertreklame für Heilmittel – Zur Auslegung und Reform von § 7 HWG (Teil 2)", in Arzneimittel & Recht 2015, 51–59 (*zit.*: Mand, in: A&R 2015, 51 (S.)).

Mand*, *Elmar/ Rektorschek*, *Jan Phillip „Wertreklame für Arzneimittel – Eine kritische Analyse von § 7 HWG", in Wettbewerb in Recht und Praxis 2015, 429–437 (*zit.*: Mand/ Rektorschek, in: WRP 2015, 429 (S.)).

Mankowski*, *Peter Anmerkung zu LG Berlin, Urteil vom 7.11.2000 – 103 O 192/00, in Multimedia und Recht 2001, 251–255 (*zit.*: Mankowski, in: MMR 2001, 251 (S.)).

Marburger**, **Peter Die Regeln der Technik im Recht, Köln usw. 1979 (*zit.*: Marburger, S.).

Mestmäcker**, **Ernst-Joachim Das marktbeherrschende Unternehmen im Recht der Wettbewerbsbeschränkungen, Tübingen 1959 (*zit.*: Mestmäcker, Das marktbeherrschende Unternehmen im Recht der Wettbewerbsbeschränkungen, S.).

Meyer**, **Hilko J. „Zur Preisberechnung beim Direktbezug apothekenpflichtiger Fertigarzneimittel", in Neue Juristische Wochenschrift 1986, 1522–1525 (*zit.*: Meyer, in: NJW 1986, 1522 (S.)).

Meyer**, **Hilko J. „Das Rabattverbot nach dem Entwurf eines Gesetzes zur Verbesserung der Wirtschaftlichkeit in der Arzneimittelversorgung (AVWG)", in Arzneimittel & Recht 2006, 10–17 (*zit.*: Meyer, in: A&R 2006, 10 (S.)).

Meyer**, **Hilko J. „Die Neuregelung produktbezogener Rabatte im Arzneimittelbereich", in Arzneimittel & Recht 2006, 60–67 (*zit.*: Meyer, in: A&R 2006, 60 (S.)).

Meyer**, **Hilko J. „Die Auswirkungen des GKV-WSG auf die Gewährung von Barrabatten", in Arzneimittel & Recht 2007, 151–162 (*zit.*: Meyer, in: A&R 2007, 151 (S.)).

Meyer**, **Hilko J. Anmerkung zum Urteil des KG vom 11.09.2012, 5 U 57/11 - Zur Zulässigkeit eines Partnerprogramms, in: PharmaR 2013, 39–41 (*zit.*: Meyer, in: PharmaR 2013, 39 (S.)).

Meyer**, **Hilko J. Anmerkung zu LG Aschaffenburg Urteil vom 22.10.2015 - 1 HK O 24/15, in Pharma Recht 2016, 60–64 (*zit.*: Meyer, in: PharmaR 2016, 60 (S.)).

Mitsch**, **Wolfgang (Hrsg.) Karlsruher Kommentar zum Gesetz über Ordnungswidrigkeiten, 5. Aufl., München 2018 (*zit.*: *Bearbeiter*, in: KK, OWiG, §).

Moll**, **Dietmar Europäisches Strafrecht durch nationale Blankettgesetzgebung?, Eine Untersuchung zur strafrechtskonstituierenden Wirkung des EG-Rechts unter besonderer Berücksichtigung der allgemeinen verfassungsrechtlichen Anforderungen an Blankettverweisungen, Trier, Univ., Diss., 1998, Göttingen 1998 (*zit.*: Moll, S.).

Montesquieu**, **Charles Louis de Secondat de Des Herrn von Montesquieu, Werk vom Geist der Gesetze, nach der 9. Aufl. aus dem Französischen übersetzt und mit vielen Anmerkungen versehen, Erster Band, Altenburg 1782 (*zit.*: Montesquieu, Vom Geist der Gesetze, Band 1, S.).

Möschel**, **Wernhard Der Oligopolmissbrauch im Recht der Wettbewerbsbeschränkungen, Eine vergleichende Untersuchung der USA, Großbritanniens, der EWG und der Bundesrepublik Deutschland, Tübingen 1974 (*zit.*: Möschel, Oligopolmissbrauch, S.).

Möschel, Wernhard Pressekonzentration und Wettbewerbsgesetz, Marktbeherrschung, unlauterer Wettbewerb und Sanierungsfusionen im Pressebereich, Tübingen 1978 (*zit.*: Möschel, Pressekonzentration und Wettbewerbsgesetz, S.).

Müller-Dietz, Heinz „Abschied vom Bestimmtheitsgrundsatz im Strafrecht?", in Festschrift für Theodor Lenckner zum 70. Geburtstag, herausgegeben von Albin Eser, Ulrike Schittenhelm und Heribert Schumann, München 1998, 179–192 (*zit.*: Müller-Dietz, in: FS für Lenckner, 1998, 179 (S.)).

Natz, Alexander „Änderung des § 69 SGB V – ein kartellrechtlicher Wendepunkt?", in Arzneimittel & Recht 2007, 29–31 (*zit.*: Natz, in: A&R 2007, 29 (S.)).

Natz, Alexander „Die Rechtswegeröffnung in vergaberechtlichen Nachprüfungsverfahren in Bezug auf Rabattverträge nach § 130a Abs. 8 SGB V", in Pharma Recht 2008, 197–198 (*zit.*: Natz, in: PharmaR 2008, 197 (S.)).

Neumann, Oskar Das Blankostrafgesetz, Ein Beitrag zur Lehre und Reform des Reichsstrafrechts, Breslau 1908 (*zit.*: Neumann, Das Blankostrafgesetz, S.).

Ohly, Ansgar/ Sosnitza, Olaf UWG, Gesetz gegen den unlauteren Wettbewerb, mit Preisangabenverordnung, Kommentar, 7. Aufl., München 2016 (*zit.*: *Bearbeiter*, in: Ohly/ Sosnitza, UWG, §).

Ossenbühl, Fritz „Die verfassungsrechtliche Zulässigkeit der Verweisung als Mittel der Gesetzgebungstechnik", in Deutsches Verwaltungsblatt 1967, 401–408 (*zit.*: Ossenbühl, in: DVBl. 1967, 401 (S.)).

Otto, Harro „Die Auslegung von Blankettstraftatbeständen", in Juristische Ausbildung 2005, 538–539 (*zit.*: Otto, in: Jura 2005, 538 (S.)).

Otto, Harro Grundkurs Strafrecht, Allgemeine Strafrechtslehre, 7. Aufl., Berlin 2011 (*zit.*: Otto, §).

Peter, Markus „Der Apothekengutschein – ein Wettbewerbsverstoß?", in Gewerblicher Rechtsschutz und Urheberrecht 2006, 910–913 (*zit.*: Peter, in: GRUR 2006, 910 (S.)).

Pfeil, Dieter/ Pieck, Johannes/ Blume, Henning Apothekenbetriebsordnung, Kommentar mit Textsammlung, Band 2, 5. Aufl., Eschborn 1987, Stand: 13. Ergänzungslieferung 2017 (*zit.*: Pfeil/ Pieck/ Blume, Apothekenbetriebsordnung, §).

Pohlmann, Petra „Die Marktbeherrschungsvermutungen des GWB im Zivilprozeß", in Zeitschrift für das gesamte Handelsrecht und Wirtschaftsrecht 164 (2000), 589–610 (*zit.*: Pohlmann, in: ZHR 164 (2000), 589 (S.)).

Pralle, Peter Die Wertwerbung, Absatzförderung mit Vergünstigungen, Stuttgart 1974 (*zit.*: Pralle, S.).

Prütting, Hanns „Die Vermutung im Kartellrecht", in Festschrift für Ralf Vieregge zum 70. Geburtstag am 6. November 1995, herausgegeben von Jürgen F. Baur, Rainer Jacobs, Manfred Lieb und Peter-Christian Müller-Graff, Berlin usw. 1995, 733–745 (*zit.*: Prütting, in: FS für Vieregge, 1995, 733 (S.)).

Raabe, Andreas Der Bestimmtheitsgrundsatz bei Blankettstrafgesetzen am Beispiel der unzulässigen Marktmanipulation, Berlin, Univ., Diss., 2007, Berlin 2007 (*zit.*: Raabe, S.).

Ramrath, Stephan Die »überragende Marktstellung« als Merkmal der Fusionskontrolle, – Marktmachtkonzept versus Ressourcentheorie –, Überlegungen zum geltenden Recht und seinen Entwicklungsmöglichkeiten, Köln usw. 1978 (*zit.*: Ramrath, Die überragende Marktstellung als Merkmal der Fusionskontrolle, S.).

Ratzel, Rudolf/ Lippert, Hans-Dieter Kommentar zur (Muster-)Berufsordnung für die in Deutschland tätigen Ärztinnen und Ärzte – MBO-Ä 1997, 7. Aufl., Heidelberg usw. 2018 (*zit.*: *Bearbeiter*, in: Ratzel/ Lippert, §).

Reese, Ulrich Anmerkung zum Urteil des Bundesgerichtshofs – I ZR 307/99 – vom 06.06.2002, in Zeitschrift für das Lebensmittelrecht 2002, 724–730 (*zit.*: Reese, in: ZLR 2002, 724 (S.)).

Reese, Ulrich/ Kemmner, Carolin „Zulässigkeit und Grenzen der Wertwerbung nach dem Wettbewerbs- und Heilmittelwerberecht – Eine Analyse der aktuellen Rechtsprechung zur Reichweite des Zuwendungsverbots nach § 7 HWG", in Medizin Produkte Recht 2017, 151–157 (*zit.*: Reese/ Kemmner, in: MPR 2017, 151 (S.)).

Rehmann, Wolfgang A. Arzneimittelgesetz (AMG), Kommentar mit Erläuterungen, 4. Aufl., München 2014 (*zit.*: Rehmann, AMG, §).

Rittner, Fritz „Über das Verhältnis von Vertrag und Wettbewerb", in Archiv für die civilistische Praxis 188 (1988), 101–139 (*zit.*: Rittner, in: AcP 188 (1988), 101 (S.)).

Rixen, Stephan/ Krämer, Clemens (Hrsg.) ApoG, Apothekengesetz mit Apothekenbetriebsordnung (ApBetrO), Kommentar, München 2014 (*zit.*: *Bearbeiter*, in: Rixen/ Krämer, §).

Roth, Wulf-Henning „Verbraucherschutz über die Grenze, Anmerkung zu BGH 26.10.1993 – XI ZR 42/93, RIW 1994 S. 154 ff.", in Recht der Internationalen Wirtschaft 1994, 275–278 (*zit.*: Roth, in: RIW 1994, 275 (S.)).

Rotta, Christian (Hrsg.) Cyran • Rotta, Apothekenbetriebsordnung, Kommentar, Band 2, 5. Aufl., Stuttgart 2012, Stand: 1. Ergänzungslieferung Januar 2017 (*zit.*: Cyran/ Rotta, Apothekenbetriebsordnung, §).

Roxin, Claus Strafrecht, Allgemeiner Teil, Band I, Grundlagen • Der Aufbau der Verbrechenslehre, 4. Aufl., München 2006 (*zit.*: Roxin, §).

Russ, ***Christian/ Wallenfels***, ***Dieter*** „Zehn Jahre gesetzliche Buchpreisbindung – eine Zwischenbilanz", in Wettbewerb in Recht und Praxis 2013, 24–31 (*zit.*: Russ/ Wallenfels, in: WRP 2013, 24 (S.)).

Sachverständigenrat zur Begutachtung der Entwicklung im Gesundheitswesen „Bedarfsgerechte Versorgung – Perspektiven für ländliche Regionen und ausgewählte Leistungsbereiche", Gutachten 2014, abrufbar unter: https://www.svr-gesundheit.de/index.php?id=465, zuletzt abgerufen am 22.10.2018 (*zit.*: Sachverständigenrat zur Begutachtung der Entwicklung im Gesundheitswesen, Bedarfsgerechte Versorgung – Perspektiven für ländliche Regionen und ausgewählte Leistungsbereiche, Gutachten 2014, S.).

Säcker, ***Franz Jürgen/ Rixecker***, ***Roland/ Oetker***, ***Hartmut/ Limperg***, ***Bettina (Hrsg.)*** Münchener Kommentar zum Bürgerlichen Gesetzbuch, Band 11, Internationales Privatrecht I, Europäisches Kollisionsrecht, Einführungsgesetz zum Bürgerlichen Gesetzbuche, (Art. 1–26), 7. Aufl., München 2018 (*zit.*: *Bearbeiter*, in: MüKo, BGB, Band 11,).

Säcker, ***Franz Jürgen/ Rixecker***, ***Roland/ Oetker***, ***Hartmut/ Limperg***, ***Bettina (Hrsg.)*** Münchener Kommentar zum Bürgerlichen Gesetzbuch, Band 12, Internationales Privatrecht II, Internationales Wirtschaftsrecht, Einführungsgesetz zum Bürgerlichen Gesetzbuche, (Art. 50–253), 7. Aufl., München 2018 (*zit.*: *Bearbeiter*, in: MüKo, BGB, Band 12,).

Scheller, ***Eva*** „Grenzen zulässiger Firmenimagewerbung", in Gewerblicher Rechtsschutz und Urheberrecht 1991, 111–115 (*zit.*: Scheller, in: GRUR 1991, 111 (S.)).

Schenke, ***Wolf-Rüdiger*** „Die verfassungsrechtliche Problematik dynamischer Verweisungen", in Neue Juristische Wochenschrift 1980, 743–749 (*zit.*: Schenke, in: NJW 1980, 743 (S.)).

Schiedermair, ***Rudolf/ Pieck***, ***Johannes*** Apothekengesetz, Kommentar und Materialien zum Bundesgesetz über das Apothekenwesen, 3. Aufl., Frankfurt am Main 1981 (*zit.*: Schiedermair/ Pieck, Apothekengesetz, §).

Schmid, ***Wolfgang*** „Renaissance des Rabattverbots im Arzneimittelvertrieb?", in Festschrift für Eike Ullmann, herausgegeben von Hans-Jürgen Ahrens, Joachim Bornkamm und Hans Peter Kurz-Hallstein, Saarbrücken 2006, 875–890 (*zit.*: Schmid, in: FS für Ullmann, 2006, 875 (S.)).

Schmid, ***Wolfgang*** „Über Sinn und Unsinn des Verbots von Werbegaben nach § 7 HWG", in Arzneimittel & Recht 2015, 147–154 (*zit.*: Schmid, in: A&R 2015, 147 (S.)).

Schmidt-Felzmann, ***Hans-Heinrich*** „Rechtliche Fragen der Pharma-Werbung in Funk und Fernsehen", in Pharma Recht 1998, 87–91 (*zit.*: Schmidt-Felzmann, in: PharmaR 1998, 87 (S.)).

Schneider, ***Horst*** Heilmittelwerbung, Erläuterungen des Gesetzes über die Werbung auf dem Gebiete des Heilwesens, Essen 1965 (*zit.*: Schneider, S.).

Schönke, Adolf/ Schröder, Horst Strafgesetzbuch, Kommentar, 29. Aufl., München 2014 (*zit.*: *Bearbeiter*, in: Schönke/ Schröder, StGB Komm, §).

Schroth, Ulrich „Präzision im Strafrecht, Zur Deutung des Bestimmtheitsgebotes", in Rechtskultur als Sprachkultur, Zur forensischen Funktion der Sprachanalyse, herausgegeben von Günther Grewendorf, Frankfurt am Main 1992, 93–109 (*zit.*: Schroth, in: Rechtskultur als Sprachkultur, 1992, 93 (S.)).

Schurig, Klaus „Zwingendes Recht, ‚Eingriffsnormen' und neues IPR", in Rabels Zeitschrift für ausländisches und internationales Privatrecht 54 (1990), 217–250 (*zit.*: Schurig, in: RabelsZ 54 (1990), 217 (S.)).

Schünemann, Bernd Nulla poena sine lege?, Berlin 1978 (*zit.*: Schünemann, S.).

Schünemann, Bernd „Die Regeln der Technik im Strafrecht", in Festschrift für Karl Lackner zum 70. Geburtstag am 18. Februar 1987, herausgegeben von Wilfried Küper, Berlin usw. 1987, 367–397 (*zit.*: Schünemann, in: FS für Lackner, 1987, 367 (S.)).

Schweitzer, Heike/ Becker, Ulrich „Preisregulierung und Wettbewerb in der Arzneimittelversorgung der gesetzlichen Krankenversicherung (Teil 1)", in Wettbewerb in Recht und Praxis 2012, 382–388 (*zit.*: Schweitzer/ Becker, in: WRP 2012, 382 (S.)).

Schweitzer, Heike/ Becker, Ulrich „Preisregulierung und Wettbewerb in der Arzneimittelversorgung der gesetzlichen Krankenversicherung (Teil 2)", in Wettbewerb in Recht und Praxis 2012, 533–539 (*zit.*: Schweitzer/ Becker, in: WRP 2012, 533 (S.)).

Seidl Collier, Julia Das heilmittelwerberechtliche Wertreklameverbot, Rechtliche und praktische Probleme bei der Handhabung von § 7 HWG, Regensburg, Univ., Diss., 2007, Hamburg 2008 (*zit.*: Seidl Collier, S.).

Seydel, Helmut Zugabeverordnung und Rabattgesetz, Kommentar, 4. Aufl., München 1993 (*zit.*: Seydel, §).

Spickhoff, Andreas (Hrsg.) Medizinrecht, AMG, ApoG, BGB, GenTG, KHG, MBO, MPG, SGB V, SGB XI, StGB, TFG, TPG, Kommentar, 3. Aufl., München 2018 (*zit.*: *Bearbeiter*, in: Spickhoff, §).

Stoll, Veit „Das Publikumsverbot für verschreibungspflichtige Arzneimittel - erste Anzeichen einer Auflockerung", in Pharma Recht 2004, 100–106 (*zit.*: Stoll, in PharmaR 2004, 100 (S.)).

Sträter, Burkhard/ Natz, Alexander „Rabattverträge zwischen Krankenkassen und pharmazeutischen Unternehmen, - Kartellrechtliche Grenzen und Vergaberechtliche Vorgaben -", in Pharma Recht 2007, 7–13 (*zit.*: Sträter/ Natz, in: PharmaR 2007, 7 (S.)).

Strunz, Heinrich Heilmittelwerbegesetz, Wettbewerbsrecht und Verbraucherschutz, München, Univ., Diss., 1986, München 1987 (*zit.*: Strunz, S.).

Thommen*, *Jean-Paul/ Achleitner*, *Ann-Kristin/ Gilbert*, *Dirk Ulrich/ Hachmeister*, *Dirk/ Kaiser*, *Gernot Allgemeine Betriebswirtschaftslehre, Umfassende Einführung aus managementorientierter Sicht, 8. Aufl., Wiesbaden 2017 (*zit.*: Thommen/ Achleitner, S.).

Tiedemann*, *Klaus Tatbestandsfunktionen im Nebenstrafrecht, Tübingen 1969 (*zit.*: Tiedemann, Tatbestandsfunktionen, S.).

Tiedemann*, *Klaus „Blankettstrafgesetz", in Handwörterbuch des Wirtschafts- und Steuerstrafrechts, mit Ordnungswidrigkeiten – und Verfahrensrecht, herausgegeben von Wilhelm Krekeler, Klaus Tiedemann, Klaus Ulsenheimer und Günther Weinmann, Stand: 5. Ergänzungslieferung, Mai 1990, Heidelberg 1988 (*zit.*: Tiedemann, in: HWiStR, Blankettstrafgesetz, 1990, 1 (S.)).

Ullmann*, *Eike „Das Koordinatensystem des Rechts des unlauteren Wettbewerbs im Spannungsfeld von Europa und Deutschland", in Gewerblicher Rechtsschutz und Urheberrecht 2003, 817–825 (*zit.*: Ullmann, in: GRUR 2003, 817 (S.)).

Ulmer*, *Eugen (Hrsg.)/ Reimer*, *Dietrich Das Recht des unlauteren Wettbewerbs in den Mitgliedsstaaten der Europäischen Wirtschaftsgemeinschaft, Band III, Deutschland, München 1968 (*zit.*: Ulmer/ Reimer, S.).

von Bar*, *Christian/ Mankowski*, *Peter Internationales Privatrecht, Band I, Allgemeine Lehren, 2. Aufl., München 2003 (*zit.*: von Bar/ Mankowski, IPR I, S.).

von Blanc*, *Ulrich „Die Werbung auf dem Gebiete des Heilwesens", in Die Pharmazeutische Industrie 1965, 387–389 (*zit.*: von Blanc, in: PharmInd 1965, 387 (S.)).

von Czettritz*, *Peter „Versuch einer Annäherung an den FS Arzneimittelindustrie-Kodex", in Festschrift für Axel Sander zum 65. Geburtstag, herausgegeben von Herbert Wartensleben, Hans-Georg Hoffmann, Norbert Klapszus und Thomas Porstner, Frankfurt am Main 2008, 387–400 (*zit.*: von Czettritz, in: FS für Sander, 2008, 387 (S.)).

von Gamm*, *Frhr. Otto-Friedrich „Die Grenzen der Wertreklame", in Wettbewerb in Recht und Praxis 1974, 1–3 (*zit.*: von Gamm, in: WRP 1974, 1 (S.)).

von Gamm*, *Frhr. Otto-Friedrich Wettbewerbsrechtliche Nebengesetze, Heymanns Taschenkommentare zum gewerblichen Rechtsschutz, Köln usw. 1977 (*zit.*: von Gamm, §).

von Godin*, *Frhr. Hans Wettbewerbsrecht, Kommentar zum Gesetz gegen den unlauteren Wettbewerb nebst Warenzeichenverletzungen, Zugabeverordnung und Rabattgesetz, 2. Aufl., Berlin usw. 1974 (*zit.*: von Godin, S.).

von Savigny*, *Friedrich Carl System des heutigen römischen Rechts, Der Band VIII, Bad Homburg 1849 (*zit.*: von Savigny, S.).

Wallenfels*, *Dieter „Bücher vs. Arzneimittel: Gemeinsamkeiten bei der Preisbindung", in Wettbewerb in Recht und Praxis 2014, 297–299 (*zit.*: Wallenfels, in: WRP 2014, 297 (S.)).

Wallenfels*, *Dieter/ Russ*, *Christian Buchpreisbindungsgesetz, Die Preisbindung des Buchhandels, Kommentar, 7. Aufl., München 2018 (*zit.*: Wallenfels/ Russ, Komm, §).

Weber*, *Friedrich Karl Naturschutz mit den Mitteln des Straf- und Ordnungswidrigkeitenrechts, Tübingen, Univ., Diss., 1991, Tübingen 1991 (*zit.*: Weber, S.).

Weihe-Gröning*, *Claudia „Der heilmittelwerberechtliche Werbebegriff", in Wettbewerb in Recht und Praxis 1997, 409–418 (*zit.*: Weihe-Gröning, in: WRP 1997, 409 (S.)).

Wenner*, *Christian „Die HOAI im internationalen Rechtsverkehr", in Recht der Internationalen Wirtschaft 1998, 173–179 (*zit.*: Wenner, in: RIW 1998, 173 (S.)).

Wenzel*, *Frank „Nochmals: Fahrpreiserstattung", in Wettbewerb in Recht und Praxis 1991, 545–550 (zit.: Wenzel, in: WRP 1991, 545 (S.)).

Wessels*, *Johannes/ Beulke*, *Werner/ Satzger*, *Helmut Strafrecht, Allgemeiner Teil, Die Straftat und ihr Aufbau, Mit ebook: Lehrbuch, Entscheidungen, Gesetzestexte, 48. Aufl., Heidelberg 2018 (*zit.*: Wessels/ Beulke/ Satzger, Rn).

Winkelbauer*, *Wolfgang Zur Verwaltungsakzessorietät des Umweltstrafrechts, Tübingen, Univ., Diss., 1984, Berlin 1985 (*zit.*: Winkelbauer, S.).

Wöhe*, *Günter/ Döring*, *Ulrich/ Brösel*, *Gerrit Einführung in die Allgemeine Betriebswirtschaftslehre, 26. Aufl., München 2016 (*zit.*: Wöhe, S.).

Zentralausschuss der Werbewirtschaft (Hrsg.) Heilmittelwerbung, Kommentar zu den neuen werberechtlichen Bestimmungen, Gesetzgebungsverfahren, Referenten- und Regierungsentwürfe, Arzneimittelgesetz, Heilmittelwerbegesetz, Werberechtliche Bestimmungen und Richtlinien in der Heilmittelwerbung, Bonn 1977 (*zit.*: ZAW-Heilmittelwerbung, S.).

Zimmer*, *Daniel „Marktmacht", in Festschrift für Ulrich Huber zum siebzigsten Geburtstag, herausgegeben von Theodor Baums und Johannes Wertenbruch in Gemeinschaft mit Marcus Lutter und Karsten Schmidt, Tübingen 2006, 1173–1184 (*zit.*: Zimmer, in: FS für Huber, 2006, 1173 (S.)).

Zimmermann*, *Markus Heilmittelwerbegesetz, Kommentar, 1. Aufl., Baden-Baden 2012 (*zit.*: Zimmermann, HWG,).

Zipfel*, *Walter/ Rathke*, *Kurt-Dietrich/ Sosnitza*, *Olaf (Hrsg.) Lebensmittelrecht, Loseblatt-Kommentar aller wesentlichen Vorschriften für das Herstellen und Inverkehrbringen von Lebensmitteln, Futtermitteln, kosmetischen Mitteln, sonstigen Bedarfsgegenständen sowie Tabakerzeugnissen, München Stand: März 2018, 170. Ergänzungslieferung (*zit.*: *Bearbeiter*, in: Zipfel/ Rathke, §).

FSC
www.fsc.org
MIX
Papier | Fördert gute Waldnutzung
FSC® C083411

Kolibri 360 GmbH
Ferdinand-Jühlke-Straße 7
99095 Erfurt, Deutschland
produktsicherheit@kolibri360.de

Druck:
CPI Druckdienstleistungen GmbH
im Auftrag der
Kolibri 360 GmbH
Ferdinand-Jühlke-Str. 7
99095 Erfurt